U0693378

华中师范大学"21世纪马克思主义研究丛书"
编委会

编委会主任：赵凌云

编委会常务副主任：万美容 孙永祥

编委会委员：（按姓氏笔画排序）
毛华兵　龙静云　李　芳　李良明　张耀灿　邵彦涛

21世纪马克思主义研究丛书

保尔·拉法格的社会主义思想及其当代价值

周莉莉 著

人民出版社

总 序

21 世纪马克思主义与当代中国马克思主义，是蕴含着中国共产党丰厚理论自信与博大实践抱负的两个命题。两者所指，都是中国特色社会主义。21 世纪马克思主义所指，是中国特色社会主义在世界上的时间维度与空间维度。如果说 19 世纪马克思主义是科学的理论形态，20 世纪马克思主义是探索的实践形态，21 世纪马克思主义则是创新的发展形态。当代中国马克思主义所指，是中国特色社会主义在中国的时间维度和空间维度。中国特色社会主义是中国共产党人将马克思主义与当代中国实践相结合的产物，是马克思主义中国化在当代的成果。习近平新时代中国特色社会主义思想，则是当代中国马克思主义的最新境界。

习近平总书记在哲学社会科学工作座谈会上的讲话中指出，哲学社会科学是人们认识世界、改造世界的重要工具，是推动历史发展和社会进步的重要力量，其发展水平反映了一个民族的思维能力、精神品格、文明素质，体现了一个国家的综合国力和国际竞争力。在新的历史条件下推进对马克思主义的研究，就是要站在 21 世纪马克思主义、当代中国马克思主义的高度和视角，研究中国特色社会主义的丰富内涵。这正是华中师范大学编写“21 世纪马克思主义研究丛书”（以下简称“丛书”）的初衷。迈向新征程，由华中师范大学马克思主义学院组织编写的这套丛书，作为建党 100 周年献礼图书，希望对推动马克思主义理论研究创新发展作出应有的贡献。

“丛书”努力做到选题重大，突出使命担当。马克思主义深刻改变了世界，也深刻改变了中国。特别是建党100周年以来，在马克思主义指导下，中国共产党带领中国人民破解了一系列发展难题，书写了中国奇迹，中华民族迎来了从站起来、富起来到强起来的伟大飞跃，也为人类社会发展贡献了中国智慧和中国方案。中国特色社会主义现代化建设的成功实践使中国成为当代马克思主义最重要的实践之地、创新之源。“丛书”总结建党100周年以来中国特色社会主义建设的伟大成就和马克思主义中国化的研究成果，阐明了要学好用好习近平新时代中国特色社会主义思想，用马克思主义学术体系、话语体系去思考分析中国奇迹、中国道路、中国方案、中国经验的理论逻辑。

“丛书”努力做到立场坚定，突出政治底色。坚持以马克思主义为指导，这是我们党带领人民进行社会主义革命、建设和改革伟大实践最为宝贵的经验，总结好这样的经验，在新时代更好地坚持和发展中国特色社会主义，是全党全社会的共同课题，也是思想理论界的重大政治责任。“丛书”坚持马克思主义的基本观点、基本原理和基本方法，强调历史与逻辑相结合、理论与实践相结合、归纳与演绎相结合，从研究对象到分析方法到基本结论，都体现了坚持以马克思主义为指导的政治要求，对如何坚持以马克思主义为指导进行学术研究提供了很好的示范和样板。

“丛书”努力做到立足创新，突出研究本色。马克思主义是一个开放的理论体系，创新是马克思主义的灵魂。马克思主义中国化的过程是自我革命的过程，是崭新的过程。新时代的伟大历程为马克思主义理论的创新提供了强大的理论和实践需求。“丛书”认真听取时代的声音，回应时代的号召，深入研究解决重大和紧迫的理论和实践问题，努力促进马克思主义理论的创新。

作为全国最早研究和传播马克思主义的重要阵地之一，华中师范大学马克思主义学院拥有悠久的革命历史、厚重的理论积淀、突出的学科贡献和浓厚的育人氛围。悉数历史沿革，从最早的中原大学教育学院政治系，到如今的华中师范大学马克思主义学院，七十多年的呕心沥血与学脉延续，是一代又一代的马克思主义者的青春无悔和使命担当。也是由此，华中师范大学马克思主义学院能够在历史发展的基础上，传承和发扬“红色基因”，筑牢新时代高校思想政治工作生命线，培养与时俱进的马克思主义理论工作者与实践者，为高校立德树人根本任务积极践行使命。先后入选湖北省重点马克思主义学院和全国重点马克思主义学院，成为马克思主义教育教学、学科建设、理论研究与宣传和人才培养的坚强阵地。马克思主义基本原理专业入选国家重点学科，马克思主义理论学科列入学校一流学科建设重点行列。

站在新起点上，华中师范大学马克思主义学院将牢记习近平总书记的指示精神，加强对党和国家发展重大理论和现实问题的研究力度，加强一流马克思主义研究高地和一流马克思主义思想阵地建设，努力在研究阐释21世纪马克思主义、当代中国马克思主义，加强思想理论引领、构建中国特色话语体系方面，形成重大学术成果、理论成果，作出新的更大贡献。

“21世纪马克思主义研究丛书”编委会主任

赵凌云

2021年4月28日

目　录

绪　论

一、研究拉法格社会主义思想的缘由

习近平总书记指出:“一个国家实行什么样的主义,关键要看这个主义能否解决这个国家面临的历史性课题”;“中国特色社会主义是社会主义而不是其他什么主义,科学社会主义基本原则不能丢,丢了就不是社会主义”①。事实的确如此。中国特色社会主义道路之所以是实现社会主义现代化、创造人民美好生活的必由之路,关键就在于,我们党始终强调,中国特色社会主义既坚持了科学社会主义的基本原则,又根据我国实际和时代特征赋予其鲜明的中国特色。可以说,正是因为中国共产党人始终勇做时代先锋和民族脊梁,立足于中国特色社会主义实践和时代的发展,不断拓展和深化关于“什么是社会主义”的认识,才促使马克思主义得以不断地发展和创新;同时,也正是因为社会主义和马克思主义在中国大地上焕发出勃勃生机,才给中国人民带来了更多福祉,使中华民族大踏步赶上时代前进潮流、迎来伟大复兴的光明前景,从而又进一步增强了中国共产党的政治领导力、思想引领力、群众组织力和社会号召力。

追溯历史,“什么是社会主义”实际上是一个十分经典的问题。作为一种

① 习近平:《关于坚持和发展中国特色社会主义的几个问题》,《求是》2019 年第 7 期。

无产阶级解放运动的政治思潮,社会主义是伴随着资本主义制度性弊端的暴露,并作为其否定形式应运而生的。迄今为止,社会主义思想与实践的发展已经有了近五百年的历史。在这一漫长的发展历程中,各派社会主义思想家和活动家们从不同的历史背景和阶级利益立场出发,围绕社会主义的价值目标、实现方式、发展道路等多方面不断进行思考和探索,从而使社会主义首先在理论形态上从空想到科学,继而又由理论转化为实践,绘就了一幅不断更新发展、多姿多彩的社会主义历史画卷。其中,科学社会主义创立一个多世纪以来世界社会主义运动的风起云涌,以及至今依然生机勃勃发展的中国特色社会主义建设实践,更是令世人瞩目。然而,这并不代表着人们关于社会主义的思考已经形成了完满的答案。时代的发展和实践的推进要求人们不断更新自己的认识。在这方面,科学社会主义的创始人马克思恩格斯为我们树立了典范。在科学社会主义创立伊始,马恩就要求人们以科学的态度对待它,并随着社会的发展以及认识的深化不断地对其进行丰富、完善或修正。他们反复强调,"马克思的整个世界观不是教义,而是方法。它提供的不是现成的教条,而是进一步研究的出发点和供这种研究使用的方法"①;而包括科学社会主义基本原则在内的马克思主义基本原理虽具有普遍的指导意义,但其实际运用必须"随时随地都要以当时的历史条件为转移"②。邓小平在总结20世纪世界社会主义运动历史以及中国社会主义建设经验教训时也曾指出,我们虽然有几十年搞社会主义的经验,但是"什么叫社会主义?什么叫马克思主义?我们过去对这个问题的认识不是完全清楚的";"多年来,存在一个对马克思主义、社会主义的理解问题","真正的马克思列宁主义者必须根据现在的情况,认识、继承和发展马克思列宁主义"③。由此可见,在各种变化了的条件下继续推进关于社会主义的理解和认识,依然是新时代马克思主义理论研究和社会

---

① 《马克思恩格斯文集》第10卷,人民出版社2009年版,第691页。

② 《马克思恩格斯文集》第2卷,人民出版社2009年版,第5页。

③ 《邓小平文选》第三卷,人民出版社1993年版,第63、291页

主义建设实践的重大课题和中心任务。

立足于发展中国特色社会主义的客观需要,“什么是社会主义”又是一个必须加以重点关注的现实问题。半个多世纪以来,中国只用了一代人的时间,在一个人口超过非洲和拉丁美洲人口总和的国家,取得了其他国家用了几个世纪才能取得的成就,可谓我们这个时代最引人注目的发展。那么,为什么在世界范围内的社会主义出现低潮时,中国共产党却能独领风骚,推动中国经济实力、科技实力、国防实力以及综合国力进入世界前列,使科学社会主义在21世纪的中国焕发出强大生机活力?究其原因,正如党的十九大报告所指出的那样,关键在于我们党既不走封闭僵化的老路,也不走改旗易帜的邪路,而是坚决保持政治定力,坚持实干兴邦,始终坚持和发展中国特色社会主义①。但与此同时不容忽视的是,尽管成就巨大,中国特色社会主义在发展中经历的挫折和教训,以及进一步发展所面临的挑战也同样不少。现时代的中国已步入发展的关键时期、改革的攻坚时期和矛盾的凸显时期,其发展既有巨大潜力和广阔空间,也承受着来自人口、资源、环境等方面的巨大压力,有许多现实问题亟待解决。在此背景下,只有在科学方法论的指导下从更深层次认识社会主义,不断推进马克思主义理论创新,才有可能为中国的社会主义建设在改革开放中探索出一条发展更好更快、人民在共建共享发展中有更多获得感的道路。另外,从世界社会主义思想与实践发展的角度来看,盛行于西方的民主社会主义思潮与实践的新发展也对科学社会主义提出了严峻挑战,并正在对当代中国发生着重大影响。那么,民主社会主义与科学社会主义的本质区别是什么?科学社会主义怎样才能应对来自民主社会主义理论与实践的挑战?要回答清楚这些问题,我们就需要在坚持科学社会主义基本原则的同时,继续深化和更新关于“什么是社会主义”以及“什么是中国特色社会主义”的认识,并在此基础上努力推进社会主义建设实践的发展和社会主义制度的改革与完善,这

① 《党的十九大报告学习辅导百问》,人民出版社2017年版,第14页。

样才能真正地坚持与发展马克思主义。

为了在上述问题上正本清源，并给关于社会主义的思考带来更多的启发，我们有必要立足于现实去追根溯源。一方面，由于中国特色社会主义的发展是以科学社会主义基本原理为指导，所以我们应从中国特色社会主义的发展状况出发去追溯科学社会主义的源头，对科学社会主义思想与实践最初产生与发展的时代进行关注，重新挖掘和还原马克思、恩格斯的相关思想，以及与马、恩同时代的理论家和实践者们对科学社会主义原理的解读和运用，以便更准确地把握哪些属于科学社会主义的基本原则，使社会主义和马克思主义在中国得以坚持和发展。另一方面，针对当前民主社会主义对科学社会主义的严峻挑战，我们有必要去追溯民主社会主义的源头，了解19世纪末20世纪初时代的新变化，以及在此背景下国际共产主义运动中所发生的理论论争，关注机会主义、修正主义的产生及其与马克思列宁主义的分野，以便从根本原则上划清科学社会主义和民主社会主义的界限，同时在此前提下对民主社会主义在现实社会中所起的实际作用作出客观而准确的评析。基于上述考虑，本书将研究视角转向了与马克思、恩格斯同时代的主流理论家，希望能通过对他们的马克思主义思想与实践活动的研究和把握，来为关于“什么是社会主义”这一历久弥新的问题的思考提供启示。事实上，受苏联的影响，我国理论界长期以来对马、恩、列之外的马克思主义理论家不够重视；尤其是对于那些处于马克思恩格斯与列宁之间的第二国际时期比较活跃的马克思主义理论家，缺乏具体的历史的分析，对其贡献与过失也缺乏客观公正的评价，这不能不说是一种缺憾。因此，加强马克思主义发展史的研究，在研究马克思主义经典作家的同时，也充分关注其他马克思主义理论家和革命者的思想与实践，这不仅有利于我们更为完整地把握马克思主义基本原理，也是马克思主义学科建设的客观需要。

就具体研究对象而言，本书选择的是19世纪末20世纪初的一位极其重要的马克思主义理论家和实践者——保尔·拉法格（1842—1911）。拉法格所生活的时代涌现出了一大批理论家和革命家,例如威廉·李卜克内西(1826—1900)、倍倍尔(1840—1913)、卡尔·考茨基(1854—1938)、安东尼奥·拉布里奥拉(1843—1904)、罗莎·卢森堡(1871—1919)、弗兰茨·梅林(1846—1919),等等,他们都曾在推动国际共产主义运动发展或在解释和发展马克思主义理论方面,发挥过积极作用和重要影响。之所以会从中选择拉法格作为具体研究对象,主要还是在于他的独特经历以及在马克思主义发展过程中所发挥的特殊作用。

首先,作为19世纪下半叶到20世纪初的一位相当重要的马克思主义理论家、活动家,拉法格有着自己较特殊的成长历程。1842年1月15日,拉法格出生于古巴圣地亚哥市的一个法国移民家庭,1851年他随全家一起迁回法国,定居于故乡波尔多。在波尔多和图卢兹,拉法格完成了自己的中学教育,之后进入巴黎大学医学院学习,由此正式开启了自己的政治生涯。尽管青年拉法格曾深受蒲鲁东主义、布朗基主义和实证主义的影响,但从19世纪60年代开始,他在马克思恩格斯的直接指导和影响下,逐步转向了马克思主义。成为马克思主义者的拉法格,积极进行马克思主义的宣传工作,经常在各种报刊上发表文章,对马克思主义的基本原理进行阐述和宣传,被列宁称为"马克思主义思想的最有天才、最渊博的传播者之一"①。除了为宣传和捍卫马克思主义作出不懈努力之外,拉法格还结合新的实际在很多问题上进一步充实、丰富和发展了马克思主义理论。拉法格一生中写作了大量论文和著作,如《马克思的经济唯物主义》(1883)、《宗教和资本》(1887)、《唯心史观和唯物史观》(1895)、《财产的起源和进化》(1895)、《美国托拉斯及其经济、社会和政治意义》(1903)等,从中我们不仅可以发现他是一位理论水平很高、思维极其敏锐的马克思主义理论家,而且可以看出其对于丰富和发展马克思主义所作出的不容忽视的重大贡献。值得注意的是,拉法格对马克思主义的宣传和发展是

① 《列宁全集》第20卷,人民出版社2017年版,第386页。

在亲身参与工人运动的实践中进行的。在马克思、恩格斯的直接教育和影响下，拉法格为法国社会主义革命事业和国际工人运动的发展作出了杰出的贡献。他不仅积极参加了第一国际和第二国际的活动，坚持在反对改良主义派和反对无政府主义派这两条战线上进行毫不妥协的斗争，至死捍卫马克思主义的基本原理；而且亲身参与了法国工人党的创建并为之制定了科学的革命纲领和策略，努力将马克思主义的原则立场贯彻于法国工人运动中，把自己一生的命运与法国工人党的命运紧紧联结在一起。正是在广泛参加法国和国际工人运动的实践活动中，拉法格用实际行动证明了自己是第一次世界大战之前法国为数不多的马克思主义者当中的杰出代表之一，同时也不愧为“巴黎这个光明之城的一盏明灯”（恩格斯语）。

其次，在马克思主义发展史上，拉法格在从马克思、恩格斯到列宁之间起着一种特殊的中间环节作用。第一国际成立后不久，拉法格加入了第一国际巴黎支部。1865 年 2 月，他受巴黎支部的委托到伦敦向国际总委员会汇报法国工人运动的状况，由别人介绍第一次到马克思家中进行了拜访。同马克思的首次会见给拉法格留下了对他来说一生永远不会忘记的深刻印象，并成为他们多年的友谊交往以及共同的工作与斗争的开端。1865 年底，拉法格被迫离开法国前往英国伦敦求学。在随后的两年多时间里，他与马克思、恩格斯进行了频繁交往，并同马克思的次女劳拉结为夫妇。1883 年马克思逝世后，拉法格夫妇与恩格斯保持着长期的通信来往，在工作和生活上得到了恩格斯的悉心指导和无微不至的照顾。正是在恩格斯的具体指导和帮助下，拉法格领导法国工人党与无政府主义、可能派等机会主义进行了坚决的、卓有成效的斗争。总之，作为马克思的女婿、马克思和恩格斯的学生和亲密战友，拉法格在实际斗争和理论写作方面均得到过马、恩的直接赞扬或批评，可以说，正是由于马、恩的直接教育和关怀，拉法格才能顺利成长为一位信仰和捍卫马克思主义的坚强战士。另外，1909 年侨居巴黎的列宁也曾通过别人介绍同拉法格建立了联系。尽管当时的列宁对法国社会党大多数领导人的机会主义立场持严厉的批判态度,但对拉法格却非常尊敬,把他看作一位久经考验的无产阶级战士。在巴黎期间,列宁曾多次专程拜访拉法格,向其介绍俄国社会民主党人在工人中进行宣传的情况,并就哲学等多方面的问题进行了交流。拉法格夫妇逝世后,列宁还在其葬礼上代表俄国社会民主工党发表演说,对其一生的活动和功绩作了很高的评价。由此可见,上述“中间环节作用”的确是客观存在的。因此,了解拉法格的思想和实践历程将有利于我们去深入了解马、恩与列宁之间这一历史时段的社会主义思想和实践发展变迁过程,从而更好地把握马克思、恩格斯的学说和列宁的思想。

最后值得一提的是,拉法格所生活的时代背景也极具特殊性。拉法格的青少年时代恰逢资本主义在发展过程中逐步走向成熟、矛盾集中暴露的时期,正是在此背景下,马克思主义得以产生、逐渐传播并指导各国工人运动实践,而他在这一过程中也逐步接受了马克思主义思想,实现了向一个马克思主义者的转变;从 19 世纪六七十年代开始,资本主义由自由竞争阶段逐步向垄断阶段过渡,与此相适应,拉法格不仅亲身经历了马克思主义与修正主义、机会主义相分野的过程,而且亲睹了资本主义发展过程中出现的新现象、新特征,从而为其捍卫和发展马克思主义提供了依据。此外,作为一个法国的马克思主义者,拉法格的实践历程也与 19 世纪中叶以来法国政治经济格局的变动息息相关。正如列宁所评价的那样:“俄国社会民主党人认为,拉法格体现了两个时代的结合:一个是法国革命青年同法国工人为了共和制的理想向皇朝发动进攻的时代;一个是法国无产阶级在马克思主义领导下进行反对整个资产阶级制度的坚定的阶级斗争、为争取社会主义、为同资产阶级进行最后斗争做准备的时代。”①由此可见,对拉法格的社会主义思想和实践活动进行研究,将有助于我们全面地把握马克思主义传播和发展的时代背景,总结马克思主义发展的经验教训。

---

① 《列宁全集》第 20 卷,人民出版社 2017 年版,第 386 页。

二、国内外研究现状

如前所述，拉法格及其思想在马克思主义发展史上占有十分重要的地位。然而，作为法国工人运动的著名活动家的拉法格在同一时期法国社会主义的著名人物中却显得有点默默无闻，其思想及实践活动的研究多年以来在法国并未得到应有的重视。例如，法国巴黎没有一条街道以拉法格命名（但有让·饶勒斯大街、爱德华·瓦扬大街、盖得大街，等等），而在被称为“红色地带”的巴黎周围三个省的117个市镇中，有92条街道以让·饶勒斯命名，32条街道以盖得命名，但拉法格街只有17条。此外，截至20世纪80年代初，法国还没有人为拉法格专门撰写传记；甚至有人认为，拉法格只是一个喜好标新立异的浅薄文人，甚至是马克思的低级和庸俗的推崇者，他“只是把马克思的名字介绍到了法国，这是他作为女婿起码应该办到的事情”①。相较而言，在通过社会主义革命建立了社会主义政权的苏联，人们对拉法格给予了更多的关注。从20世纪20年代开始，苏联马克思恩格斯学院先后编译出版了三卷本的《拉法格文集》。尽管后来发现的许多很有价值的文章和书信没有被收录其中，这个三卷本到目前为止依然是有关拉法格著作的最完整、最系统的文集。1956年，苏联又出版了三卷本的《恩格斯与保尔·拉法格、劳拉·拉法格通信集》，其中共收录573封信件。此外，自拉法格逝世起，苏联理论界即已开始着手研究拉法格理论活动的许多重要方面，在此基础上到20世纪70年代末为止共出版了《拉法格在第一国际为维护马克思主义的革命原则而进行的斗争》、《拉法格与马克思主义理论的若干问题》、《拉法格著作中的历史唯物主义问题》、《马克思主义批评史——保尔·拉法格及其为现实主义所进行的斗争》等十余部研究论著；而凡是研究法国盖得派的文章也都会对拉法格

① 参见［法］克洛德·维拉尔：《保尔·拉法格和他对资产阶级社会的批判》，公直译，《国际共运史研究资料》1982年第2期，第155页。

的活动有所涉猎①。但从总体上看,关于拉法格的研究成果仍不算很多。

我国从20世纪30年代起即已开始关注拉法格,翻译出版了拉法格的一些重要论著,如《经济决定论》(刘初鸣译,1930;1932年再版时更名为《思想起源论》)、《社会与哲学的研究》(张达译,1931)、《财产之起源与进化》(杨伯恺译,1932),等等。1932年,瞿秋白在《拉法格和他的文艺批评》一文中,则对拉法格的生平和事业进行了介绍,并运用马克思主义理论评述了他的文艺理论。新中国成立后,国内对拉法格的关注和研究主要可以划分为以下几个阶段:

第一阶段:对拉法格的论著进行翻译和介绍(20世纪60年代初至80年代中期)。在此阶段,拉法格的大量论文著作相继被翻译出版。其中,60年代商务印书馆出版了罗大冈所译的《革命前后的法国语言》(1964),生活·读书·新知三联书店出版了王子野所译的《财产及其起源》(1962)、《宗教和资本》、《思想起源论》(1963)以及《唯心史观和唯物史观》(1965);70年代人民出版社出版了《回忆马克思、恩格斯》(马集译,1973)和《拉法格文论集》(1979);80年代人民出版社又出版了《恩格斯与保尔·拉法格、劳拉·拉法格通信集》(三卷本,1981)和《拉法格文选》(上下卷,1985)。这些译著的出版,为人们了解和研究拉法格的思想和实践活动提供了较丰富的第一手资料。

第二阶段:对拉法格的生平和思想进行介绍和分类研究(20世纪80年代中期至90年代末)。在这一阶段最值得关注的是《拉法格传》(李兴耕,1985)和《拉法格与马克思主义哲学》(哈·尼·莫姆江著,张大翔等译,1987)两部著作的出版。前者不仅详细介绍了拉法格的生平事迹,而且对拉法格在法国和国际工人运动中的作用及其对科学社会主义的贡献作出了较为独到的评述。而后者则是迄今为止在我国出版的唯一一部关于拉法格的国外研究专

① 参见[苏]哈·尼·莫姆江:《拉法格与马克思主义哲学》,张大翔等译,国际文化出版公司1987年版,第7页。

著,作者在广泛了解苏联和其他国家学者关于拉法格思想研究状况的基础上,主要从辩证唯物主义和历史唯物主义的基本观点以及国家与革命、伦理学、美学、语言学等八个方面对拉法格的哲学思想进行了系统考察,既充分肯定了拉法格在宣传、捍卫和阐发马克思主义哲学中的重大贡献,也明确指出了其理论上的缺陷和错误,从而在一定程度上为我们了解国外学者的研究动态提供了参考。此外,这一阶段国内理论刊物还发表了十几篇关于拉法格思想研究的论文,分别就拉法格在阐发和传播历史唯物主义、发展民族学与经济民族学、家族史研究、帝国主义理论等方面作出的贡献,以及其美学思想、文艺批评思想、宗教伦理思想等进行了专门研究。

第三阶段:新的时代焦点和历史视野下对拉法格思想的重新关注(21 世纪初至今)。21 世纪以来,围绕民主社会主义与中国特色社会主义的争论屡见不鲜。对于究竟"什么是社会主义"的探究兴趣使得人们重新把目光焦点重新转向马克思、恩格斯所处的时代,特别是第二国际时期,希望能借助于对这一时期主流思想家们思想观点的研究,探寻其对马克思主义的继承和理论局限,来实现对马克思主义发展史更为完整的把握。因为,"从一定意义上说,不懂得第二国际的主流理论家,就不懂得什么是列宁主义,不懂得什么是民主社会主义,不懂得什么是活生生的马克思主义"①。拉法格的思想与实践活动正是在这一背景下重新被纳入了人们的研究视野。他的财产权思想、意识形态理论以及他对唯物史观的理解和局限、对资本主义的新解读等均被人们放在 19 世纪末 20 世纪初的特定历史视野中加以考察,并得出了一些颇具代表性的观点②。

上述研究为我们进一步关注和把握拉法格的思想与实践奠定了一定的基

① 方章东:《第二国际理论家马克思主义观研究》,安徽大学出版社 2007 年版,第 6 页。

② 参见张镭:《论拉法格的财产权理论》,《贵州社会科学》2006 年第 6 期;周宏:《试论拉法格的意识形态理论》,《南京社会科学》2006 年第 4 期;郭艳君:《论拉法格对唯物史观的理解及局限》,《学习与探索》2006 年第 5 期;方章东:《第二国际理论家马克思主义观研究》,安徽大学出版社 2007 年版,第 150—156 页。

础。但是,纵览三个阶段研究特征和关注焦点的变化,也可以发现已有研究的一些局限,主要表现在以下几个方面:其一,对与拉法格生平事迹及思想相关的一手资料的翻译介绍较为关注,但相关研究则略显不足。与其他一些理论问题的研究动辄可查阅到上百篇论文资料相比,关于拉法格的研究论文近几十年来只有几十篇而已(且其中还包括一些重复性研究),而国内迄今为止还没有一部这方面的研究专著出版。究其原因,主要在于没有把对拉法格思想和实践的研究摆在应有位置上,没有看到它不仅是马克思主义发展过程中的重要环节,而且是对当代实践有着若干启示的重要思想资源。其二,现有研究的深度和广度都还存在许多不足之处。例如,就已发表的研究成果而言,人们往往只是从自己的研究领域出发对拉法格思想的某一个侧面进行了研究,缺乏对其思想框架和内容的整体性梳理和全面把握;而且,其中对拉法格哲学思想和经济学思想的研究居多,而对其社会主义思想则关注较少。因此,在现有资源的基础上,我们仍无法很好地把握拉法格思想的脉络及其总体价值,从而也就无法对其历史地位作出准确的判定。其三,从研究视角来看,现有研究成果较重视拉法格对马、恩思想的传承及其理论局限,其目的主要是为了更好地"回到马克思"或"还原马克思",而对拉法格在法国乃至世界工人运动以及科学社会主义发展史上的独立地位则有所忽视,同时也缺乏对其思想的当代反思。尽管近两年来这一状况有所改善,但应该说还刚刚起步,仍需要进一步的深入考察和系统挖掘。有鉴于此,本书将坚持马克思主义的基本立场、观点和方法,以拉法格的社会主义思想为主要研究视角,结合对拉法格思想产生背景和实践发展进程的系统考察,综合学术界各家学说之长,在科学社会主义历史演进的逻辑框架中对拉法格的思想进行全面梳理和解读。

三、研究目标、方法和研究意义

(一)研究目标

由于目前学术界对拉法格较少有全面的关注,因此研究拉法格的思想与实践具有一定的难度。在现有研究资料和研究成果的基础上,本书围绕以下问题进行了研究分析。

第一,在还原历史中对拉法格的社会主义思想与实践进行还原性整理。根据对相关历史文献的重新解读,充分了解拉法格所处时代的社会历史发展历程和社会思潮变迁背景,力图真实描绘拉法格思想产生的社会历史特点和发展变化历程。

第二,对文本作出较为全面的解读和诠释。在文本研究方面,尽量突破以往研究视野较为狭窄的局限,全面解读国内已翻译出版的以及其他有关拉法格的一手资料,并对其各个时期著作中的社会主义思想进行挖掘和系统整理,以期作出较新的诠释。

第三,对拉法格在科学社会主义发展史上的地位力求作出较为准确的、实事求是的评价。本书在充分了解马克思、恩格斯、列宁以及其他马克思主义理论家对拉法格的评价的基础上,力争通过梳理拉法格的社会主义实践活动,来准确把握其在科学社会主义运动中的贡献;通过准确评述拉法格的社会主义思想,来厘清其对于科学社会主义理论发展的贡献。

第四,对拉法格社会主义思想的当代价值进行挖掘。理论研究的意义在于对现实实践提供启发。为此,本书力图通过与马克思、恩格斯思想和列宁主义思想的对照,对拉法格社会主义思想中的科学性成分进行吸收,以期为新时代坚持和发展中国特色社会主义提供一些有益的理论资源。

(二)主要研究方法

除了文献资料分析、理论与实践相结合等一般方法之外,本书在研究方法运用上主要具有以下两大特色。

一是注重历史与逻辑分析相一致,以便更清晰地展现拉法格社会主义思想的逻辑架构。本书的研究首先从科学社会主义发展史和国际共产主义运动史的角度来把握拉法格社会主义思想的发展脉络,并通过对特定历史背景的分析来确定其思想的逻辑起点;在此基础上,再运用逻辑分析的方法,综合概括出其一般理论原则和逻辑结构。

二是充分运用比较分析法,以便更准确地界定拉法格在社会主义思想史上的地位及其社会主义思想的当代价值。具体而言,涉及三方面的比较分析:一是对拉法格的思想与马、恩、列等经典作家的思想进行比较分析,厘清其对马克思主义的继承与发展;二是将拉法格的观点与以蒲鲁东为代表的无政府主义思想、以伯恩斯坦为代表的修正主义思想、以饶勒斯为代表的渐进社会主义思想等种种非科学社会主义思潮进行比较分析,把握拉法格在马克思主义传播与发展中的传承作用和过渡作用;三是以拉法格所处时代的过渡性以及特定背景下的理论论争来映照现实,思考在发展中国特色社会主义背景下如何实现理论与实践的有机统一,以及面临其他思潮挑战时的应对策略。

(三)研究拉法格社会主义思想的意义

立足于科学社会主义的发展视角对拉法格的社会主义思想和实践活动进行全面研究具有重大的理论意义和现实意义。

第一,这一研究将有助于我们了解拉法格思想的逻辑建构和理论原貌,从而加深对马克思主义的精神实质和理论精髓的把握。

在目前的社会主义和马克思主义研究中,许多人着重探讨马克思主义经典作家以及主要无产阶级领袖人物的思想及其历史发展,这当然是十分必要的。但也必须看到,马克思主义的传播和社会主义实践的发展也是同其他杰出马克思主义者的努力分不开的。如果忽视对他们的思想和实践活动的研究,就不能充分再现马克思主义发展历史的全貌,同时也难以全面地把握马克思主义的精神实质和理论精髓。作为与马克思、恩格斯同时代的马克思主义理论家和活动家,拉法格既是马克思主义的权威解释者,为传播和捍卫马克思主义作出了重大贡献;同时他又结合工人运动实践和时代的新特点,为发展马克思主义作出了积极探索。因此,他在科学社会主义方面以及其他方面的理论活动和实践活动,无疑应当成为马克思主义学说史的重要组成部分和重大研究课题。可以说,深入研究拉法格的思想及其在马克思主义发展史上的地位,不仅可以深化马克思主义学说史、国际共产主义运动史的研究,而且对于我们正确地理解、坚持和发展马克思主义也是大有裨益的。

值得说明的是,综观拉法格的一生,他把绝大部分时间贡献给了国际共产主义运动,他始终不渝地把《共产党宣言》所规定的实现生产资料公有制等科学社会主义原则作为自己的斗争目标,把无产阶级的解放作为毕生为之努力奋斗的事业,乃至在去世前留下的遗书中仍高呼“共产主义万岁! 国际社会主义万岁!”,这些充分展现了他对共产主义事业的坚定不移的信念。也正因为如此,对科学社会主义原理的阐释和传播,以及亲身参与社会主义运动构成了拉法格全部思想与实践活动的中心内容。他对于唯物史观和剩余价值学说的介绍以及所进行的宗教批判、文艺批评等都是为上述实践活动服务的。为此,本书选择拉法格在不同时期的社会主义思想及其实践活动作为研究对象,并由此出发就其对马克思主义的传承、发展及理论局限作出客观、公正的评价,相信这一研究视角的选择将有利于我们更好地厘清拉法格思想的逻辑轮廓和理论全貌。

第二,这一研究将有助于我们充分认识拉法格及其思想在马克思主义发展史上的独特地位,从而更充分更全面地了解马克思主义发展史,并在此基础上为思考怎样对待马克思主义提供较为有益的启示。

当前学术界有一种观点,即认为第二国际是马克思主义发展史这一链条中最为关键的一环,是马克思主义在19世纪欧洲的“黄金时代”,同时也是当今马克思主义研究领域尚存的、为数不多的“富矿”之一。这是由第二国际所处的时空特点决定的。第二国际处于19世纪和20世纪之交,恰好是古典资本主义和现代资本主义两个时代以及东西方两个世界的交叉点。它既造就了马克思主义在19世纪的全盛时代,也构成了从“原生态马克思主义”向“马克思之后的马克思主义”的过渡阶段;既是马克思主义和社会主义运动从欧洲走向世界的时期，也是马克思主义分化为“西方马克思主义”和“东方马克思主义”、社会主义运动分化为“社会民主主义”和“革命共产主义”的时期。总之，第二国际最突出的特点就在于其“中介性”、“过渡性”，对这一时期的历史演进和理论遗产进行关注和研究，不仅有助于认识和了解列宁主义得以孕育的理论环境，也可以促使我们直面马克思主义的有关理论问题，思考如何科学地对待马克思主义。

第二国际时期马克思主义的传播和发展，既是时代的反映，也是马克思主义理论家创造性活动的结果。除拉法格之外，卡尔·考茨基、安东尼奥·拉布里奥拉、罗莎·卢森堡、威廉·李卜克内西、倍倍尔、弗兰茨·梅林等都是这一时期的重要理论家和革命家。尽管他们的政治观点和理论存在分歧之处，与各种修正主义和机会主义作斗争的彻底性也有差距，但从总体上看，他们都不愧为无产阶级革命战士，均不同程度地对马克思主义的传播与发展、正确认识和回答新时代提出的新课题、促进马克思主义理论与实践相统一作出了可贵的探索。遗憾的是，长期以来，我国学术界对上述理论家的思想观点缺乏足够的关注和客观公允的评价。这一方面是因为受到了苏联相关评价的影响。例如，斯大林认为，第二国际是马克思主义发展史的断层，这一阶段不是使马克思恩格斯思想与列宁主义的两个阶段相互衔接，而是使它们彼此隔离开来。此后的苏联学术界基本上延续了这一主张。另一方面，这也与当前的研究风气有关。20 世纪 90 年代以来，研究者们更多地将理论视线投向后现代主义等西方理论流派和思潮，追逐学术的“时尚”，而对拉法格等马克思、恩格斯生前的战友和学生们的地位和作用关注甚少。这种状况既不利于我们完整地把握马克思主义发展史，同时也不是对待马克思主义应有的科学态度。本书选择对拉法格的思想和实践进行研究，正是为了弥补这些方面的缺憾。

第三，这一研究将有助于挖掘拉法格以及与其同时期马克思主义理论家的思想与实践的当代意义，从而为我们更进一步地思考社会主义的价值及其实现途径，推进中国特色社会主义建设提供理论资源。

实现马克思主义理论与实践相结合是坚持和发展马克思主义的主要途径,这也是马克思、恩格斯创立科学社会主义以来始终重视的重大课题。他们主张,马克思主义基本原理的实际运用随时随地都要以当时的历史条件为转移,并且应当随着实践的发展对原来的观点不断作出修改和完善。他们反复强调,自己的研究"提供的不是现成的教条,而是进一步研究的出发点和供这种研究使用的方法",从而为后人根据新的实践丰富和发展马克思主义留出了空间。由此可见,马克思主义理论与实践的统一并不是一劳永逸的,而是具体的、历史的、不断进行的过程。当时代和实践发生的新变化打破原有的理论与实践相统一的格局时,势必要求马克思主义理论家们在坚持马克思主义基本原理的同时,对时代和实践提出的新课题作出正确认识和回答。如前所述,拉法格等理论家生活的时代具有典型的过渡性和变革性特征。从 19 世纪末到 20 世纪初,资本主义开始由自由竞争向垄断阶段过渡。欧美资本主义经济的迅速发展和相对宽松的政治氛围,为国际工人运动提供了一个相对宽松的斗争环境,但同时也导致了在社会主义理论和实践问题上的分化。那么,是坚持和发展马克思主义还是对马克思主义进行修正甚至是舍弃马克思主义?尽管其思想存在着一定局限,甚至在实践中犯了一些错误,但拉法格总体上还是从前一方面为我们做出了表率。今天,发展中国特色社会主义的现实环境与拉法格生活的时代有着一定的相似之处。中国特色社会主义进入了新时代,我国社会主要矛盾已经转化为人民日益增长的美好生活需要和不平衡不充分的发展之间的矛盾,继续发展既面临着前所未有的机遇,也面临着更为严峻的挑战。特别是在社会主义的自我完善和发展方面,还有许多重大课题需要在实践中去进一步探索和回答。在此意义上,对拉法格的社会主义思想进行研究,可以为我们思考如何重新建构马克思主义理论与实践的统一性提供启示,这不仅是加强马克思主义学科建设的需要,更是中国特色社会主义现代化建设实践提出的必然要求。

此外,对拉法格及其思想进行考察,也可以为新时代中国特色社会主义改革和发展的进一步推进提供一定的思想资源。例如,第二国际时期的特殊历史环境为修正主义的形成、发展和泛滥建造了温床,并由此而形成了社会民主主义和列宁主义的分野。拉法格在这一时期曾经积极加入了批判伯恩斯坦修正主义的斗争行列,是法国马克思主义者中第一个对它进行尖锐批判的人。因而,考察拉法格在第二国际时期的思想和实践活动,将有利于我们了解民主社会主义产生的社会条件和历史源流,进一步弄清民主社会主义与中国特色社会主义的本质区别,为建设社会主义核心价值体系、丰富发展中国特色社会主义理论体系创造条件。再如,拉法格关于无产阶级政党必须坚持民主集中制原则的思想,以及他关于知识分子问题等方面的论述,也可以为我们思考如何全面从严治党以及如何落实科教兴国战略提供借鉴。

第一章　拉法格社会主义思想的产生与发展

第一节　拉法格社会主义思想的产生背景

拉法格生活的时代是自由竞争资本主义得以确立并进而逐步向垄断资本主义过渡的阶段。回溯这段时期，可以看到许多相伴而生、相互对立的矛盾现象的发生：既有欧美各主要资本主义国家相继完成资产阶级政治革命之后资本主义的迅速发展，又有资本主义内在矛盾的不可克服和不断激化所导致的无产阶级和资产阶级的矛盾日益尖锐化；既有1848年欧洲革命和1873年巴黎公社革命失败后笼罩欧洲的政治反动和欧美工人运动的暂时低潮，又有19世纪70年代以后工人运动的重新兴起和蓬勃高涨；既有马克思主义创立以后的迅速发展和广泛传播，又有形形色色资产阶级和小资产阶级机会主义思潮的不断泛滥。总之，这一时期的特征十分复杂，在此背景下关注和梳理拉法格的社会主义思想，也就不难理解其中的转折和发展变化，以及他偶尔在自己的思想观点和实践活动中所犯下的这样或那样的错误了。

一、拉法格社会主义思想产生的时代背景

（一）19 世纪中后期资本主义的发展变化

18 世纪以来，第一次产业革命从英国开始发端并逐渐向欧洲大陆和北美传播，进而又扩展到世界其他地区。产业革命为科学技术应用于生产开辟了广阔的途径，社会生产力得到了前所未有的大发展，使资本主义迎来了自己的上升时期。与此同时，产业革命从一开始就引起了社会生产关系的重大变革，社会日益分裂为工业资产阶级和无产阶级两大对立的阵营。随着产业革命的进一步发展和深化，不断增长的社会生产力与缺乏足够自我调节能力的资本主义生产关系之间的矛盾日益激化，最终导致了周期性经济危机的频繁爆发。到 19 世纪中期，经济危机已经席卷了整个欧洲，它使社会生产力遭到极大的破坏，给无产阶级和劳动群众带来了极大的灾难，无产阶级与资产阶级统治者之间的关系由最初的矛盾逐渐发展为公开的对抗。1848 年初，就在《共产党宣言》发表的同时，欧洲大陆爆发了一场规模巨大的革命运动。这是继 17 世纪的英国革命和 18 世纪的法国革命之后的第三次革命大风暴。尽管从性质上看，这场革命是为了继续完成英法资产阶级革命尚未完成的任务而进行的又一次资产阶级民主革命，但觉悟水平和组织程度都还不高的无产阶级却成了革命的主力军，并使这次革命深深打上了自己的烙印。相反，资产阶级却因害怕无产阶级力量的壮大在革命中处处表现出妥协性，各国资产阶级自由派毫无例外地都背叛了革命。革命失败后，欧洲各国相继进入了一个政治上的反动期，在白色恐怖笼罩之下，无产阶级的处境十分艰难，工人运动暂时陷入了低潮。

然而，这场革命却在一定程度上为资本主义的发展扫清了障碍。到 19 世纪五六十年代，欧洲资产阶级在同封建主义的斗争中逐步取得了优势，资产阶级的政治统治在欧洲各主要国家基本上确立起来。这既是资本主义经济深入

发展的结果,也为资本主义经济的进一步发展准备了前提。逐步取得主导地位的资产阶级为最终战胜封建势力而竭尽全力地发展社会生产力,资本主义由此进入了发展的黄金时期。英国已经完成产业革命,成为著名的世界工厂,法、美、德等国也已进入产业革命的最后阶段,就连一直比较落后的奥地利、意大利和俄国也开始了产业革命。在资本主义经济获得空前发展的同时,工人运动也重新高涨起来,新的革命高潮开始重新积聚。1871 年,法国爆发了震惊世界且影响久远的巴黎公社革命(1871 年 3 月 18 日—5 月 28 日)。这次革命是法国无产阶级与资产阶级斗争发展的产物,同时也是普法战争中法国社会阶级矛盾和民族矛盾激化的结果。作为无产阶级推翻资产阶级统治、建立无产阶级专政的第一次伟大尝试,它开启了将人类从阶级社会中永远解放出来的社会革命新阶段。然而,在国内外反革命势力的联合镇压下,巴黎公社最终被颠覆了。

革命失败后的政治恐怖笼罩着欧洲大陆,国际工人运动重新陷入了低潮,而欧美资本主义却在 19 世纪 70—90 年代重新迎来了一段相对和平发展的时期,生产力、生产关系、社会结构等诸多方面均发生了深刻的变化。首先,新一轮科技革命推动着资本主义生产力飞速向前发展。以“电气革命”为特征的第二次工业革命在几个国家同时开始,比第一次革命规模更广泛、发展更迅速。电力的广泛应用、内燃机和新交通工具的创新、新通信手段的发明以及化学工业的建立使资本主义国家出现了一大批新兴工业部门,同时也使人们的物质生活更加便利,社会交流也更加频繁。在第二次工业革命推动下,法、德、美以及欧洲大陆其他国家的工业得到了前所未有的大发展,并逐渐赶上了英国。其次,生产力的迅速发展推动着生产关系及社会经济结构也相应发生了深刻的变化,垄断代替自由竞争并逐渐占据资本主义经济的主导地位。随着新科学技术的运用,资本兼并和生产集中的速度大大加快。同类企业或联合或兼并,大企业吸纳小企业,形成了一些非常庞大的联合体,卡特尔、辛迪加、托拉斯、康采恩等各种垄断组织在主要资本主义国家广泛建立起来,并很快统治了一个国家的许多工业部门。垄断由此成为了资本主义国家经济生活的主宰，资本主义由自由竞争阶段逐步过渡到了垄断阶段。最后，为了适应垄断所带来的新形势，资产阶级在政治、社会等各方面都作了必要的调整。在此背景下，19 世纪后半期的各主要资本主义国家在政治文化领域均出现了许多新的发展趋势。例如，欧美各国继英法之后相继完成了政治改革，资产阶级民主制度普遍建立起来，社会立法不断推进和完善；物质生活的丰富多彩促使社会文化日益多元化，自由主义思想逐渐让位于社会达尔文主义、唯意志论等思潮；等等。在飞速发展的同时，资本主义体系的内部矛盾也日益积聚并尖锐化。为了经济上的竞争和掠夺，两大对立的军事集团在欧洲逐渐形成，最终在 20 世纪初的现代"文明"社会中上演了一场生灵涂炭的残酷悲剧。

19 世纪后期资本主义由自由竞争向垄断阶段的过渡不仅使其自身在发展中出现了新的矛盾，同时也孕育了一大批"过渡型"的马克思主义者，他们既担当着捍卫和传承马克思主义的重要历史使命，又需要凭借自身的革命觉悟、理论素养以及敏锐的时代洞察力来促进马克思主义的发展，而拉法格正是这个队伍中的重要一员。

（二）19 世纪法国社会经济政治格局的变动

除了整个资本主义世界发展变化的大背景之外，拉法格的思想发展历程也与 19 世纪法国政治经济格局的变动息息相关。

从 18 世纪末到 19 世纪 70 年代的近八十年时间里，在法国大革命（1789—1799）所导致的财产权的剧烈变动以及由此产生的政治势力多元化格局下，法国社会矛盾错综复杂，各派政治力量反复较量，国家政体不断轮回。这段时期的头 20 多年间，法国相继经历了立宪君主制、共和制和帝制，而从 1814 年至 1870 年，它又沿着老路从头到尾走了一回。首先是以立宪王政为特征的复辟王朝（1814—1830 年，其间短暂的拿破仑"百日政权"除外）和七月王朝（1830—1848），继而是短命的第二共和国（1848—1852），最后则是波拿巴家族的第二帝国(1852—1870);此后,法国的政体才基本稳定在共和制的轨道之上①。在政体剧烈变动的同时,法国经济社会发展的道路也充满坎坷。由于廉价劳动力的大量存在、工业燃料的严重缺乏以及小农土地所有制盛行条件下全国市场需求不旺等多方面的原因,法国工业化的步伐要远远落后于同期西欧其他许多国家。尽管如此,工业化依然在步履蹒跚地向前缓慢推进,并实现了明显的经济发展和物质进步。据估计,1870年前后,法国的银行机构已经超过2000家,全国铁路里程由19世纪50年代初的3000多公里增至1.7万公里,以巴黎为枢纽并辐射全国的铁路网初步形成。金融业的全面发展和交通运输业的快速提升为工农业的技术革新和发展产生了巨大的带动作用。到第二帝国末年,蒸汽机已在纺织业、轮船业等部门广泛使用,电气部门研究的进展也越来越快,电报已供公用,1856年发明的贝塞默法使钢产量和生铁产量成倍增加,工业革命最终在法国宣告完成。在此背景下,不管国家政体如何循环往复,贵族和教士们如何想保住自己的特权地位,封建制度走向灭亡的命运已不可逆转,而资本主义社会的总体框架则在法国逐步确立起来。

与此同时,法国的社会结构在政治经济发展的推动下也出现了重大变化。一方面,封建贵族、教士等传统特权阶级日渐衰落,资产阶级在法国社会政治生活中的主体角色成为无从改变的定势。其中,由工厂主、金融家等构成的中上层资产阶级取代贵族掌握了国家的实际权力,小店主、小职员、小工匠等阶层所构成的小资产阶级尽管内心充满着比上不足、比下有余的“自豪感”,在某些特殊时候甚至能拥有一定的政治影响,但他们实质上绝大多数时候被排斥在“国事”之外,经济上也只能依附于大资产阶级而存在。另一方面,随着工业革命的不断推进,越来越多的农业工人转变为整天与机器打交道的产业工人,一个新生的无产阶级逐渐形成,法国工人特别是产业工人的人数有了很

① 参见陈文海:《法国史》,人民出版社2004年版,第300页。

大增长。据估计,到七月王朝末年,法国工人已达到600万人,占总人口的1/6左右,其中产业工人约有130万人。在资本家的剥削和压迫下,工人的工作和生活条件极为恶劣,他们每天工作时间长达13—15小时,但所挣的工资仍不足以养活自己和家人,"贫困化"几乎要从肉体上消灭工人阶级。由此,工人与资本家之间的矛盾和冲突成为法国社会的主要矛盾,罢工和起义成为工作劳累、生活困窘的工人们常用的斗争手段,而对工人阶级罢工、起义的镇压也成为新兴资产阶级政权的日常工作之一。

除了上述两大相互对抗的阶级之外,当时社会中还有一个不可忽视的阶级,即占人口比例最多的农民阶级(到1870年左右,法国农村人口仍占总人口的69%,全国只有一小部分人从事工业)。在法国的农村,自中世纪末期以来的小土地所有制就呈不断发展之势,而大革命时期的土地法以及后来的《拿破仑法典》又进一步加剧了这一趋势。小块土地的大量存在使得农耕技术的革新变得遥远而艰难,农村面貌长期停滞不前,农民的生活每况愈下。这些小农是"未来的无产者",他们"正如任何过了时的生产方式的残余一样,在不可挽回地走向灭亡"①。但是,由于自身文化素质的低下以及农村生活的闭塞状况,作为"人口、生产和政治力量的非常重要的因素"的农民阶级却无法自觉地意识到自己的命运。在资产阶级将社会主义工人描绘成"均产分子"的蛊惑下,他们甚至对工人充满了怀疑和憎恨;为了过上理想中的"安逸生活",他们用自己的"反动投票"创立了法兰西第二帝国,从而将1848年以来法国"朦胧的社会主义的激情"一扫而光。在此背景下,农民问题日益成为社会主义运动中亟待关注的问题。社会主义政党必须想方设法将农民群众从大地主阶级等"伪保护者"身边拉开,以免其进一步"从工业工人的消极敌人变成工业工人的积极敌人"②。

拉法格接受中学、大学教育并开启自己政治生涯的时期,法国正处于从路

① 《马克思恩格斯文集》第4卷,人民出版社2009年版,第513页。

② 《马克思恩格斯文集》第4卷,人民出版社2009年版,第509—510页。

易·波拿巴政变到普法战争的法兰西第二帝国时代(1852—1870)。1852年,路易·波拿巴(1808—1873)利用法国国内尖锐的阶级矛盾和激烈的阶级斗争,顺利地篡夺了政权,复辟帝制,史称拿破仑三世。取得统治地位后,路易·波拿巴对内通过宪法和各种法令确立皇权独尊,实行独裁统治,对外不断发动战争,进行海外殖民扩张,把帝国变成了法国大资产阶级的公开专政工具。帝国的经济政策使大资本家和金融巨头们大发横财,国家的经济命脉操纵在一小撮交易所投机家和银行家手里。与统治集团卑鄙无耻的骄奢淫逸景象相对照,工人阶级和其他阶层劳动人民的贫困和艰难处境显得格外刺目。在帝国的统治下,当时法国的农民阶级、小资产阶级,甚至一部分中等资产阶级的利益都受到损害,对帝国的统治深感不满。在资本主义大工业的冲击和高利贷的盘剥下,农民阶级的负债现象越来越普遍,且债务也日益沉重;工人们每天的劳动时间长达十几个小时,而他们获取的实际工资却在物价飞速上涨的背景下不断下降。与此同时,失业者人数猛增,许多小企业主负债累累,陷入破产境地;甚至一部分中等资产阶级也在经济政治利益上受到波拿巴政策的损害,对帝国的统治表示不满。人们对帝国的专制制度越来越厌恶,各个社会阶层纷纷展开了各种对抗性活动,反对波拿巴政府的反动统治。其中,受压迫最深最重的无产阶级越来越清楚地意识到自己的阶级任务,公开宣称与一切剥削制度水火不容。第二帝国随之逐渐陷入深刻的危机之中。

青年拉法格在19世纪60年代中期参加了被称为“拉丁区之狮”的共和主义大学生团体,积极投身于反对第二帝国专制统治的斗争;但是,随着斗争的深入以及无产阶级力量的壮大,以拉法格为代表的一部分进步大学生毅然与卖身投靠帝国的资产阶级共和派决裂,转而同工人组织建立联系,积极支持工人的罢工斗争。

二、拉法格社会主义思想产生的实践背景

马克思主义认为,社会生活在本质上是实践的,实践是一切认识的源泉和

动力,认识本身产生于实践的需要,而实践又为认识的产生提供了可能。因此,要想全面把握拉法格社会主义思想的产生背景,就必须深入考察与之相关的社会主义实践。

(一)国际共产主义运动的兴起和发展

随着世界资本主义经济蓬勃发展和世界市场的初步形成,各国人民的联系和交往逐渐加强了。在此背景下,世界各国工人阶级之间的联系也随之得以加强,工人运动开始具有了真正意义上的国际特点,从而为国际工人运动的联合创造了条件。从 19 世纪 40 年代到 70 年代初,国际共产主义运动逐渐兴起,并先后掀起了以 1848 年欧洲革命和 1871 年巴黎公社革命为代表的两次革命高潮。尽管它们最终均以失败告终,但其意义是深远的,这一阶段科学社会主义思想和革命实践迅猛发展的态势也是不容忽视的。

在这一过程中,最早对各国工人运动建立国际联合和国际组织的必要性进行理论阐述的是马克思和恩格斯。在写成于 1846 年的《德意志意识形态》一文中,马恩已经比较明确地提出了人类社会发展的“世界历史”观。他们强调,各个相互影响的活动范围在社会发展进程中越是扩大,“各民族的原始封闭状态由于日益完善的生产方式、交往以及因交往而自然形成的不同民族之间的分工消灭得越是彻底,历史也就越是成为世界历史”,在此背景下,“无产阶级只有在世界历史意义上才能存在,就像共产主义——它的事业——只有作为‘世界历史性的’存在才有可能实现一样。而各个人的世界历史性的存在,也就是与世界历史直接相联系的各个人的存在”,而“每一个单个人的解放的程度是与历史完全转变为世界历史的程度一致的”①。1848 年发表的《共产党宣言》进一步发挥了上述观点,并对资本主义发展的全球化进程进行了更为详细的阐述。《宣言》指出,随着全球化进程的推进,过去那种地方的

① 《马克思恩格斯文集》第 1 卷,人民出版社 2009 年版,第 539—541 页。

和民族的自给自足和闭关自守状态，将日益被各民族的各方面的互相往来和互相依赖所代替，民族的片面性和局限性将不可能继续下去。在此背景下，无产阶级为了自身的解放，就必须在国际范围内联合起来，进行反对全球资本主义生产方式的斗争，并争取在世界范围内建立自己的统治。为此，《宣言》断言“工人没有祖国”，并在最后发出了“全世界无产者，联合起来!”的伟大号召。

为了进一步为无产阶级的斗争指明方向，迎接新的革命高潮的到来，马克思和恩格斯在19世纪五六十年代继续进行了大量的理论研究和革命实践活动。一方面，马恩认真总结了1848年欧洲革命的经验教训，并着重对政治经济学进行了深入的研究。这一时期资本主义经济的发展为马恩研究资本主义的发展规律提供了更多活生生的素材，使他们可以更加清楚地分析和探讨资本主义的本质。在此期间，马克思撰写了以《资本论》为代表的一系列经济学著作，对资本主义的内在矛盾及其必然灭亡的规律进行了深刻地揭示。另一方面，马恩还积极与工人群众保持密切的交往，尽量抽时间参加工人们开展的各种活动，在工人群众中开展宣传教育。例如，19世纪50年代末，定居于伦敦的马克思经常在伦敦德意志工人教育协会作关于政治经济学的演讲，为协会机关报《人民报》撰稿、审稿，并通过协会同英国工人沟通联系。60年代初，马恩积极支持德国工人运动的革命派与拉萨尔派的斗争，马克思还参加了英国工人声援波兰起义的群众大会。在这一时期的许多著作中，马克思批判了在工人运动中颇有影响的蒲鲁东主义、拉萨尔主义以及资产阶级的种种理论，这对提高各国工人群众的觉悟、促进无产阶级国际团结起了很大作用。此外，马克思和恩格斯还特别注意培养国际工人运动的领导骨干，想方设法同各地的革命者进行广泛联系，要求他们努力学习、掌握革命理论，迎接新的革命高潮。正是通过上述理论研究和实践活动，马克思和恩格斯为建立新的无产阶级国际组织做好了思想上和组织上的准备。

1863年，波兰人民发动了反对沙俄统治的民族起义。马克思、恩格斯对波兰起义非常重视,动员欧洲各国的工人阶级全力声援波兰人民的革命运动。1864 年 9 月 28 日,英、法、德、意、波兰等国工人代表在伦敦圣马丁堂召开盛大的国际性会议,再次讨论了声援波兰人民和国际工人联合斗争的问题。大会决定成立国际性的工人组织,并选出了一个由英、法、德、意等国代表组成的临时中央委员会(1864 年 10 月 18 日起称为中央委员会,1866 年日内瓦代表大会改称为总委员会)。奥哲尔任主席,克里默任总书记,马克思被选入委员会,任德国通讯书记。1864 年 11 月 11 日召开的委员会会议正式将该组织的名称确定为国际工人协会(简称国际,第二国际成立后人们又称之为第一国际)。国际成立后,马克思负责起草了《国际工人协会成立宣言》和《国际工人协会共同章程》两份纲领性文件,对国际工人协会的政治方向、性质、目的和组织原则进行了规定。这两份文件贯穿着《共产党宣言》的基本思想,它们是使无产阶级国际组织具有战斗性的思想理论保证,它们的诞生和实际运用也意味着马克思主义在各国工人运动中指导地位的初步确立。第一国际的成立标志着国际共产主义运动的重大发展。在它存在的 12 年间,马克思主义得到广泛传播,从而从思想上、理论上武装了无产阶级,使各国无产阶级的觉悟水平和斗争水平显著提高,推动了欧美工人运动的发展。正如列宁所评价的那样:“第一国际奠定了工人国际组织的基础,使工人做好向资本进行革命进攻的准备”,“为国际无产阶级争取社会主义的斗争奠定了基础”①。

国际共产主义运动的发展对于拉法格的思想转变而言具有重要的意义。在第一国际成立后不久,拉法格就加入了第一国际巴黎支部,正是在积极参加支部活动的过程中,他于 19 世纪 60 年代中期和马恩相识,并在两位导师的直接指导和影响下,逐渐摈弃了蒲鲁东主义和实证主义,转向马克思主义。也正是在积极投身于国际共产主义运动的过程中,拉法格进一步认清了无政府社会主义的本质,牢固确立了自己的马克思主义世界观,成长为一名具有坚定科

① 《列宁全集》第 36 卷,人民出版社 2017 年版,第 290—291 页。

学社会主义信仰的革命战士。这一时期确立的信仰伴随了拉法格的一生，从19世纪六七十年代第一国际时期反对无政府主义的斗争，到20世纪初国际工人运动中革命派与机会主义派之间日趋激化的斗争，他从未屈服于来自无政府主义派和机会主义派的种种压力，而是始终不渝地坚持了马克思主义的基本原则。

（二）法国工人运动的发展与工人政党的建立

在19世纪中期国际共产主义运动蓬勃发展的过程中，作为欧洲历史上启蒙运动中心的法国，随着资本主义的发展以及社会阶级矛盾的进一步尖锐化，又成为了欧洲工人运动的中心。

法国工人运动的历史十分悠久。早在19世纪20年代，当英法两国的空想社会主义者还在为自己的理想而四处奔走时，法国的工人阶级已经开始酝酿自己的实际斗争了。1831年和1834年，法国最大的丝织业中心里昂先后爆发了两次大规模的反对资本主义剥削压迫的工人武装起义。前者是当工人们要求增加工资的合理要求被资产阶级政府拒绝后爆发的，工人们在起义中喊出了“不能劳动而生，就要战斗而死！”这一响亮的战斗口号，并与反动军队进行了殊死搏斗；后者爆发于工业大萧条的背景下，里昂工人在这次起义中明确提出了推翻富人政权、争取民主共和国的政治口号，并得到了巴黎、圣亚田等许多城市的响应，从而使法国工人的斗争具有了更为鲜明的政治性质。尽管上述两次起义都因资产阶级政府的残酷镇压而失败，但作为欧洲工人运动史上最早的大规模工人运动，它们的影响是十分深远的。一方面，在武装起义中工人阶级开始独立地提出本阶级的要求，并为之进行坚决斗争，这标志着法国工人阶级已经作为一支独立的政治力量登上了历史舞台；另一方面，尽管这一时期的工人运动还缺乏真正属于本阶级的科学的意识形态作为指导思想，工人起义所提出的口号和要求也并未超出资产阶级民主主义的范畴，但它却初步显示了无产阶级作为资本主义社会掘墓人的伟大力量——正如马克思所评价的那样,“里昂的工人们以为自己追求的只是政治的目的,以为自己只是共和国的战士。可是事实上他们却是社会主义的战士”①。

此后,尽管资产阶级严阵以待,工人阶级依然继续进行坚决斗争,在法国掀起了一波又一波的革命风暴。对于工人阶级的力量以及工人运动的巨大影响,当时法国社会一些卓有远见的有识之士已经有所洞察。例如,法国著名的贵族历史学家阿历克西·德·托克维尔(1805—1859)早在1848年1月就预言“风暴已经露出了地平线”。他说:“我承认,今天的工人阶级是平静的,但是你们不妨看看工人阶级内部的变化吧……难道你们看不到,他们对政治的热情已经变成对社会的热情吗?难道你们看不到,有些不仅要推翻某些法律、某个部、某个政府,而且要推翻社会本身的观点正在一点一点地传播开来吗?难道你们看不到,这些观点正一点一点地宣传,说迄今为止世界上的财产分配不公,财产的基础不公吗?最后,难道你们不认为,这些观点深入群众时,或迟或早都要导致最可怕的革命吗?”②托克维尔的预言很快变成了现实。1848年2月,巴黎爆发二月革命,七月王朝的君主专制统治被推翻,小资产阶级社会主义者路易·勃朗以及机械工人阿尔贝参加了随后成立的共和国临时政府,这是历史上社会主义者和工人阶级第一次参加政府。路易·勃朗曾寄希望于临时政府帮助自己实施工场社会主义的改革方案,以解决工人失业问题;然而,由于资产阶级将实际的国家政权和行政枢纽完全掌握在自己手中,没有任何经费预算和行政权的路易·勃朗和阿尔贝只能“用自己的头去撞碎资产阶级社会的柱石”③,其失败的结局早已注定。1848年6月,因政府下令解散“国家工场”,巴黎工人再次爆发革命,最终由于力量薄弱、群龙无首和孤立无援而遭到失败。

---

① 《马克思恩格斯全集》第3卷,人民出版社2016年版,第393页。

② 转引自[法]克洛德·维拉尔:《法国社会主义简史》,曹松豪译,中共中央党校出版社1992年版,第30页。

③ 《马克思恩格斯文集》第2卷,人民出版社2009年版,第87页。

在资产阶级临时政府的严酷镇压下，工人运动在法国暂时转入了低潮，有些资产阶级学者甚至断言社会主义已经死亡，然而，随后的历史充分证明了这一结论的武断。也许某些社会主义思想的确会随着历史的演进而渐渐烟消云散，但是只要资本主义在法国不断发展，作为其对立面的社会主义运动也必然会愈挫愈勇，重新走向活跃。因为，社会主义运动是资本家阶级与工人阶级相对立的必然产物，“只有消灭资产阶级社会，才能压倒它或阻止它的发展”①。从19世纪60年代开始，法国工人运动重新活跃起来。1864年，在议会补选前夕，巴黎工人发表了自己的竞选纲领——《六十人宣言》；尽管其措辞非常温和，但这个宣言的发表具有重大的意义，它表明，经过相当长时间的中断之后，法国工人阶级重新登上了政治斗争的舞台。工人运动在法国的重新活跃为青年拉法格的成长奠定了重要的基础。从60年代中期开始，拉法格开始积极关注和参加工人运动。他曾通过发表抨击性文章等各种方式声援和支持法国工人反对第二帝国的斗争，同时他还成为了法国工人与国际工人协会之间沟通的桥梁，对法国各国际支部的联合以及与总委员会建立正常联系作出了较大贡献。正是在投身于法国工人阶级革命斗争的过程中，拉法格得到了实际的锻炼与考验，逐渐成为一位国际工人运动的杰出活动家和马克思主义宣传家。

1871年，法国工人运动在取得重大成就之后，又遭受了严重的挫折，这就是巴黎公社的创建和它惨遭国内外资产阶级的联合镇压。拉法格亲眼见证和参与了巴黎公社革命，并在革命失败后对其全过程及教训进行了回顾与总结。对于巴黎公社，恩格斯曾评价说：“公社是旧的、法国特有的社会主义的坟墓，而同时对法国来说又是新的国际共产主义的摇篮。”②的确，公社的失败并没有像资产阶级预言的那样使法国社会主义彻底被埋葬，相反，却暴露了蒲鲁东

① 摘自拉法格在将英国比斯利教授所写的《国际工人协会》一文译为法文发表时所写的按语。参见李兴耕：《拉法格传》，人民出版社1985年版，第34页。

② 《马克思恩格斯全集》第36卷，人民出版社2016年版，第228页。

主义、巴枯宁主义以及布朗基主义等形形色色的社会主义思潮在理论上的荒谬性和实践上的有害性，从而为科学社会主义在法国的传播开辟了道路。1877年11月，茹尔·盖得(1845—1922)在法国创办了《平等报》，积极从事社会主义思想的宣传，主张废除私有财产，实行生产资料的集体所有制或公有制。拉法格于1879年通过西班牙社会主义者梅萨的介绍同盖得建立了联系，并在随后帮助其与马克思建立了通信联系。当年10月，法国历史上第一个无产阶级政党——法国工人党在马赛建立。1880年，拉法格和盖得在马克思和恩格斯的指导下，为法国工人党制定了党纲；马克思亲自为这个党纲起草了序言。这标志着法国工人运动从此有了正确的指导思想，它会沿着马克思主义的道路继续向前发展。

第二节　拉法格社会主义思想的发展轨迹

在详细了解拉法格社会主义思想产生背景的基础上，接下来我们将按照历史的线索对其思想的发展轨迹进行大致描述，以便从宏观上去把握拉法格的社会主义思想与各个不同历史时期的具体历史环境和实践活动的特定联系，从而形成关于其思想的整体性认识。概括起来，拉法格的社会主义思想在形成和发展的整个过程中，大致经历了以下三个重要的阶段。

一、青年时期：从无政府社会主义到科学社会主义的思想转变

19世纪60年代初，拉法格在法国的波尔多和图卢兹完成自己的中学教育之后进入巴黎大学医学院学习，并在这里正式开启了自己的政治生涯。如前所述，青年拉法格最初曾是一个共和主义的支持者，他从进入大学开始就积极投身于反对君主专制的运动，并参加了被称作“拉丁区之狮”的具有共和主义色彩的大学生政治团体。但随着反对第二帝国斗争的不断深入和无产阶级力量的日益活跃，以拉法格为代表的一部分进步大学生逐渐脱离资产阶级共

和派并与工人组织建立了联系。对于这一转变及其原因,拉法格自己描述道:“帝国及其残酷的专制制度……在青年心中引起了对形形色色的政府以及产生并支持帝制的社会的深刻仇恨。我们懂得,如果不改变社会,将一事无成……时间使我们睁开了眼睛。现在我们认识到,他们(指资产阶级共和派)是卖身投靠帝国的人,是他的安全阀。于是我们断然同他们决裂了。我们离开了他们向我们敞开大门的沙龙……我们在拉丁区安顿下来,并且只和工人交往。”①正是基于上述认识,拉法格此后在激进民主主义报刊《左岸》上发表了一系列文章,支持工人的罢工斗争,并不断揭露资产阶级共和派的伪善面目。

这一时期,拉法格的思想取向还未明确,他同时受到当时多重流行思想的影响,其中对其影响较大的是 P.蒲鲁东(1809—1865)所创立和竭力宣扬的无政府互助主义思想。在 19 世纪中期的法国,蒲鲁东主义的产生和流行有着特定的社会基础。它的产生与 18—19 世纪的法国国情相适应,是当时的资本主义思潮、社会主义思潮和私有制批判思潮,同占主导地位的落后小农生产方式之间矛盾的产物。这种进步理论同落后现实之间的巨大张力,使得蒲鲁东和蒲鲁东主义者一方面提出要捍卫法国大革命后获得土地的农民、小的所有者和小资产阶级的利益;另一方面却徘徊于有产者和无产者、资产阶级和社会主义者中间,既迷恋资产阶级社会的物质财富并将其视为改变社会经济组合形式的基础,又极大地同情底层民众因绝对贫困而遭受的巨大苦难。正是从这个角度出发,马克思将蒲鲁东主义准确地定性为小资产阶级的社会主义②。1848 年法国六月起义失败后,路易·勃朗(1811—1882)所推行的依靠国家组织“社会工场”的社会主义彻底宣告破产。在白色恐怖的笼罩下,极度失望的小资产阶级彷徨失措,转而信奉蒲鲁东所宣扬的另一套踢开国家的无政府互助主义的社会清算方案,希望从中找到出路。到 19 世纪五六十年代,蒲鲁东

① 李兴耕:《拉法格传》,人民出版社 1985 年版,第 6 页。

② 参见杨洪源:《马克思与蒲鲁东主义》,《光明日报》2016 年 5 月 11 日。

主义的影响在巴黎工人中占据了支配地位，它不仅控制了早期的国际工人协会法国支部，后来还扩展到法国的合作运动和工会运动，而且还成为了一种带国际性的现象。正是在此背景下，拉法格同法国的许多进步大学生一样，受到蒲鲁东主义的深刻影响。他把蒲鲁东称为“我们敬爱的导师”，并曾在发表于1866年的一篇文章中这样写道：“我们痛恨一切政府，痛恨蓝色的政府正如痛恨立宪君主和痛恨一切其他的统治一样强烈。我们需要无政府状态。我们不需要夺取政权而要消灭它。”①直到19世纪80年代初，这种无政府社会主义思想对拉法格还存在着残余影响。1882年11月初，他曾在《平等报》上发表文章，为里昂的一家被政府查禁的无政府主义报纸辩护，力图证明这家报纸只不过是抄袭了他的观点，只不过是试图在时机不成熟的条件把它付诸实践而已。马克思认为，这些观点显然是第一国际时期无政府社会主义的新代表——巴枯宁主义在拉法格身上的回音，他在给恩格斯的信中气愤地批评说：“其实，拉法格是巴枯宁的最后一个学生。”②值得注意的是，青年拉法格并没有成为彻底的蒲鲁东主义者，他同时还受到布朗基主义和实证主义的影响。拉法格非常敬仰布朗基（1805—1881），尤其是敬佩其坚定不移的思想品质和崇高的革命气概；正是在布朗基的影响下，他没有认同蒲鲁东主义否定政治斗争必要性的主张，而是接受了关于必须开展坚决的革命斗争反对资本主义的主张，并“决心把自己的一生献给革命事业，竭尽全力为之效劳”③。对实证主义采取赞同的态度，则主要是因为拉法格当时是哲学唯心主义的坚决反对者。在他看来，唯心主义方法必然会导致谬误，而实证主义方法才能使人们获得真理。这表明他此时还没有认清作为唯心主义变种之一的实证主义的实质。

重要的思想转折发生在19世纪60年代中期。1865年2月，拉法格受巴黎支部的委托到伦敦向国际总委员会汇报法国工人运动的状况，由别人介绍

---

① 转引自李兴耕：《拉法格传》，人民出版社1985年版，第7页。

② 《马克思恩格斯全集》第35卷，人民出版社2016年版，第106页。

③ 转引自李兴耕：《拉法格传》，人民出版社1985年版，第8页。

第一次到马克思家中进行了拜访。同马克思的首次会见给拉法格留下了对他来说一生将永远不会忘记的深刻印象,并成为了他们多年的友谊交往以及共同的工作与斗争的开端。同年底,拉法格被巴黎大学开除学籍,被迫离开法国到英国伦敦继续学医,并由此开始了与马克思、恩格斯之间的频繁交往。在伦敦求学初期,拉法格还没有完全抛弃蒲鲁东主义的观点,他在一系列问题上仍采取了蒲鲁东主义的立场。例如,1866 年 6 月举行的国际总委员会会议就 1866 年普奥战争问题展开辩论时,拉法格支持蒲鲁东主义者提出的错误观点,声称一切民族特性和民族本身都是“陈腐的偏见”①。马克思对拉法格否定民族特性的错误观点进行了严肃的批评,他在给恩格斯的信中说,“拉法格大概是完全不自觉地把否定民族特性理解为由模范的法国民族来吞并各个民族了”②。拉法格深知,马克思的批评实质上是对自己的爱护和帮助。在随后的两年多时间里,他经常到马克思家里做客,直接聆听马克思的教诲,接受马克思的批评和指导,与此同时认真研读了《哲学的贫困》、《资本论》、《共产党宣言》等重要著作,并在此基础上逐渐摈弃了“只代表过去”的蒲鲁东主义和实证主义,最终转向了“代表未来”的马克思主义立场③。

通过回顾拉法格的青年时代,我们可以看到一条清晰的思想转变轨迹,而马克思的学说对其所产生的重大思想影响是促使转变发生的关键因素。拉法格后来在《忆马克思》一文中曾详细描述了这种影响。他写道,马克思关于人类社会发展的辉煌理论“就像在我眼前揭开了一道帷幕一样,我生平第一次清楚地看到了历史的逻辑,在社会发展和思想发展表面上如此矛盾的现象中,找到了它们的物质原因”④。正是在科学理论的指引下,拉法格接受了科学社会主义世界观,并在实际锻炼和考验中逐渐成长为杰出的无产阶级革命活动

① 李兴耕:《拉法格传》,人民出版社 1985 年版,第 12 页。

② 《马克思恩格斯全集》第 31 卷,人民出版社 2016 年版,第 231 页。

③ 参见李兴耕:《拉法格传》,人民出版社 1985 年版,第 1 页。

④ 保尔·拉法格:《忆马克思》,载于《摩尔和将军:回忆马克思恩格斯》,中共中央马克思恩格斯列宁斯大林著作编译局编译,人民出版社 1982 年版,第 97 页。

家和不容遗忘的马克思主义者。

二、海外流亡时期:拉法格社会主义思想的初步形成

巴黎公社失败后,拉法格被梯也尔政府通缉,不得不离开波尔多。他于1871年8月初逃亡到西班牙,1872年第一国际海牙代表大会之后,又辗转移居到伦敦,直到1882年春才与妻子劳拉一起重回巴黎,其间经历了十年多动荡不安的海外流亡生涯。身处流亡之中的拉法格一家的生活境况十分困苦,他相继失去了自己三个年幼的孩子,而且在经济上大半时间得依靠恩格斯的接济,才能做到勉强糊口。劳拉不得不去教书,以贴补家用;而拉法格甚至打算到美洲去当刻版工人,但最终没有成行,因为他已经把自己的命运和欧洲工人运动紧紧地联系在了一起。这一时期,巴黎公社失败后的政治反动笼罩着整个欧洲,部分小资产阶级知识分子情绪沮丧,悲观失望,放弃了政治活动,有些人甚至加入了工人阶级敌人的阵营。然而对于拉法格来说,无论是个人的物质困苦,还是笼罩欧洲的政治反动,都无法动摇他已然确立的政治信仰,更不能动摇他对于共产主义事业必然胜利的炽热信念。

在此期间,成为马克思主义者的拉法格,一方面经常在各种报刊上发表文章,积极宣传马克思主义的思想,向工人阶级和先进知识分子介绍和传播科学社会主义原理;另一方面,他继续积极投身于国际共产主义运动和法国社会主义运动中,与无政府主义和机会主义的错误观点进行坚决斗争,捍卫科学社会主义的基本原理,并努力实现科学社会主义原理与社会主义运动实践的结合。

在流亡西班牙的近一年时间里,拉法格同劳拉一起努力为传播和捍卫马克思主义做了许多有益的工作。当时,以巴枯宁主义和蒲鲁东主义为代表的无政府社会主义思想在西班牙工人运动中有着严重影响。拉法格同西班牙工人运动领袖莫拉、罗伦佐等人一起向无政府主义展开了坚决斗争,为击败巴枯宁阴谋集团作出了巨大贡献。他一面以《解放报》为阵地,陆续刊登马克思恩格斯的著作,同时还发表了《圣西门的寓言》、《劳动组织》、《资产阶级王国》

等一系列文章,向广大群众宣传马克思主义的基本理论,批判无政府社会主义思想;一面通过深入调查和了解,掌握了巴枯宁分子的阴谋活动情况,并及时加以揭露以及向马、恩和国际总委员会汇报。在1872年第一国际召开的海牙代表大会上,拉法格是唯一发言竭力揭露无政府主义的代表。也正是在这次大会上,拉法格在马、恩的领导下与其他马克思主义者一道彻底击败了巴枯宁主义的卑劣企图。对于拉法格的上述活动,恩格斯给予了高度评价,他在给劳拉的信中写道,拉法格在《解放报》上的那些文章是"第一次把真正的科学奉献给西班牙人";如果没有拉法格,巴枯宁之流完全可能在西班牙占上风,"保尔正是在关键时刻来到马德里,对我们和协会具有不可估量的意义"①。

1872年10月,拉法格夫妇从西班牙迁居伦敦。在侨居伦敦的十年中,尤为值得一提的是拉法格为法国工人党的创建所作的重要贡献。19世纪70年代末期,身处海外的拉法格与在法国从事工人运动的盖得等人取得了联系,对盖得及其战友们在法国的活动给予了热情的关心和支持。当时,法国的工人运动已逐渐由低潮走向了高涨,工人罢工次数和参加罢工的人数逐年增加,工会团体也普遍建立起来。在此形势下,拉法格和盖得等人一起积极从事建党活动。1879年10月,在法国马赛召开的第三次全国工人代表大会上,社会主义者(集体主义者)在同小资阶级无政府主义者和蒲鲁东主义者的激烈斗争中取得了胜利,并宣布成立"法国社会主义工人党联合会"(简称法国工人党)。为了给新成立的工人党奠定了科学的理论基础,1880年5月,拉法格同专程前来伦敦的盖得一起,在马克思和恩格斯的指导下为法国工人党起草了竞选纲领(其中的序言部分为马克思所口授;这一纲领在11月召开的法国工人党哈佛尔代表大会上获得通过,史称哈佛尔纲领,是法国无产阶级的第一个马克思主义纲领)。法国工人党的建立在法国社会主义运动中具有重要意义,它标志着法国无产阶级政党与资产阶级激进派以及形形色色的小资

① 《恩格斯与保尔·拉法格、劳拉·拉法格通信集》(第一卷),北京第二外国语学院法语专业73级师生合译,人民出版社1979年版,第51页。

产阶级流派划清了界线。从此，擅长于理论分析和宣传的拉法格与优秀的组织者、实践家盖得相互取长补短、相辅相成，他们不断推动和加强法国工人党的思想建设和组织建设，同时也为马克思主义在法国的系统传播打下了坚实的基础。

亲身参与法国工人运动实践使拉法格充分认识到，要在法国建立一个真正革命的工人政党，就必须把马克思主义与工人运动结合起来，为此应该通过各种渠道广泛宣传马克思主义思想。从1880年初到1881年底，在先后三次出版的《平等报》上，每一期几乎都刊载有拉法格的一到两篇文章；这些文章既对蒲鲁东主义、资产阶级经济学说以及可能派进行了直接批判，又充分阐述了科学社会主义的基本原理。正是在此过程中，拉法格的理论水平不断提高，开始形成自己关于社会主义实现路径、运动策略的一些初步认识。例如，在《进化—革命》(1880)一文中，他站在辩证唯物主义的立场上批判了实证论，并进而分析了资本主义生产方式的内在矛盾及其形成过程，以及资本主义矛盾与社会主义革命之间的关系，从而初步阐明了社会主义革命的必然性；在《阶级斗争》(1880)一文中，他强调资产阶级与无产阶级之间存在的尖锐利益对抗只有通过改造资本主义生产方式才能消除，并对和平时期无产阶级政党的任务进行了探索；在《庇护九世上天堂去》(1881)中，他以十分辛辣的笔触展开了对资产阶级宗教的批判，为在社会主义运动中宣传无神论思想作出了重要贡献。总之，到19世纪80年代初，拉法格已不再局限于对马克思恩格斯思想的简单解读，而是开始将其运用于法国社会主义运动的实际，在此基础上逐步提炼出自己的思想认识。

三、重回法国：基于社会主义运动实践的思想拓展

1882年4月，年届四十的拉法格与劳拉一起从伦敦回到巴黎，结束了多年的流亡生涯。从此，他把自己一生的命运与法国工人党的命运以及国际共产主义运动紧紧联结在了一起。社会主义运动实践不仅证明了拉法格的确是

第一次世界大战之前法国为数不多的马克思主义者当中的杰出代表之一,同时也推动着其社会主义思想不断丰富和发展;而这些成绩的取得与恩格斯在生活开支、实际斗争和理论写作等诸多方面对其进行不间断的援助、鼓励和指导是分不开的。

从思想与实践关系的角度来看,我们主要可以沿着批判谬见、亲身实践、理论创新等几条线索来厘清这一时期拉法格社会主义思想的发展轨迹。

一是在批判机会主义、修正主义的错误论调,驳斥基督教神父、反犹主义者以及资产阶级学者对科学社会主义种种攻击的过程中阐述和发展自己关于社会主义的认识。从19世纪70年代中期开始,法国工人运动逐渐明确了社会主义的发展方向,形成了包括工人党(盖得派)、社会主义工人联合会(可能派)、中央革命委员会(布朗基派)以及无政府主义派在内的一些社会主义的政党。然而,正如法国历史学家克洛德·维拉尔所分析的那样,由于社会心理、历史、政治生活状况等诸多因素的影响,“法国的社会主义一开始就以其政治思想上的四分五裂而引人注目”①。19世纪80年代初至90年代中期,与盖得派冲突最为激烈的要数在运动中越来越陷入机会主义泥坑的可能派。后者鼓吹在不触动资本主义制度的条件下通过逐步的合法改良来实现社会主义,甚至不惜采取造谣中伤和诽谤的卑劣手段来攻击马克思主义,竭力与马克思主义者争夺国际工人运动的领导权。19世纪90年代中期以后,法国社会主义运动又受到了以饶勒斯、米勒兰为代表的改良主义和右倾机会主义的冲击,1899年的米勒兰入阁事件甚至在国际社会主义运动中都引起了强烈的反响。此外,贯穿整个法国社会主义运动发展过程的,还有资产阶级以及教会对社会主义以及马克思主义的不间断攻击。作为盖得派中为数不多的马克思主

---

① [法]克洛德·维拉尔:《法国社会主义简史》,曹松豪译,中共中央党校出版社1992年版,第45页。

义理论家之一①,拉法格承担起了对上述错误论调和攻击进行理论反击的责任,其社会主义思想也通过这种理论反击得以充分阐述和发展。其中,为了批判可能派的理论和实践,他发表了《可能主义》、《工人党的纲领。致马赛、巴黎和哈佛尔代表大会参加者的信》、《工人党的目的》、《共产主义和公用事业》等一系列文章,在驳斥可能主义的同时阐明了实现社会主义的途径、手段以及无产阶级政党的奋斗目标与根本任务。为了回击 19 世纪 90 年代出现的改良主义和右倾机会主义思潮,他同让・饶勒斯(1859—1914)就唯心史观和唯物史观问题展开了针锋相对的激烈论战,同时还发表了《社会党和资产阶级政府》、《马克思的唯物主义和康德的唯心主义》等文章,深刻批判米勒兰主义以及伯恩斯坦修正主义,并在此基础上对社会主义运动的策略问题进行了思考和探析。与此同时,在坚决回击资产阶级教授们和教会对马克思学说和社会主义的污蔑的过程中,拉法格也在不断阐发其社会主义思想。例如,1892 年 5 月,他在与资产阶级学者埃德蒙・德莫连进行公开论战时,作了题为"赞成共产主义和反对共产主义"的演讲,对共产主义代替资本主义的必然性及其基本特征进行了深刻的剖析。他还写了大量文章,以十分尖锐泼辣的笔锋,对资本主义社会的经济、政治及文化进行了毫不留情的批判,从而为认识社会主义新世界构筑了必要前提。

二是在领导法国工人党和法国工人运动以及参与国际共产主义运动的实践中不断丰富和发展关于社会主义的认识。重回法国之后,拉法格积极地投身到工人党的宣传和组织工作中。他在工人党举办的讲座中向工人们详细讲解历史唯物主义和阶级斗争理论的相关知识,其讲演对于在法国工人中普及

① 克洛德・维拉尔认为,在盖得派中,除了拉法格以外,其他人都不是马克思主义的理论家,甚至不是真正的马克思主义者。因为"他们记住了马克思和恩格斯的重要结论,远甚于记住其思想方法;他们运用马克思主义,好像使用一部杰出的革命药典,有点甚至好像使用一部灵丹妙药集,而不是用马克思主义作为分析 19 世纪末法国经济、社会和政治特点的方法"。参见克洛德・维拉尔:《法国社会主义简史》,曹松豪译,中共中央党校出版社 1992 年版,第 51 页。

马克思主义基本原理发挥了积极有益的作用;1891 年当选为议员后,他不仅树立了利用议会讲坛来揭露资本主义制度、宣传马克思主义思想的典范,而且还在议会之外进行广泛的宣传鼓动工作,被人们称作是"社会主义的推销员";为了争取农民,他从 1885 年开始经常到农村去宣传社会主义思想,并亲自起草和拟定工人党的土地纲领,在工人党全国代表大会上多次作有关农民和土地问题的报告;他始终坚持自己所选择的革命道路,在晚年依然同法国社会党内弥漫的改良主义和无政府主义思潮进行坚决斗争。可以说,在法国社会主义运动史上,法国工人党(盖得派)显著区别于其他社会主义派别,它"在迄今为止深受经验主义影响的法国工人运动中"更加"注意和重视思考问题,特别是注意和重视理论宣传",这与作为"工人党唯一的真正的理论家"的拉法格的不懈努力是分不开的①。在领导法国工人运动的同时,拉法格还为国际共产主义运动的发展作出了贡献。1889 年,他同倍倍尔、李卜克内西等其他国家社会主义政党的领导人密切配合,在恩格斯的直接指导下胜利地完成了巴黎国际社会主义工人代表大会的筹备工作,创建了第二国际。19 世纪末 20 世纪初,在第二国际内部修正主义泛滥的时刻,他始终坚持无产阶级的革命立场,在反对改良主义和无政府主义的两条战线上进行了顽强的斗争。上述实践活动构成了这一时期拉法格社会主义思想发展的重要基础。正是为了向法国工人宣传马克思主义,他写下了《卡尔·马克思的经济唯物主义》、《卡尔·马克思的历史方法》等经典篇章,不仅通过对辩证唯物主义和历史唯物主义分析方法通俗、细致的阐释和解读成为"大众化的社会主义普及者",也为自己的社会主义思想构筑起了坚实的理论基础;正是基于在农村进行社会主义宣传以及调研的实践经历,他写出了关于农民和土地问题的丰富论著,立足于法国社会主义运动发展和工人阶级政党领导策略的视野,对农民和土地问题进行了充分的理论关注;同样,也正是在亲身参与议会斗争实践以及同修

① [法]克洛德·维拉尔:《法国社会主义简史》,曹松豪译,中共中央党校出版社 1992 年版,第 50 页。

正主义、机会主义思潮作坚决斗争的过程中，他逐渐对普选权、议会斗争等无产阶级斗争手段问题形成了正确认识。总之，不断发展的社会主义运动是拉法格社会主义思想赖以存在的根基，正是通过对社会主义实践中新问题的不断探索和回答，拉法格的社会主义思想才得以不断丰富和发展。

三是在运用马克思主义基本原理观察和分析历史与现实，进行理论创新的过程中推进自身社会主义思想的深度拓展。南斯拉夫学者弗兰尼茨基评价说，在第二国际时期的理论家和革命家当中，拉法格"一贯独创地、富有才能地、机智灵活地把马克思主义理论应用于各个不同领域"，是"为数不多能够创造性地应用和丰富马克思主义的人物之一"①。这一评价应该说是恰如其分，因为拉法格的确不限于宣传和捍卫马克思主义的基本原理。以拉法格的两部重要著作为例，我们就可以看出他在丰富和发展科学社会主义理论方面所作出的重要贡献。其一是写于 1895 年的《财产的起源和进化》一书。拉法格在这部著作里运用历史唯物主义观点探讨了财产的起源及其在人类社会发展各个历史阶段所发生的演变，从而有力地驳斥了资产阶级经济学家关于资本自古以来就有，是唯一的和永恒的财产形式的谬论，进一步发挥和论证了历史唯物主义原理。其中，他对于资本主义财产形式为共产主义生产方式代替之必然性的分析，以及从财产即生产资料所有制角度对社会主义经济问题的研究，均颇有理论特色。恩格斯曾给予这部书稿很高的评价，认为"全书文笔漂亮，历史事例非常鲜明，见解正确并有独到之处，而最大的优点是，它不像德国教授写的书那样：正确的见解不是独到的，独到的见解却不正确"②。其二是 1903 年所发表的《美国托拉斯及其经济、社会和政治意义》一文。在这篇文章中，拉法格细致、系统地研究了处于垄断阶段的资本主义生产方式，并以

---

① ［南］普·弗兰尼茨基：《马克思主义史》（上），徐致敬等译，生活·读书·新知三联书店 1963 年版，第 163—169 页。

② 《恩格斯与保尔·拉法格、劳拉·拉法格通信集》（第三卷），冯汉津等译，人民出版社 1981 年版，第 379 页。

美国为典型对垄断阶段资本主义的经济特征进行了全面的剖析和深刻的揭露。他明确指出,资本主义已经发展到自己的最后阶段,托拉斯等垄断组织的发展不仅不能克服资本主义所固有的各种矛盾,而且使之进一步加深和激化,从而论证了社会主义革命爆发的必然性和必要性。应该说,在欧美主要资本主义国家刚刚进入帝国主义阶段时,拉法格就率先对垄断现象进行了有独到见解的分析,这是非常难能可贵的,也是拉法格对科学社会主义所作的重要贡献之一。此外,在《资本的宗教》(1886)、《革命的次日》(1887)、《思想起源论》(1909)等多篇论著中,我们都可以清晰地看到拉法格较高的理论素养和革命品格,以及其社会主义思想随着对马克思主义基本原理的创造性运用而不断向纵深拓展的轨迹。这充分说明,坚持理论创新是拉法格社会主义思想不断发展的重要动因之一。

1911 年 11 月 25 日夜到 26 日凌晨,年近七十的拉法格和他的忠实伴侣劳拉一起自杀,平静地与世长辞。拉法格在自己留下的遗书中写道:"我不愿忍受无情的垂暮之年接连夺取我的生活乐趣,削弱我的智力和体力,耗尽我的精力,摧折我的意志,使我成为自己和别人的累赘。在这样的时刻到来之前,我先行结束自己的生命。……我怀着无限欢乐的心情离开人世,深信我为之奋斗了四十五年的事业在不久的将来就会取得胜利。共产主义万岁! 国际主义万岁!"①这封遗书表明,拉法格夫妇的自杀并非是因为对自己的政治信仰和道路选择失去了信心,相反,他对自己毕生为之奋斗的共产主义事业充满着必胜的信念。拉法格的自杀引起了他的战友们深深的遗憾和惋惜。1911 年 12 月 3 日,巴黎无产阶级为拉法格夫妇举行了隆重的葬礼。列宁代表俄国社会民主工党在葬礼上发表了讲话,他高度评价了拉法格,赞扬他是马克思主义思想的最有天才、最渊博的传播者之一,是无产阶级和全体社会党人应该深深尊敬的一位理论家。

① 李兴耕:《拉法格传》,人民出版社 1985 年版,第 236 页。

事实也的确如此。正是通过拉法格及其战友们坚持不懈的努力，马克思主义得到了广泛的传播和不断的发展；拉法格为了共产主义理想不屈不挠斗争的精神，激励着各国劳动群众不断地推动着科学社会主义理论与实践的发展。就在拉法格逝世六年以后，俄国十月社会主义革命取得了胜利；而今天，正是因为对科学社会主义基本原则始终不渝的坚持，并随着时代和实际发展不断赋予其新的特色和新鲜内容，中国才在社会主义道路上走得更好更远，为国家现代化开辟了广阔的发展空间。

第二章　拉法格社会主义思想的历史观基础

第一节　唯物主义历史观是拉法格社会主义思想的理论基础

1883年3月17日,恩格斯在马克思墓前的讲话中评价道:唯物史观和剩余价值理论是马克思生前的两大重要发现,它使得一切"豁然开朗"了,而"先前无论资产阶级经济学家或者社会主义批评家所做的一切研究都只是在黑暗中摸索"①;正是由于这两个伟大的发现,社会主义已经由空想变成了科学。事实的确如此。就整个马克思主义而言,它有其特定的理论主题和目的,那就是要实现无产阶级和全人类的解放,使人人得以全面而自由的发展;而要对无产阶级和全人类解放的目标和道路进行科学的说明,首先应探明人类社会历史发展的内在规律。为此,马克思、恩格斯悉心创立了辩证唯物主义和历史唯物主义,对社会存在与社会意识之间的辩证统一关系,人类社会发展的原动力以及阶级社会发展的直接动力进行了科学论证,从而揭开了长期覆盖在社会机体上的迷雾,为历史科学和人类思想史的发展作出了重大贡献。正是由于

① 《马克思恩格斯文集》第3卷,人民出版社2009年版,第601页。

唯物史观的创立，社会主义不再被置于思想和原则的基础之上，而是被置于现实的基础之上；社会主义不再是理性发展的结果，而是生产关系一定要适应生产力、上层建筑一定要适合经济基础的客观规律作用的结果；社会主义也不再是个别天才人物的发现，而是无产阶级和资产阶级之间阶级斗争的必然产物。同时，也正是运用唯物史观的基本原理，马克思恩格斯在考察资本主义社会的经济社会现象的过程中创立了剩余价值理论，从而阐明了资本主义雇佣劳动制的本质，揭示了资本主义社会经济发展的内在矛盾及其发展到社会主义的必然性，找到了可以成为资本主义掘墓人和社会主义建设者的特定社会力量。由此可见，唯物史观和剩余价值理论是科学社会主义的两大理论基础，整个马克思主义理论的使命就是充当无产阶级解放运动的真正思想武器。

作为马克思主义者的拉法格，很好地承继了马克思的上述分析范式。他清楚地意识到，马克思和恩格斯的伟大功绩首先在于他们把唯物辩证法运用于对历史过程的分析中，发现了社会发展的客观规律，揭示了共产主义社会代替资本主义社会的客观必然性。因此，马克思所提出的“新的解释历史的方法”①，及其运用这一方法对资本主义内在经济规律的剖析，不仅是他和恩格斯全部历史著作的基础，也是促使无产阶级真正意识到自己的利益和历史使命，最终实现共产主义的思想基础。在拉法格看来，唯物主义、无神论、剩余价值理论是工人阶级和剥削阶级进行坚决斗争，反对奴役人的资本主义，并最终确立共产主义社会的武器；如果一个马克思主义者不赞同马克思主义哲学和政治经济学，不能在公开或隐蔽的敌人面前捍卫它们，那么他就不可能成为反对资本主义的真正的社会主义者和真正的革命战士。正因为如此，拉法格在自己的多篇文章中，对辩证唯物主义和历史唯物主义的分析方法，以及《资本论》的基本观点进行了反复的解释和介绍。作为第二国际理论家中第一个论述历史唯物主义，并将其应用到哲学、文学、历史学著作中去的人，拉法格终其

① 《拉法格文选》(下)，中央编译局国际共运史研究室编译，人民出版社 1985 年版，第 294 页。

一生都在坚持和捍卫马克思主义的唯物史观,而他的社会主义思想正是他在社会主义运动实践中具体运用马克思主义方法论的产物。

第二节　社会主义运动实践:拉法格诠释唯物史观的主要途径

总体上看,拉法格对马克思主义历史观的诠释,主要是通过以下两种途径来实现和完成的:一是在领导法国工人党和工人运动的过程中,通过演讲或撰写文章的方式来主动宣传和普及唯物史观和剩余价值理论的基本原理。例如,19 世纪 80 年代中期,为了培养法国工人党的理论宣传骨干,向工人们讲解马克思主义的基本理论,法国工人党举办了一系列讲座。其中,拉法格作了一场题为"卡尔·马克思的经济唯物主义"的演讲,对唯物史观的基本原理进行了讲解和介绍。恩格斯在审阅其讲稿后十分满意,他在给劳拉的一封信中写道:"只要他更加注意一些理论上的问题(主要是对一些细节),那他就会成为巴黎这个光明之城的一盏明灯。"①此外,拉法格还撰写了一些文章和论著,对唯物史观和马克思经济学的基本理论进行研究和阐释。例如,1895 年他写了《财产的起源和进化》一书,用历史唯物主义观点探讨了财产的起源及其在人类社会各个历史阶段的发展。这部著作正如恩格斯所说"见解正确并有独到之处"②,在宣传唯物史观方面发挥了重要作用。1897 年,他在《新时代》杂志上发表了《交易所的经济职能》一文,对马克思的价值理论作了具有独创性的研究,特别是对平均利润率问题作了详细准确的阐述,从而揭示了无产阶级与资产阶级之间阶级对立的深刻经济根源。

---

① 《恩格斯与保尔·拉法格、劳拉·拉法格通信集》(第一卷),北京第二外国语学院法语专业 73 级师生合译,人民出版社 1979 年版,第 255 页。

② 《恩格斯与保尔·拉法格、劳拉·拉法格通信集》(第三卷),冯汉津等译,人民出版社 1981 年版,第 379 页。

二是在批判资产阶级思想和机会主义思潮的过程中，对唯物史观与剩余价值理论进行捍卫和宣传。这种方式是拉法格解释和宣传唯物史观和剩余价值理论的最为重要的途径。事实上，除极少数之外，几乎拉法格所有重要的哲学和经济学著作都是在同资产阶级思想和形形色色机会主义思潮的尖锐斗争中写成的。面对资产阶级学者们对马克思理论的狂妄“讨伐”，他写道：“革命的社会主义者不得不进行资产阶级哲学家和作家所进行过的斗争，他们应该向资本主义的社会理论和道德发起猛攻，进而取代之，应该消灭负有斗争使命阶级头脑中的由统治阶级所灌输的一切偏见。”①而针对机会主义者们企图篡改马克思主义的哲学基础，进而修正和背叛马克思主义革命原则和社会主义信念的做法，拉法格也进行了一针见血的揭露，并表示要利用批判机会主义、修正主义的机会来“批驳三十年来对科学社会主义提出的所有反对意见”②。

具体而言，拉法格在批判资产阶级思想和机会主义思潮的过程中来诠释和传播唯物史观与剩余价值理论，又可以分为以下三种情形。

其一，在领导法国工人运动的过程中，对法国官方资产阶级学者针对马克思经济学说的种种攻击进行批判和驳斥，宣传马克思的剩余价值理论。19世纪70年代，马克思亲自校订过的法文本《资本论》第一卷公开出版。法国政府起初曾想禁止《资本论》出版，但未能得逞；后来又企图以在报刊上对它保持沉默的办法来缩小它的影响，也遭到了失败。《资本论》等马克思主义著作在法国传播越来越广泛，马克思主义在工人群众中发挥的影响也越来越大。在此背景下，法国资产阶级学者决定改变策略，开始在报刊上撰文歪曲《资本论》的内容，对马克思主义进行讨伐。面对资产阶级学者们的狂妄挑战，拉法格在恩格斯的帮助下进行了积极应战。1884年，他在《经济学家杂

---

① ［苏］哈·尼·莫姆江：《拉法格与马克思主义哲学》，张大翔译，国际文化出版公司1987年版，第79页。

② 李兴耕：《拉法格传》，人民出版社1985年版，第198页。

志》上公开发表了《卡尔·马克思的剩余价值理论和保·勒卢阿—博利约的批评》、《卡尔·马克思的〈资本论〉和布洛克先生的批评》两篇文章,用十分简洁的语言阐述了马克思的价值和剩余价值理论,说明资产阶级经济学家对马克思的攻击都是站不住脚的。19 世纪 90 年代,他又相继写了《马克思的价值和剩余价值理论同资产阶级经济学家》、《驳对卡尔·马克思的批评》等文章,再次驳斥了资产阶级经济学家对马克思经济学说的种种攻击,并揭露了唯心主义、不可知论和神秘主义同剥削阶级政治目的之间的不可分割的联系。

其二,对法国工人党内以让·饶勒斯为代表的机会主义者的唯心史观进行深刻批判,坚持和捍卫唯物史观。饶勒斯是法国社会党创始人和第二国际领导人,他接受了马克思主义的一些观点,但是力图把马克思主义同其他学说调和起来,宣扬折中主义和"渐进社会主义"。拉法格对此进行了针锋相对的批判。1894 年底,饶勒斯在巴黎的一场集会上发表演讲,认为唯物史观并不妨碍对历史作唯心主义的解释,因为唯心史观和唯物史观"这两种看来似乎是互相对立的、彼此不相容的观点事实上在现代社会的意识中已经几乎调和一致和融合为一了"①。针对饶勒斯的观点,拉法格 1895 年 1 月在巴黎的另一次集会上作了回答。他指出,饶勒斯同马克思主义者的争论实际上是关于观念的起源和形成的争论,同时用大量实际事例论证了马克思主义关于社会存在决定社会意识的原理。尽管拉法格演讲中的有些观点带有机械唯物主义的色彩,但他对马克思主义唯物史观的捍卫和宣传作用是不容抹杀的。

其三,对国际共产主义运动中出现的以爱德华·伯恩斯坦(1850—1932)为代表的修正主义浪潮及其哲学基础——新康德主义进行深刻批判。1895 年恩格斯逝世后,伯恩斯坦发表了一系列全面修正马克思主义的文章,声称在

---

① 《饶勒斯文选》,李兴耕译,人民出版社 2009 年版,第 48 页。

新的形势下只有把议会斗争提高为争取社会主义的绝对斗争形式，才能和平长入社会主义。随后德国社会民主党内形成了以伯恩斯坦为代表的修正主义派别，并逐渐在第二国际中占据了统治地位。对于伯恩斯坦主义的危害性，拉法格起初有些估计不足，但随着第二国际内部马克思主义派与机会主义派之间斗争的发展，他很快就纠正了自己对伯恩斯坦主义的看法。在谈及伯恩斯坦时拉法格写道："起初他加入格赫别尔派，我们著名的综合社会主义发明者马隆——他把理想和感觉强加于社会主义——也属于这个派别。在俾斯麦迫害下所进行的紧张斗争中以及在恩格斯的个人影响下，曾使伯恩斯坦比这个毫不新鲜的、令人作呕的博爱的社会主义高明，但当他开始在他的办公室里过着平静的生活时他又重新堕落了。"①1900 年，针对伯恩斯坦主义者在"回到康德去"的口号下用新康德主义来篡改马克思主义哲学基础的企图，拉法格专门撰文进行驳斥。他在文中一针见血地指出机会主义者复活康德主义实质上是"企图借助康德哲学来粉碎马克思和恩格斯的唯物主义"；同时对康德的不可知论进行了批判，在此基础上捍卫了马克思主义关于物质的第一性和观念的第二性的唯物主义基本原理②。拉法格深信，修正主义注定要失败，因为伯恩斯坦的小册子里没有什么新鲜东西，只有一些早已遭到驳斥的陈词滥调③。对于拉法格的文章，列宁给予了很高评价，他盛赞拉法格"从左边批判康德"，深刻地揭露了新康德主义流行的社会阶级根源，从而捍卫了马克思、恩格斯的路线④。

---

①　转引自[苏]恰根·σ·A.:《马克思列宁主义反对哲学中修正主义的斗争》，李元明译，生活·读书·新知三联书店 1963 年版，第 48 页。

②　参见拉法格：《马克思的唯物主义和康德的唯心主义》。《拉法格文选》(下)，中央编译局国际共运史研究室编译，人民出版社 1985 年版，第 207—210 页。

③　转引自李兴耕：《拉法格传》，人民出版社 1985 年版，第 198 页。

④　参见列宁：《唯物主义和经验批判主义》。《列宁全集》第 2 卷，人民出版社 1972 年版，第 206 页。

第三节 社会主义视角:拉法格对唯物史观的解读、捍卫与运用[①]

如前所述,在拉法格的心目中,作为一种新的解释历史的方法,唯物史观既是人们认识客观世界和现实社会的一种不可或缺的科学工具,同时也是工人阶级及其革命政党为争取社会进步和社会主义所进行斗争中的有效理论武器。他在《忆马克思》一文中写道:唯物史观是"马克思理论中最伟大的理论,而且毫无疑问,也是人类智慧所产生的最伟大的理论"[②]。这一认识促使拉法格对种种唯心主义历史观采取不可调和的严厉批判态度,并终其一生坚决捍卫和普及唯物史观。与此同时不可忽略的是,拉法格还力图在自己力所能及的范围内将唯物史观创造性地运用于社会主义理论与实践活动中,从而发展并具体说明了历史唯物主义的某些具体问题。以下我们将从三个方面来具体考察拉法格对历史唯物主义的坚持和发展。

一、"大众化的社会主义普及者":对历史唯物主义的宣传性解读

为了使以历史唯物主义为核心的马克思主义理论在工人劳动群众中得以广泛传播,以便为社会主义运动提供有力的理论指导,自称"大众化的社会主义普及者"的拉法格通过多种途径对唯物史观进行了通俗、细致的阐释和解读,为在法国工人运动乃至国际共产主义运动中宣传和普及唯物史观作出了重要的贡献。

---

① 具体参见周莉莉:《保尔·拉法格对历史唯物主义的阐释与运用》,《科学社会主义》2010 年第 3 期。

② [法]P.拉法格:《摩尔和将军:回忆马克思恩格斯》,中共中央马克思恩格斯斯大林著作编译局编译,人民出版社 1982 年版,第 97—98 页。

具体而言,拉法格对历史唯物主义的解读重点放在了两大方面。一方面,拉法格通过对从中世纪封建统治到近代资产阶级革命兴起的整个历史过程中人类社会世界观的演变过程的详细解析,阐明了唯物史观产生的历史必然性及其科学性。

拉法格指出,在马克思和恩格斯以前,人们都是从唯心主义观点出发来看待人类的进化史和革命史的。古代人往往用神的意志和神的干涉来说明种种无法得以合理解释的自然现象以及有关人本身的现象的谜团,因此自然神论者使上帝成为了历史的唯一创作者;而唯心主义哲学则进而把思想当作是世界和历史的创作者,"满足于从思想进化的认识上去获得历史的规律"①。随后,在资本主义生产方式产生以及资产阶级革命爆发的背景下,神被逐出了自然界。然而,为了利用宗教神学来服务于自己的阶级利益,使人民驯服地承受加在他们肩上的重荷,资产阶级哲学家、经济学家、政治家们由最初反对与封建贵族相联系的僧侣和宗教,转而恢复并支持宗教的发展;与此同时,他们又在社会历史领域掀起了新的造神运动,炮制出"进步、自由、正义、祖国、博爱"等一批新的神来替代天主教的神;他们甚至还发明出永恒的经济规律,把同样起麻醉作用的经济的宿命论与宗教的宿命论结合起来。在拉法格看来,这一切充满着虚假、自我矛盾和讽刺意味。因为在"自由、平等、博爱"的口号下,资产阶级企业主打着利润、利息、地租的名义公然抢劫工人阶级,广大劳动群众每天需承担 10—12 小时的繁重劳动,而得到的却是不足以糊口的工资,其生活境况和自由程度甚至比封建社会的农奴还差;资产阶级宣称自己夺取政权是历史进步,但假如工人阶级从其手中夺取政权,则是复归野蛮。拉法格分析道,资产阶级制造出基督教的宗教、自由的宗教和经济的宗教这"三位一体"的神的用意十分明显,即试图用其来维护资本主义私有制和奴役工人阶级,从而达到实现自身利益的目的。然而,这样一来,资产阶级的历史学家和

① [法]拉法格:《思想起源论》,王子野译,生活·读书·新知三联书店 1963 年版,第 12 页。

思想家们就从用上帝的干涉来解释历史开始,不知不觉中又回到了自己的出发点,重新在社会历史领域确立了新的上帝。

那么,在唯物史观产生之前,为何历史哲学会一直在上述恶性循环中兜圈子,找不到出路呢?拉法格指出,根本原因就在于历史学家和哲学家们始终"徘徊在唯心主义的幻想的烟雾弥漫的黑暗中"①。资产阶级学者们正是如此。他们轻视研究人和社会存在的物质条件,忽视由这些条件所产生的欲望、需要和利益,同时他们自身也无法认清自己所在阶级意识形态的"花言巧语的性质",因此只能"滑到唯灵论者的愚弄人的宿命论里去"②。自然神论和唯心主义的方法在认识和解释人类社会历史上的自我矛盾和多次失败证明,资产阶级思想体系必将逐步走向过时,马克思的历史唯物主义作为一种新的科学的解释历史的方法在此背景下也必将应运而生,并对资产阶级思想体系给予最后的打击。随着历史唯物主义的发现,宗教和唯心主义从其最后的避难所——历史中被驱逐了出去。这种具有科学性和革命性的历史观不仅号召无产阶级关注经济力量,而且号召他们起来暴动,粉碎资本主义社会的经济形式,从而"粉碎了历史唯心主义及其愚弄人们的宿命论,创造了历史哲学并训练无产阶级的思想家作出打开通往新世界——自由的劳动世界的大门的经济革命"③。

另一方面,拉法格着重阐发了历史唯物主义的基本原理及其性质。众所周知,为了捍卫马克思主义真理,晚年恩格斯不顾辛劳写了大量信件,对教条主义者的错误及其危害进行了深刻地剖析,并以高度的理论创新精神和透彻的思辨分析阐明了唯物史观命题和原理。概括起来,恩格斯晚年在唯物史观

---

① 《拉法格文选》(上),中央编译局国际共运史研究室编译,人民出版社1985年版,第150页。

② 《拉法格文选》(上),中央编译局国际共运史研究室编译,人民出版社1985年版,第151页。

③ 《拉法格文选》(上),中央编译局国际共运史研究室编译,人民出版社1985年版,第153页。

学说上的巨大理论贡献主要包括:论述了经济条件是历史发展的基础,在根本上起决定性作用,但是,影响历史进程的原因,是“一切因素间的相互作用”,破除将社会形态演进简单地直接归结于经济原因的公式主义错误;阐明了经济运动与国家权力二者对历史发展作用的相互关系以及意识形态对经济基础和上层建筑的反作用;厘清了历史内在规律的必然性与历史事件的偶然性之间的关系。恩格斯的这些重要论述,捍卫了唯物史观的基本原理,在批判教条主义错误倾向的同时发展了马克思主义理论①。拉法格继承了晚年恩格斯对唯物史观的规定。为了突出唯物史观的核心思想,他将马克思所确立的新的解释历史的方法称为“经济决定论”或经济唯物主义②。在他看来,马克思的唯物史观与唯心史观的主要区别之处,在于它主要是从经济条件来解释说明了整个社会历史发展的动因,并进而揭示了一种社会经济形态向另一种社会经济形态过渡以及共产主义社会代替资本主义社会的历史必然性。

为了对历史唯物主义的核心思想进行说明,拉法格分别从人与自然环境以及社会环境(人为环境)关系的角度进行了细致阐述。他指出,人与其他生物不同,他生活在自然环境和生活环境这双重环境中;两种环境共同的作用和反作用决定人类社会的历史发展进程。但是,相较而言,由于社会环境的变化要远快于自然环境,因此人类社会的发展史要比生物进化史显得更为活跃。为了说明社会环境在人类社会发展过程中所起的巨大作用,拉法格详细剖析了其构成要素。他指出:“从历史时期的开端起,人为的环境便由经济的、社

① 参见陈其泰:《恩格斯晚年对唯物史观理论的重大贡献》,《陕西师范大学学报》2009 年第 1 期,第 14 页。

② 正是因为这一提法,拉法格对唯物史观的阐释被认为不够全面和准确。如河南大学周宏教授认为,用经济唯物主义的提法来指称马克思主义历史观存在不妥之处:第一,强调经济在社会发展中归根到底的决定作用已经是唯物主义的观点了,所以“经济”和“唯物主义”有同义反复的味道,“经济”并没有提供给人们新的东西;第二,经济唯物主义容易让人们联想到那种仅仅注意经济作用而忽略社会运动复杂性的狭隘的经济决定论;第三,经济唯物主义还会产生经济领域的唯物主义的歧义。从这个意义上,拉法格提出经济唯物主义这个概念是多此一举,虽然这并没有妨碍他对马克思主义历史观的积极运用。参见周宏:《试论拉法格的意识形态理论》,《南京社会科学》2006 年第 4 期,第 14 页。

会的、政治的和法律的设施，由传统、风俗、风尚和道德观点，由常识和社会舆论，由宗教、文学艺术、哲学、科学、生产方式和交换方式等等以及生活于其中的人们所组成。社会环境的这些成分在变化和互相影响中产生出许多更复杂的和更广泛的社会环境。"①在这些要素中，物质生活的生产方式是"最不稳定的、经常在数量上和质量上发生变化、并且是社会环境各部分中最能动摇整个建筑的部分"②；因此，"当人们想发现历史运动的基本原因时，就必须到物质生活的生产方式中去寻找，如马克思所说，物质生活的生产方式一般地规定社会生活、政治生活和精神生活的发展。"③拉法格认为，唯物史观的这一核心原理已经从各个民族的发展史中得以证明——各个不同民族在发展道路上停滞、进步和倒退的原因，"只有当我们用这些民族所赖以发展的人为环境的发展历史来解释各个不同民族的社会的、政治的和精神的发展历史时才能说明"④。与此同时，他也注意到，各民族的历史发展道路并不是单一的，而是呈现出多样性的特征，因为历史事件的发生并不仅仅取决于社会环境。

值得说明的是，尽管强调经济条件在社会历史发展中的最终决定作用，但拉法格避免了像庸俗经济决定论的鼓吹者那样，仅仅从经济方面去寻找每种思想的根基，并对所有社会现象直接作出经济的解释。在他看来，"人类社会的民事的和政治的制度、宗教、哲学体系和文学都是植根于经济环境里。它们在经济的土壤里获得自己盛衰的因素。历史哲学家应当在经济的环境里——也只有在这中间——找出社会进化和革命的基本动因"⑤——这就说明，经济

① 《拉法格文选》(下)，中央编译局国际共运史研究室编译，人民出版社 1985 年版，第 318 页。

② 《拉法格文选》(下)，中央编译局国际共运史研究室编译，人民出版社 1985 年版，第 322 页。

③ 《拉法格文选》(下)，中央编译局国际共运史研究室编译，人民出版社 1985 年版，第 323 页。

④ 《拉法格文选》(下)，中央编译局国际共运史研究室编译，人民出版社 1985 年版，第 323 页。

⑤ 《拉法格文选》(上)，中央编译局国际共运史研究室编译，人民出版社 1985 年版，第 140 页。

因素的决定作用只能从“归根到底”的意义上加以理解。由此可见，尽管他把自己的观点叫经济唯物主义，但实质上其观点与庸俗经济唯物主义没有任何共同之处。另外，在肯定社会经济条件决定性作用的同时，拉法格对于思想观念在社会发展中的作用也进行了准确的认识。他一方面认为正义、善、灵魂、神等思想观念不是人们头脑中固有的，它们是人们社会经济生活的反映，其发展依赖于社会环境和整个社会的发展，并进而驳斥那种把思想当偶像崇拜、将其当作物质现实之创造者的反科学态度；另一方面又反对宿命论者以及庸俗唯物主义对思想观念在社会发展中作用的否定态度，宣称如果忽视思想对社会经济制度所发生的影响，“就滚到唯灵论者的愚弄人的宿命论里去，——滚到克制自己和卑躬屈节的宿命论里去”①。

除了较准确地阐明历史唯物主义的基本原理之外，拉法格也正确地认识到了唯物史观的方法论性质。他强调：“对于一个事实人们还很少注意，这就是马克思不是用公理、定理、系论和辅助定理的理论形式来叙述自己的解释历史的方法；他只把这种方法当作研究的工具，用简练的语言表述这一方法并在实践中加以检验。因此只有对马克思的方法所达到的结果提出异议，只有驳倒例如他的阶级斗争理论，才能批评这种方法。”②对唯物史观的这种认识无疑是符合马克思恩格斯原意的。因为马恩恰恰反对把唯物史观当作教条或公式去指导人类历史研究。正如马恩反复强调的那样，他们的理论“充其量不过是从对人类历史发展的考察中抽象出来的最一般的结果的概括。这些抽象本身离开了现实的历史就没有任何价值。它们只能对整理历史资料提供某些方便，指出历史资料的各个层次的顺序。但是这些抽象与哲学不同，它们绝不提供可以适用于各个历史时代的药方或公式”③。

---

① ［法］拉法格：《唯心史观和唯物史观》，王子野译，生活·读书·新知三联书店1965年版，第50页。

② 《拉法格文选》（下），中央编译局国际共运史研究室编译，人民出版社1985年版，第296—297页。

③ 《马克思恩格斯文集》第1卷，人民出版社2009年版，第526页。

二、批判中的阐释:对历史唯物主义的坚决捍卫

历史唯物主义的创立,把唯心主义从最后的藏身之所——社会历史领域中驱逐出去,为社会生活各个方面的研究奠定了科学基础,实现了哲学史上的革命变革。但这并不意味着种种唯心主义观点马上烟消云散;只有在不断批判错误思想的过程中,历史唯物主义的传播才能得以实现。马克思在阐发唯物史观基本观点的过程中即已不断对唯心史观和形而上学方法论进行了批判,而恩格斯在马克思逝世后的岁月中,也针对一些关于唯物史观的严重误解和歪曲进行了驳斥,从而在坚持和发展唯物史观方面作出了杰出的贡献。拉法格同样也面临着这一任务。他在正面宣传普及唯物史观的同时,坚决反击和批判了形形色色的资产阶级思想和机会主义思潮对历史唯物主义的进攻和歪曲。

其一是批判形形色色的唯心史观和唯心主义思想,捍卫历史唯物主义的科学性。拉法格在其一生中批判过种种唯心史观,例如哲学史上从柏拉图到黑格尔的唯心史观、历史上的神学唯心史观和自然神论的唯心史观以及资产阶级历史学家、经济学家、自然科学家的唯心史观都曾经成为过他的批判对象,其中对于捍卫唯物史观有较重要意义的,要数他与法国独立社会主义者同盟主要领导人饶勒斯之间的论战。

1894 年 12 月,饶勒斯在巴黎的集体主义学生小组组织的集会上发表了题为"唯心史观和唯物史观"的演讲,主张"唯物史观并不妨碍对历史作唯心主义的解释"①。他声称,在现代社会的意识中,唯物史观与唯心史观"已经几乎调和一致和融合为一"了,两种观念应当且可以"彼此渗透"②。饶勒斯认为,从笛卡尔、莱布尼兹、斯宾诺莎以及黑格尔等人的思想中均可以看出:真理

① 《饶勒斯文选》,李兴耕译,人民出版社 2009 年版,第 46 页。

② 《饶勒斯文选》,李兴耕译,人民出版社 2009 年版,第 47 页。

存在于矛盾之中；而如果借助于“对立面的综合”以及“合理的和理想的同一性”①，任何矛盾都可以调和。在此基础上，他提出了自己对于历史发展规律的解释方案：即“一切历史现象可以用纯粹的经济进化来解释，也可以用人类对生活的最高形式的经常的、不息的企求来解释”②。饶勒斯一方面承认人类的精神、道德以及宗教生活的发展只是经济现象在人脑中的反映；但另一方面却又认为，人脑中先天存在的一些思想观念（如无私、同情、统一的感觉等）也同样会影响经济生活并与之相互渗透。他由此主张，“历史是一种按照机械的规律发展的现象，但同时又是一种按照理想的规律实现的愿望”③；因此，“正义”等道德观念是与经济关系同等重要的促使社会发展进步的动力，而共产主义不过是正义观念的实现。

为了驳斥饶勒斯的观点，拉法格 1895 年 1 月在巴黎的另一次集会上用同一题目作了一场针锋相对的演讲。在演讲中，拉法格首先强调，饶勒斯的理论不能解释世界，相反，只有运用历史唯物主义的方法，才能对历史作出科学的解释。他将饶勒斯与马克思主义者之间争论的实质归结为关于观念的起源和形成的争论，然后用大量事实论证了马克思主义关于社会存在决定社会意识的原理，批判了饶勒斯演讲的唯心主义实质。拉法格指出，博爱、正义等道德观念并非从来就有，它们“只是在私有财产产生之后才钻进人脑中去”④；同样，只有到公有制代替私有制之后，正义的概念才会消失。以原始社会为例，野蛮人就没有任何博爱和正义的概念，那么该如何解释原始共产主义社会进化和发展？可见，饶勒斯关于“正义”是人类社会发展动力的观点站不住脚。拉法格进而分析道，正如马克思所说，任何一个时代的统治思想始终都不过是

① 《饶勒斯文选》，李兴耕译，人民出版社 2009 年版，第 51 页。

② 《饶勒斯文选》，李兴耕译，人民出版社 2009 年版，第 54 页。

③ 《饶勒斯文选》，李兴耕译，人民出版社 2009 年版，第 58 页。

④ 《拉法格文选》（下），中央编译局国际共运史研究室编译，人民出版社 1985 年版，第 56 页。

统治阶级的思想,正义的概念也一样。它实际上与社会环境的现象相适应,会符合于统治阶级的需要和利益,随着历史时代的演进而发生变化。例如,封建贵族、资产阶级以及希望消灭资本主义剥削的社会主义者对正义和道德的理解就完全不一样。在社会发展的不同阶段,适应统治阶级利益和需要的正义和道德往往被统治阶级强加于被统治阶级,虽然它们与被统治阶级自己的需要和利益相对立,但被统治阶级只能被迫接受。他总结说:"唯心主义者,特别是实证主义者,断言说正义和道德的概念是在不断进步中。这种理论是为投合资本家的心意而制造出来的,资本家把他们在工商业中的所作所为都说成德行。"①那么,究竟是什么促成了历史的进化呢?拉法格根据大量的历史材料证明,"是生产的必然性而不是自觉的或不自觉的正义观念引导人类前进"②。也正是在这种"必然性"下,"资本主义生产的经济力量必不可免地要把社会引向共产主义"③;到那时,生产资料将成为全民的公共财产,阶级与阶级对立将不复存在,人们将真正获得自由,成为掌握自己社会命运的主人。

其二,拉法格积极反击资产阶级学者对马克思经济学说的攻击,捍卫了对唯物史观的科学论证。马克思的经济理论的研究和制定,又为历史唯物主义的理论、范畴作了丰富和发展,并予以科学的检验。特别是《资本论》的问世,既完成了马克思主义政治经济学理论体系的建立,又证明了历史唯物主义理论的科学性,深刻地揭示了马克思的唯物史观同他的经济理论之间的有机联系和相互影响的关系。然而,《资本论》法文版出版后,却遭到了保尔·勒卢阿-博利约、莫里斯·布洛克等多个资产阶级经济学家的歪曲和攻击,他们指责马克思所使用的概念缺乏精确性,其理论逻辑"相当脆弱",缺乏紧凑有力

① 《拉法格文选》(下),中央编译局国际共运史研究室编译,人民出版社 1985 年版,第 59 页。

② 《拉法格文选》(下),中央编译局国际共运史研究室编译,人民出版社 1985 年版,第 63 页。

③ 《拉法格文选》(下),中央编译局国际共运史研究室编译,人民出版社 1985 年版,第 70 页。

的论证，甚至用感情代替论证；攻击马克思的理论"以矫揉造作的体系迷惑世人"，其体系"在缺乏洞察力的人们看来似乎就是科学"①；认为马克思尽管在批判经济制度方面虽然十分尖锐、挑剔而又无情，但是"他并没有内行地提出一种可以应当代替现存经济制度的社会制度"②。

面对如此狂妄的挑战，拉法格进行了积极应战。他撰文回应说："马克思是一位有党派的人，他为了实现自己的政治理想和社会理想，不惜牺牲一切。但是，他首先是一位讲究科学的人，他公正地研究经济现象及其对人类社会生活的影响，'决不向社会偏见让步'。"③拉法格强调，"没有一个学者能像卡尔·马克思那样，对经济现象做出如此详尽、如此细致、如此透彻的分析"④；之所以马克思能构建起科学的理论，是因为他采取了经济科学中人们从未采取过的历史唯物主义分析方法来研究经济现象及其对人类社会生活的影响。针对勒卢阿-博利约等人对马克思的价值和剩余价值理论所提出的质疑，拉法格分析道，他们既认为马克思关于商品和货币、使用价值和交换价值的研究并不重要，其价值概念是"虚构"的，但同时却又认为马克思所确立的价值概念是其针对资本主义社会和政治经济学所进行的一切批判的基础；然而，由于他们自己无法科学地界定价值的属性和基本特征，最终只好转而采纳马克思"虚构的"价值定义，从而最终推翻了自己的批判，陷入了自我矛盾当中。

在批判的过程中，拉法格也阐述了自己对于马克思价值和剩余价值理论的理解。他正确地指出，马克思没有像资产阶级经济学家固执地要求他所做的那样，去设计出乌托邦，而是重点分析了资本主义生产的现象及其起源和发

---

① 《拉法格文选》(上)，中央编译局国际共运史研究室编译，人民出版社 1985 年版，第 182—183 页。

② 《拉法格文选》(上)，中央编译局国际共运史研究室编译，人民出版社 1985 年版，第 183 页。

③ 《拉法格文选》(上)，中央编译局国际共运史研究室编译，人民出版社 1985 年版，第 195 页。

④ 《拉法格文选》(下)，中央编译局国际共运史研究室编译，人民出版社 1985 年版，第 184 页。

展,并指出了它们必然到达的终点——共产主义。这是因为,立即着手设计未来的理想社会制度并非马克思及其理论的首要任务,他的首要目的在于"寻找和发现社会运动的原因","在现存的东西中揭示未来"①,以及解释、预见并证明无产阶级群众的运动及其必然性。在拉法格看来,弄清楚究竟是死劳动(机器、原材料)还是雇佣工人的活劳动创造了剩余价值,才是理解马克思政治经济学的关键。他直接引用马克思的观点回答道,剩余价值是由雇佣工人的活劳动创造出来的,死劳动只能再生产自身的价值。在资本主义生产方式下,剩余价值属于劳动力的购买者,而不属于雇佣工人;只有当生产资料推掉资本主义的形式,成为社会财产时,脑体力劳动者才会从自身生产率的日益增长中得到好处。他不无讽刺地指出,资产阶级经济学家们并非不清楚剩余价值从何而来,只不过他们事实上对剩余价值的分配比对其生产更加重视、更感兴趣而已。这些人吹毛求疵地就马克思的用语进行争论,是因为他们关心的仅仅是资本家的利益;他们高唱着"公正、效用、自由"对马克思理论进行批判,幻想"马克思的剩余价值理论像纸牌搭起的房子一样倒塌"②,其用意十分明显,那就是一心要替资本主义制度进行辩护,同时证明剩余价值应当属于资本所有者;但他们最终会"痛苦地"发现,"马克思的剩余价值理论仍旧是难以驳倒的"③。

三、社会主义前景的描述:对历史唯物主义的创造性运用

值得注意的是,拉法格并不仅仅局限于普及和捍卫唯物史观,他还力图在自己力所能及的范围内发展并具体说明历史唯物主义的某些具体问题,从而

① 《拉法格文选》(上),中央编译局国际共运史研究室编译,人民出版社 1985 年版,第 207—208 页。

② 《拉法格文选》(上),中央编译局国际共运史研究室编译,人民出版社 1985 年版,第 196 页。

③ 《拉法格文选》(上),中央编译局国际共运史研究室编译,人民出版社 1985 年版,第 4196 页。

使历史唯物主义在社会生活中那些不曾成为马克思和恩格斯专门分析对象的领域中得以推广和运用。以唯物史观为指导，拉法格对私有财产的起源及其在人类社会各个历史阶段的发展问题进行了通俗而生动的论述，同时在研究认识论、道德、文学艺术以及语言学等许多方面也作出了宝贵的贡献。其中，他围绕财产的起源和进化的考察对共产主义产生的必然性及基本特征所作的独特分析和论述尤为引人注目，以下将着重就此进行简单的梳理和介绍。

在《财产的起源和进化》(1895)这部著作中，拉法格首先通过对财产形式的分类分析以及资本概念的界定，驳斥了资产阶级关于私有财产永存的谬论。他指出，资本与财产的概念并不等同，它特指“被雇佣劳动者所使用并生产商品和使财产所有者获得收益的财产”①。具有上述特殊意义的“资本”一词并非从来就有，而是一个历史性范畴。从 18 世纪开始，在资产阶级与封建贵族的斗争中，资本的财产形式才逐渐在社会上取得优势的地位。拉法格将现代社会的财产形式划分为两大类：一类是财产的公有形式，包括古代起源的公有财产形态(公共财产、国有财产等)和现代起源的公有财产(国家所管理的邮政、铁道、博物馆、图书馆等公用事业)；另一类是财产的私有形式，包括个人使用品形态的财产、劳动工具形态的财产以及资本形态的财产。为了说明资本形式的历史性，拉法格着重对后者进行了考察。其中，作为财产最原始形式的个人用品形态的财产，构成了人们生活的必备条件，因此它过去存在将来也还是要经常存在；劳动工具形态的财产在人类社会发展过程中提高了人征服自然的能力，然而随着机械化生产的发展，劳动者不断失去这类财产的所有权，个人劳动存在的价值逐渐被社会劳动所湮灭；资本是现代社会典型的财产形式，它以商品生产和对自由生产者的剥削为存在前提，帮助其所有者随心所欲地剥夺劳动者。他最后总结道，资本和私有财产永恒的观点毫无根据，因为现代社会的这些财产形式总是不断处于变革之中；财产在采取资本形式之前

---

① 《拉法格文选》(下)，中央编译局国际共运史研究室编译，人民出版社 1985 年版，第 72 页。

经历了一系列形式,而资本的财产形式最终又必然为新的财产形式所代替。

拉法格认为,正如人从生到死都经历着同样的发展阶段一样,人类社会的发展也经历着同样的家庭形式,同样的社会、宗教和政治制度以及与之相适应的风俗和哲学观点。因此,探究某一民族由野蛮状态到文明状态的历史(假如不能从某一民族或种族的整个生活中构成这个历史,那么就可以从地球上各民族的历史中选择材料),就能作为地球上一切民族的原型,并进而找出财产的起源及其发展阶段。按照这一方法,拉法格接下来回到了历史的起点——原始社会,运用民族学所提供的大量材料对私有财产的起源进行了论证。他指出,在原始社会发展早期,原始人不可能有个人财产的观念,氏族内部的一切都是公共财产。他从原始物质生活条件所决定的生产与生活方式的角度分析说,这主要是因为在原始社会极其低下的生产力水平之下,原始人根本不可能单独生活,从而导致他们那时还无法意识到"自己的个性"以及"与他生活在其中的血族集团分开的个人"①。随着生产力的发展和劳动分工的出现,一些原始部落开始出现个人财产的所有形态(动产);人们"在保存奴隶和获得奴隶中发现了经济上的利益,因为可以把他们使用于各种各样的劳动"②,同时运用战争和抢劫等手段来不断积累动产。值得注意的是,上述个人财产的使用权仍然是公共的,土地、土地产品、家畜和奴隶起初也都是部落氏族的公有财产。然而,尽管原始共产主义是人类的摇篮,但这种原始公有制最终会随着氏族的分裂和动产的增多而改变。其中,氏族的分裂使得家庭成为生产和消费的基本单位,而动产的增长则助长了私人财富的积累和商业的发展,在此基础上引起了人类发展史上的一场巨大变革,这个变革"驱使软弱无能的和毫不自觉的人类在原始共产主义和血族集产制的废墟上建立起不幸

① 《拉法格文选》(下),中央编译局国际共运史研究室编译,人民出版社1985年版,第82页。

② 《拉法格文选》(下),中央编译局国际共运史研究室编译,人民出版社1985年版,第103页。

的个人所有制"①。上述变迁过程正如拉法格总结的那样——"文明所到之处，这种原始的共产主义就被破坏"②；文明的发展不仅帮助原始人走出了愚昧的原始共产主义时代，同时也给人类以后的岁月带来了无尽的灾难。他同时强调，文明发展的影响是双重的："一方面它在破坏；另一方面它又在建设。所以，当它击毁野蛮和半开化时期共产主义制度之时，它又在创造新的共产主义因素。"③

在考察了私有财产的起源之后，拉法格对私有财产在人类社会发展几个阶段中的具体演变过程进行了进一步探讨。他首先剖析了封建财产的起源及其演变。他认为，封建财产包括为不动产和动产两种类型，它实质上是靠蚕食公社财产，靠欺诈和暴力发展起来的。与此相联系的封建制度实质上是一种契约关系：即男爵只有对其上级和下属尽了任务的条件之下才能领有土地，享有驱使农奴家臣从事劳动和占有劳动产品的权利。因此，随着乡村和平的逐步实现，农民不再需要封建领主的保护，封建主义也就相应地失去了自己存在的意义。在描述封建财产形式为资产阶级财产形式所代替的过程时，拉法格对 1789 年法国资产阶级革命进行了评价。他不无嘲讽地说，资产阶级政治家和历史学家编造了关于 1789 年革命的"神话"，他们声称这场革命是为了农民利益而完成的，但实际上它不仅没给农民土地，相反还从其手中夺去了公共财产的一部分，以及使用贵族及资产阶级土地的地役权，因此它只有利于贵族出身的中等的、大的所有者以及资产阶级。在分析完封建财产形式之后，拉法格接着详细考察了资产阶级的财产形式和资本主义制度，并进而由此阐明了资本主义必将为共产主义所代替的历史客观规律。他回顾了商业的起源以及

---

① 《拉法格文选》(下)，中央编译局国际共运史研究室编译，人民出版社 1985 年版，第 103 页。

② 《拉法格文选》(下)，中央编译局国际共运史研究室编译，人民出版社 1985 年版，第 105 页。

③ 《拉法格文选》(下)，中央编译局国际共运史研究室编译，人民出版社 1985 年版，第 105 页。

工商业的发展过程,并对资本主义农业、工业、商业、金融业以至资本主义的集产制进行了系统的考察。在他看来,上述产业部门之所以能够形成和发展,主要是因为“资产阶级集产制”的建立。这种集产制消灭了私有财产原有的特征,将其由个人性质的财产变成了非个人性质的财产——即占有者不仅不亲自创造它,而且也不使用它。在这种制度下,业主纯粹是名义的,他变成了真正的寄生者,因为他可以毫不费力气地从财产上获取收入。然而,当资本主义文明的发展消灭了财产的私人性质之后,也就为未来准备了共产主义的因素。它将在资本家对生产成为无用之物时,对所有资本家阶级宣判死刑。最终,“复活了集产制的资本主义文明必然会把人类引向共产主义”①。到那时,人们将“找到自己的失去的幸福和洗掉私有制时代的低下的利益和情欲、自私的和反社会的道德”,他将“战胜尚未受管束的经济力量,人类的优美的和高贵的品质将达到尽善尽美的境地”②。

总的说来,正如恩格斯所评价的那样,拉法格通过对私有财产起源和形式的研究来引出人类社会的社会主义前景,这的确具有一些独到之处。从某种意义上说,他的某些独到分析可以看作是对恩格斯《家庭、私有制和国家的起源》一书的补充,这不仅对于宣传唯物史观来说作用重大,而且至今仍可为我们学习和研究马克思主义理论带来某些启迪。

① 《拉法格文选》(下),中央编译局国际共运史研究室编译,人民出版社1985年版,第143页。

② 《拉法格文选》(下),中央编译局国际共运史研究室编译,人民出版社1985年版,第169页。

第三章　对资本主义社会的全面批判

第一节　对资本主义的全面批判是拉法格社会主义思想的重要内容

从历史角度看,社会主义思潮是伴随着资本主义制度性弊端的暴露,作为其否定形式而出现的。因此,如果我们要对"什么是社会主义"这一问题进行科学回答,首先必须不断推进关于"什么是资本主义"认识的发展,从而使关于社会主义的认识摆脱主观臆断的影响,建立在对现实社会进行科学认识的基础上。社会主义由空想向科学的转变正是有赖于此。在回答"什么是社会主义"的过程中,马克思恩格斯既依据对社会主义价值目标的分析来指出了现实社会的不合理之处,引导人们通过社会实践创造条件促使更合乎价值理想的可能性变成现实,同时又运用历史唯物主义的方法系统分析资本主义社会的经济、政治和意识形态结构,揭示了资本主义社会的内在矛盾及其发展规律,从而在对资本主义社会进行系统的价值批判和科学批判的基础上提出了自己关于未来社会制度的科学构想。对于科学社会主义理论的这一逻辑思路,列宁曾进行了精辟的概括。他指出,马克思恩格斯提出未来的社会制度所根据的是,"共产主义是从资本主义中产生出来的,它是历史地从资本主义中发展出来的,它是资本主义所产生的那种社会力量发生作用的结果"①;为此,"马克思的全部理论,就是运用最彻底、最完整、最周密、内容最丰富的发展论去考察现代资本主义。自然,他也就要运用这个理论去考察资本主义的即将到来的崩溃和未来共产主义的未来的发展"②。由此出发可以看出,科学社会主义不可否认地包含着社会批判的内涵和功能,马克思主义也正是在此意义上甚至被当代西方学者称为是"关于资本主义的唯一科学"或"关于资本主义固有矛盾的科学"③。总之,科学社会主义不再把共产主义作为"应当确立的状况"去构想"尽可能完善的社会体系",并以这一体系去衡量或裁剪现实,而是从现实的矛盾出发揭示现实发展的趋势及其条件,即在批判旧世界中发现新世界。这正是科学社会主义与其他社会主义思潮特别是空想社会主义在世界观和方法论上的最根本区别,也是科学社会主义的一项最基本的原则。

在拉法格那里,马克思的社会主义学说被称为"批判社会主义"。他指出,"马克思的批判社会主义是当代最伟大的历史现象之一",以至资产阶级学者都不得不对其进行研究,因为它"在当前起着巨大的作用和正在为未来做准备"④。在他看来,"马克思不去追求新世界的幻想的体系,而是坚持对现实进行积极的批判"的做法是十分科学的,因为马克思主义的根本任务就是批判资本主义。在资本主义发展早期,由于人们"不可能在尚未充分发达的资本主义体系的现象中识别出来未来共产主义社会的因素,因此只能咒骂和不分青红皂白地谴责现存社会,并勉强地去虚构'新世界'";然而,在"资本主义体系达到充分发展后,便强烈地表现出自身的经济特征和社会对抗性,同时使人们有可能预见到它的最终改造",这时社会主义者们"肩上的任务不再是

① 《列宁全集》第31卷,人民出版社2017年版,第81页。

② 《列宁全集》第31卷,人民出版社2017年版,第80页。

③ 转引自康文龙:《马克思现代性政治批判及其当代价值》,光明日报出版社2008年版,第5页。

④ 《拉法格文选》(上),中央编译局国际共运史研究室编译,人民出版社1985年版,第182页。

虚构,而是批判,因为社会主义已经进到自身发展的科学阶段”①。总之,“十九世纪的社会主义者们不必迷恋乌托邦;他们应当分析和批判现存的社会制度,深刻体验现在和过去,以便创造未来,而一旦时机成熟,就应当坚决进行冲击”②。正是基于这种认识,拉法格在其全部著作中,以十分尖锐泼辣的笔锋,对资本主义社会的经济、政治及文化进行了全方位的批判,这些批判性的认识构成了拉法格社会主义思想的一个不可忽略的方面,同时也是拉法格把握社会主义基本特征与实现路径的重要前提。

第二节　对资本主义生产方式的批判

经济批判是拉法格对资本主义批判的立足点和主要内容,其核心是对资本主义生产方式的内在矛盾以及其发展新阶段本质特征的揭露。在拉法格的经济学著作中,他不仅捍卫了马克思对资本主义的批判,并进一步揭示了资本主义生产方式的内在矛盾;而且对处于垄断阶段的资本主义生产方式进行了十分透彻的分析。

一、对资本主义生产方式的总体批判

在对资本主义生产方式的批判方面,拉法格的主要贡献表现在对马克思政治经济学基本论点的捍卫和普及上。众所周知,在与恩格斯共同创立历史唯物主义学说之后,马克思即把主要精力投入政治经济学的研究,力图用科学的、实证的方式探讨资本主义生产方式产生和发展的历史过程和规律,研究资本主义现代社会的内在结构和矛盾,由此而展开了对现代资本主

① 《拉法格文选》(上),中央编译局国际共运史研究室编译,人民出版社 1985 年版,第 183—184 页。

② 《拉法格文选》(上),中央编译局国际共运史研究室编译,人民出版社 1985 年版,第 207 页。

义社会的科学批判。在批判的过程中,马克思创立了剩余价值理论,阐明了资本主义雇佣劳动制度的本质,揭示了资本主义产生、发展和灭亡的规律,找到了成为资本主义掘墓人和社会主义建设者的社会力量。拉法格深刻领悟了马克思这一"天才发现"的重大意义,他承继了马克思的分析思路,并尽自己所掌握的马克思主义政治经济学基本原理对资本主义生产方式进行了剖析和批判。

首先,在拉法格看来,马克思关于资本主义基本经济规律的概括是准确把握资本主义发展历史过程的基础。他指出,"马克思把解释全部资本主义生产的规律建立在一个不容辩驳的基础上,资本的利润仅仅是不付报酬的劳动而已……剩余价值既不由机器也不由原料所产生。产生剩余价值的原因不在这里,资本主义生产中的这个谜是官方的经济学家们怎么也捉摸不透的。工人的劳动力是唯一的这样一种商品,它在消耗自己的同时,能够产生出一种高于自身价值的价值"①。拉法格反复强调,在资本主义生产过程中,只有雇佣工人的活劳动才能创造剩余价值,而机器、原材料等生产资料作为生产剩余价值的手段,其价值只是在生产过程中得以转移而已。为了进一步说明资本家获取的利润怎样同雇佣工人的劳动相一致,以及资本家之间如何按照自己的资本比例分配从工人阶级那里榨取的利润,他还对交易所中各种有价证券的平均价格和平均股息率变动情况的研究进行了具有独创性的研究,论证了同等数量的资本可以从社会总资本所生产的总剩余价值中分到相等的份额,从而说明了资本家之间在瓜分剩余价值上的竞争和矛盾,揭示了无产阶级同资产阶级之间阶级对立的经济根源。针对资产阶级经济学家关于机器、建筑物等生产资料能够创造剩余价值的谬论,拉法格驳斥说,这些人"只不过是一心要替资本主义制度进行辩护,试图证明剩余价值应当属于资本",事实上,他

① 转引自[法]克洛德·维拉尔:《保尔·拉法格和他对资产阶级社会的批判》,公直译,《国际共运史研究资料》1982年第2期,第155页。

们“对剩余价值的分配比剩余价值的生产更为重视”①。他一针见血地指出，资本主义生产的目的就是为了榨取剩余价值和积累利润，而资产阶级的永恒法则就是想方设法地降低劳动价格。在资本家眼里，男人、女人和儿童都只不过是生产利润的机器而已。“资本家在摧残和损毁雇佣工人时也挤干他们的肌肉的和神经的劳动。而当被挤干的、精疲力竭的雇佣工人在他的挤压之下不再能提供形成剩余价值的剩余劳动的时候，资本家就会像厨房的废物和垃圾一样把他们扔在街上。”②

其次，拉法格进一步强调了资本主义生产方式内在的、特殊的矛盾对资本主义命运的影响。早在1880年，拉法格在《进化—革命》一文中已经对资本主义基本矛盾的形成过程进行过简单地分析和概括。他指出，在资本主义发展早期，劳动工具的规模不大，较为简单，因此生产资料和产品多为生产者所占有。但随着生产规模的扩大和日益复杂化，资本家占有了绝大部分社会生产资料，并雇佣工人阶级来运用生产资料进行有组织性的、集体性的生产。这样，生产资料在使用中采取了“共产主义形式”，而社会化的生产资料和产品却仍然保留着个人占有形式，资本主义生产方式的内在矛盾形成了。拉法格分析说，正是因为这一矛盾的存在，“才在资产阶级社会中产生新的革命阶级，即一无所有、灾难深重的工农业无产阶级。这个阶级在死亡的威逼下，必然要强行突破孕育它的社会外壳——即劳动工具为单个资本家或合伙资本家占有的社会的外壳”③。应该说，尽管拉法格当时的分析还带有一些机械唯物主义的残余，但他对资本主义矛盾与社会主义革命关系的把握应当是比较准确的。在此基础上，拉法格进一步分析了资本主义基本矛盾的具体表现及其

① 《拉法格文选》（上），中央编译局国际共运史研究室编译，人民出版社1985年版，第196页。

② ［法］拉法格：《宗教和资本》，王子野译，生活·读书·新知三联书店1963年版，第103页。

③ 《拉法格文选》（上），中央编译局国际共运史研究室编译，人民出版社1985年版，第34页。

后果。他指出,上述矛盾主要体现为资本主义体系的“不可预测、不合逻辑和无政府状态”——这可以特别明显地从以下事实看出:国民储蓄的集中和分配被委托给不受监督、不负责任的人物,他们通过各种途径对国家资产进行毫无意义的耗费。在资本主义生产方式内在矛盾的支配下,一方面是工人们“毫无节制”地拼命劳动,节衣缩食,过着清贫的生活(即便如此,工人们仍大量涌向劳动力市场);另一方面是资本家为商品销售和消费市场的扩大而发愁,长此以往必将致使整个社会面临资本和生产过剩的危机。拉法格也注意到,垄断阶段的资本主义试图用有计划的生产来代替以前的无政府状态,并力图通过调节生产来使生产资料和产品与需求相适应,但他认为这种做法还是消除不了生产过剩的危机,因为“只要生产的目的是为了利润,造成生产过剩的原因就会存在,而且将继续存在下去”①。

最后,像马克思一样,拉法格也关注了资本主义生产方式下社会的全面异化。一方面,在生产资料的资本主义私人占有制度下,资本家与工人之间是剥削与被剥削的对抗关系。在资本主义生产方式下,为了攫取尽可能多的剩余价值,资本家迫使雇佣工人每天工作14小时以上,他们以利润、利息、地租的名义大肆抢劫工人阶级以供自己大肆挥霍。为了满足资本家贪得无厌的胃口和欲望,无产阶级的劳动强度大大超过过去的奴隶,他们受到比圣经中描绘的蝗灾更为可怕的苦役和饥饿的折磨,每月的工资不足以糊口,失业现象日趋严重,生产出来的产品全被他人占有,而自己则一贫如洗。拉法格愤慨地写道,在任何一个文明社会里,工人阶级的状况都没有这么悲惨和不稳定;“再也没有什么能比大工业中的工人的生活更靠不住的了,再也没有什么能比他们的生活更悲惨的了;资产阶级监狱里的生活比起工人的生活来就成了黄金国里

① 《拉法格文选》(下),中央编译局国际共运史研究室编译,人民出版社1985年版,第273页。

的生活，所以他们往往不加思索地干各种冒险的事情”①。在他看来，无产阶级生活的贫困和没有保障在资本主义生产方式下是不可避免的，“任何政治变革和社会改良也不可能改善这种状况，除非以集体所有制取代生产资料和产品的资本主义所有制”②。另一方面，资本的本质使资本家之间也存在着对抗关系。拉法格指出，工商业的竞争实质上不过是资产阶级的各个集团之间的宣战；这个战争不可避免地要引起对战败者的剥夺，把他们排挤到无产阶级的队伍里去，并且引起社会财富集中到数目很少的人的手里。他同时以垄断资本主义为例分析了资本阶级内部存在的利益对抗关系。他认为，自由竞争是资本主义生产和交换发展的必要条件，然而随着竞争的发展，资本和生产必然会向社会的少数大资本家手中集中，最终取消竞争，造成资本主义工商业的托拉斯化（垄断化）。在此背景下，少数大金融资本家可以凭借自己的资本优势以及其他一些特殊条件（如优惠的铁路运输、保护关税、发明的专利权等等）使社会生产都置于自己的控制之下；为了削弱那些损害他们利益的竞争活动，托拉斯的掌控者们彼此订立秘密合同，通过控制生产和销售价格来获取高额垄断利润。由于托拉斯体系的垄断行为将生产集中于少数人手中，破坏了自由竞争，不断造成中小工商业资产阶级的经济损害和破产，因而制造出“不断扩大的、因其物质利益受到触犯而心怀不满的资产者阶层，孕育着经济危机和革命事变”③。

正是基于对资本主义生产方式的内在矛盾及其发展规律的正确认识，拉法格大声疾呼，社会主义者应该对资本主义社会进行审判，因为“它把工农业生产资料越来越集中在那些饱食终日、无所事事的寄生虫手里，使无产者的人

① 《拉法格文选》（上），中央编译局国际共运史研究室编译，人民出版社 1985 年版，第 49 页。

② 《拉法格文选》（上），中央编译局国际共运史研究室编译，人民出版社 1985 年版，第 47 页。

③ 《拉法格文选》（下），中央编译局国际共运史研究室编译，人民出版社 1985 年版，第 213 页。

数与日俱增;它把无产者及其他们的妻儿变成创造利润的机器,并且认为只要建立一些救济署和医院就可以向被剥夺全部劳动果实的生产者交账了"①。

二、对资本主义生产方式发展新阶段的解剖与认识

19世纪末20世纪初,随着现代科学技术的发展,在以美国为代表的一些资本主义国家中,托拉斯组织迅猛发展,资本主义逐渐由自由竞争过渡到垄断阶段。拉法格没有忽略在资本主义发展过程中出现的这些新现象,他可能是第二国际理论家中最早密切关注发展到新阶段的资本主义生产方式并对其进行剖析和批判的人。1896年12月,他在驳斥资产阶级经济学家对马克思经济理论的批评时就已经指出,自由竞争必将导致垄断,而垄断将使任何竞争都成为不可能,从而使资本主义"走向垄断取消任何竞争和任何经济自由的社会"②。在资本主义走向垄断阶段的背景下,伯恩斯坦等人声称,垄断组织的出现标志着资本主义已经具有新的适应能力,其内在矛盾已经缓和,经济社会危机将因此而根本消除,并鼓吹马克思主义已经"过时"。为了揭穿上述论断的荒谬性,拉法格细致、系统地研究了处于新阶段的资本主义生产方式,在此基础上于1903年发表了《美国托拉斯及其经济、社会和政治意义》一文,以美国为典型对垄断阶段资本主义的经济特征进行了全面的剖析和深刻的揭露。正是在这一著作中,拉法格更明确地判断道:"资本以前所未有的惊人规模大量集中,单是这一现象本身就足以说明资本主义已演进到特殊阶段了。"③这个有关资本主义发展进入新阶段论断的提出,比奥地利马克思主义理论家希法亭(1877—1941)提出的金融资本的时代是"资本主义发展的最新阶段"早

① 《拉法格文选》(上),中央编译局国际共运史研究室编译,人民出版社1985年版,第319页。

② 《拉法格文选》(下),中央编译局国际共运史研究室编译,人民出版社1985年版,第174页。

③ 《拉法格文选》(下),中央编译局国际共运史研究室编译,人民出版社1985年版,第212页。

了 2—7 年，而比列宁提出的“帝国主义是资本主义发展的最高阶段”早了近十三年——这充分说明拉法格是一位思维敏锐、理论水平极高的马克思主义理论家①。

在解剖垄断资本主义这一新的历史现象时，拉法格继承了马克思政治经济学的分析方法，即以当时生产性垄断组织最发达的美国作为典型来进行研究。在当时的美国，工业联合体或托拉斯迅猛发展，集中了数额巨大的资本，少量的金融资本家集团控制着各种类型的工商业企业和金融企业，从而在经济社会领域形成了占据统治地位的托拉斯体系。据拉法格统计，截至 1903 年初美国已有 793 家托拉斯，其中包括 453 家工业托拉斯和 340 家地方的和自然力的垄断组织，如果再加上全国蒸汽铁路公司为数 300 亿元的资本，垄断资本总额将超过 1000 亿元，占到了当时美国全国总财富的 1/4 左右。作为一种全国性甚至是国际性的新型工商业组织，托拉斯具有典型的经济特征：它的组织者往往是与工业没有直接关系的金融资本家；他们不断推进资本集中，吞并为其所需的其他生产部门，并将同类企业置于一个统一的行政管理机构的管理之下，统筹购买、生产和销售环节，其内部企业互相紧密联系、保障利润、共担风险。各托拉斯之间倾向于结合为一体，力图建立一个资本主义总指挥部，以便将国内全部有组织的生产都置于自己的控制之下。拉法格分析说，这种托拉斯体系的形成与自由竞争之间有着密切关系。自由竞争是资本主义生产发展和资本主义道德的必要条件，它在促进资本集中的过程中必然导致工业组织的托拉斯化；然而，托拉斯所造成的垄断又将反过来破坏自由竞争，其发展将毁灭资本家的个人自由，把生产集中起来，并最终消灭竞争。托拉斯的出现是一种引人注目的新的历史现象，“它对资本主义世界的影响是如此巨大，

---

① 参见马建行：《拉法格对帝国主义理论的贡献》，《中国人民大学学报》1988 年第 1 期，第 18 页。

以致最近四十年来发生的一切经济的、政治的和科学的现象都退居第二位了"①。

拉法格详细剖析了托拉斯的发展对资本主义的经济政治影响及其所带来的社会变化。他指出,托拉斯作为一种新的历史现象对资本主义世界影响巨大。首先,它不仅提高了劳动生产率,从而进一步加速了财富的集中,而且孕育着经济危机和社会革命。一方面,托拉斯把以前彼此独立发展起来的各工业部门合并和集中到统一的领导下,从而促进了工业生产的集中化和整体化,进一步提高了雇佣劳动的生产效率,为资本家带来了比在无政府状态下独自经营时更为可观的利润。然而,尽管在托拉斯体系下,金融资本家用有计划的生产代替了原来的无政府状态,他们力图调节生产,使生产资料和产品与需求相适应,但却还是消除不了生产过剩的危机。相反,资本和生产的集中会使生产的社会化程度提高到前所未有的程度,从而进一步扩大了资本主义的基本矛盾并使之日趋尖锐化。另一方面,在托拉斯体系下,资本家的财产已不具有个人财产的属性;股份公司的企业组织形式使拥有股票和债券的资本家同生产不再有丝毫接触,从而让资产阶级的寄生性暴露无遗;为了加速资本集中,工业和银行业走向联合,并把竞争转移到交易所里,这些均对普及、加深甚至触发经济危机起着强有力的作用。其次,除了统治经济领域之外,托拉斯还使人们的宗教生活、政治生活和精神生活也都屈从于它们。例如,在美国,控制着托拉斯的金融资本家捐助巨额款项来兴建教堂和创办大学,得到资助的牧师和教授们都千方百计地设法迎合这些富豪们的愿望;为了制造为资本家利益服务的社会舆论和政策,金融寡头们还掌控报纸和电报,同时拨出成百万的巨款来支持政党的政治竞选活动。最后,为了攫取更多的利润,拥有托拉斯的一小撮金融资本家在剥削本国人民的同时还把手伸到全世界,他们操纵着国

① 《拉法格文选》(下),中央编译局国际共运史研究室编译,人民出版社 1985 年版,第 213 页。

家的对外政策，竭力用诡计和暴力抢夺海外殖民地和市场，以便倾销商品和剥削其他国家的产业使自己获利。总之，托拉斯的发展震动着资本主义国家的经济、政治和社会生活，在垄断资本家阶级的社会统治下，生产力的发展给人们带来的不是和平和幸福，而是对内和对外的战争。

在拉法格看来，垄断阶段资本主义发展的消极影响远大于积极影响，因此他一如既往对处于新阶段的资本主义生产方式进行了猛烈的批判。他抨击说，托拉斯利用完善的生产方式更残酷地剥削劳动者，“只要哪里能窃取工人阶级，托拉斯就在哪里出现和起作用，这要比基督教的上帝灵验得多”①。以美国石油托拉斯为例，“这些资产阶级强盗，其中‘任何一个人都不曾在石油区住过，不曾拥有过一个油井和任何一小片油田’，但他们却控制着石油的开采和提炼。他们不仅攫取了向消费者出卖石油的专利权，而且还攫取了向生产者规定出售价格的权利”②。为了控制劳动人民，掌控托拉斯的金融资本家向政治和司法当局施加腐蚀性影响，利用当局颁布反对工人的法律，对罢工工人实行镇压，甚至枪杀。此外，托拉斯空前地发展生产还将迫使资本主义国家走向帝国主义，用武力征服的方法为托拉斯化的工业争夺国外销路。然而，就是这样一批“抢劫了数不清的财富”具有寄生性的资本家，却“成了资产阶级社会里最尊贵和最受敬爱的人，成了被一切政党的政客、各种宗教信仰的牧师和各种各样知识分子阿谀奉承和顶礼膜拜的对象”③。拉法格确信，这种以垄断为特征的资本主义新阶段事实上就是无产阶级社会主义革命的前夜。这是因为，托拉斯的发展一方面使工业集中化，另一方面又开拓了由社会规划生产的远景；它们不仅在经济关系领域内使资产阶级的生产方式和交换方式革命

① 《拉法格文选》（下），中央编译局国际共运史研究室编译，人民出版社 1985 年版，第 239 页。

② 《拉法格文选》（下），中央编译局国际共运史研究室编译，人民出版社 1985 年版，第 234 页。

③ 《拉法格文选》（下），中央编译局国际共运史研究室编译，人民出版社 1985 年版，第 240 页。

化，激化了资本主义制度所固有的矛盾，而且在意识形态的范围内也引起革命，动摇并推翻了曾被认为是永恒真理的一些资产阶级观念，从而为社会主义的到来做好了准备。他总结说，“通过对托拉斯体系的研究，社会主义者对自己的理想得到了新的信心。他们可以更加坚定地确信，这种理想在不久的将来一定会实现。不论是牧师的祷告，还是经济学家的虚构，或者政府当局的欺骗和镇压，一分钟也延迟不了社会危机的到来。这种社会危机将使被剥削者通过猛烈的进攻一举推翻资本主义的寡头统治。托拉斯体系正在从人员和事件上为这一巨变准备条件”①。

第三节　对资产阶级国家的批判

以经济批判为基础，拉法格展开了对资本主义的政治批判。资本主义政治制度是与资本主义经济制度相适应并为其服务的政治上层建筑，是资产阶级实现其阶级专政的统治方式和方法的总和，它包括国家制度、政党制度、选举制度、法律制度和决策制度等，其中核心是国家制度。因此，在拉法格对资本主义社会的政治批判中，关于资产阶级国家的批判占有很重要的份额。作为马、恩的学生和追随者，拉法格在国家问题上基本上站在了马克思主义的立场上。运用历史唯物主义的分析方法，拉法格联系法国实际对国家的产生与消亡条件、资产阶级国家的实质以及与之相联系的资产阶级民主制度进行了分析，指出了资本主义国家服务于资产阶级利益的本质特征，同时还揭露了包括议会制和政党制度在内的资本主义民主制度的虚伪性。

一、关于国家产生与消亡的认识

拉法格指出，国家不是从来就有的，它是阶级分化的产物。在原始社会

① 《拉法格文选》（下），中央编译局国际共运史研究室编译，人民出版社 1985 年版，第 284 页。

里，由于生产力水平低下，社会分工极其简单，“共产主义”成为了这个阶段人类社会特有的经济形式。在财产的这种集体形式下，公社的一切成员都从事生产劳动；他们的任何一个人都不强迫别人为自己劳动，并且也不从别人手上去抢夺他所制造的任何产品。大家自愿彼此帮助，并不考虑有没有报酬。与此同时，在原始公社里也不存在法律和法庭、权利和义务等东西，人们只服从习惯和传统，习惯的破坏者所受到的唯一惩罚是社会的谴责。在这种社会状态下，“无须靠所谓文明的资本主义国家里存在的任何一种惩罚制度（警察、审判官、刑法典等）的帮助”，就可以保持社会“稳固的秩序和完全的和谐”①。然而，随着生产力和劳动分工的发展，财产的集体形式开始瓦解，社会也日益分裂为有敌对利益的各个阶级，这时人类社会内部的斗争也随之开始了。拉法格分析说，这种阶级的划分是社会生产不发达的后果——“凡是在社会劳动只能提供勉强超过社会全体的生存所需的最低限度的产品数量的地方，因此在那里劳动吞没大多数社会成员的全部或几乎全部的时间，在那里阶级的划分是必不可免的”②。在绝大多数社会成员不得不依靠生产劳动为生的同时，还有极少数人则摆脱了直接的生产劳动，从事关涉全社会的一些事务，如对劳动过程的总的监督、行政管理、防卫工作，等等。这些摆脱了劳动的人逐步上升为社会的统治阶级，并凭借“巧妙地组织起来的精神和肉体上的暴力”来保持自己的统治权。这样，国家成为了“施行精神强制和肉体强制的机构”，统治阶级通过它来“保持自己的统治和把劳动群众控制在现存的生产方式所需要的从属的（奴隶制、农奴制的、雇佣劳动的）条件之下”。总之，“当社会分裂为敌对的阶级的时候，就是说当还需要控制某一阶级的时候，国家的存在是必需的，这种必然性既不能为自由贸易的圣水，也不会为无政府主义者的

---

① 《拉法格文选》（下），中央编译局国际共运史研究室编译，人民出版社 1985 年版，第 175 页。

② 《拉法格文选》（下），中央编译局国际共运史研究室编译，人民出版社 1985 年版，第 179 页。

咒语所消灭”①。

既然阶级划分是生产不发达和劳动分工的产物，那么，当生产发展到一定程度也必然使得阶级的划分不复需要。与之相适应，随着阶级对立和阶级斗争的消灭，国家也必然走向消亡。对于国家消亡的具体原因，拉法格直接引用恩格斯的话解释道：“当不再有需要加以压迫的阶级的时候，当阶级统治和根源于生产无政府状态以及由此产生的冲突和极端行动都被消除了的时候，镇压的必要性就消失了，国家也就不需要了。国家真正作为整个社会的代表所采取的第一个行动，即以社会的名义占有生产资料，同时也是它作为国家所采取的最后一个行动。对人的统治将让位给对物的管理和对生产过程的领导。自由的社会不会容忍在自己和自己的成员之间存在着国家。”②拉法格强调说，“国家政权只有那个消灭阶级的阶级才能消灭”；资产阶级作为剥削劳动群众的阶级，不仅“不能消灭国家，相反地，它使国家更加强化”③。值得重视的是，在强调国家消亡必然性的同时，拉法格既批判了一些空想社会主义者的幻想，也对无政府主义的谬论进行了驳斥。他正确地指出，以马隆、科林等人为代表的社会主义者主张通过资产阶级国家主动完善生产机构或改善工人的生产生活状况来实现社会主义，这只不过是一种空想而已；而无政府主义者希望通过立即消灭国家政权来消灭资本主义制度的想法则十分“天真”，因为“当一个民族分成各个阶级——有产者和无产者——的时候，保证有产者阶级的特权和使工人阶级屈服的国家也就不可避免地存在”④。

---

① 《拉法格文选》(下)，中央编译局国际共运史研究室编译，人民出版社 1985 年版，第 178 页。

② 《拉法格文选》(下)，中央编译局国际共运史研究室编译，人民出版社 1985 年版，第 179 页。参见《马克思恩格斯文集》第 3 卷，人民出版社 2009 年版，第 561—562 页，引文与《全集》译文有出入。

③ 《拉法格文选》(下)，中央编译局国际共运史研究室编译，人民出版社 1985 年版，第 179 页。

④ 《拉法格文选》(下)，中央编译局国际共运史研究室编译，人民出版社 1985 年版，第 266 页。

二、关于资产阶级国家本质的剖析

那么，为什么空想社会主义者和无政府主义者不是对资产阶级国家心存幻想，就是把国家当作恶魔，并企图利用有魔力的“消灭国家”的公式来解决社会矛盾呢？拉法格认为，这主要是因为他们没有正确认识资产阶级国家的本质。他写道：“资本主义国家并不是想象之物，……它拥有带枪的士兵，它拥有用赋税使生产者破产以利于资本家的议员，它拥有支配市有财产以利于资本家的市参议员……还拥有各种咒语，这些咒语把政权、自由、协和、欲望的自由表现和无政府宗教的其他神学的德行混在一起，并且不让这些东西像煤尘那样消散。”①众所周知，关于国家本质的认识在马克思主义国家理论中是一个十分重要的问题。马克思恩格斯曾以历史唯物主义为理论工具就国家的产生、发展及其历史作用进行了全面考察，然后得出了关于国家本质的认识：一方面，国家的本质根植于市民社会，它归根结底应从社会经济生活中得到解释，同时它也集中表现了一定社会占统治地位的经济关系的性质；另一方面，由于国家是从控制阶级对立的需要和阶级冲突中产生的，因此它实质上是经济上占统治地位的阶级通过有组织的暴力镇压和剥削被统治阶级、维护自己阶级利益和加强统治的手段和工具。拉法格基本上继承了马恩关于国家本质的上述认识，在他论述资产阶级国家本质特征的相关文章或演说中，国家的阶级性是他反复强调的重心。例如，在《革命的次日》（1887）这篇文章中，拉法格写道：“（资产阶级）国家是为了替资本家利益服务以及镇压和奴役无产阶级群众而精巧地建造成的机器。”②1892 年，在与法国资产阶级学者埃德蒙·德莫连所进行关于赞成还是反对共产主义的辩论中，拉法格也以法国历史为

① 《拉法格文选》（上），中央编译局国际共运史研究室编译，人民出版社 1985 年版，第 64 页。

② 《拉法格文选》（上），中央编译局国际共运史研究室编译，人民出版社 1985 年版，第 259 页。

例对国家的阶级性进行了说明。他指出,在封建社会时期的法国,国家属于贵族,它的最高表现是国王,国家保卫封建贵族阶级的利益;而在资产阶级夺取国家政权之后,它就成为了国家和社会的统治阶级,受到国家的保护。这段历史充分说明,国家实质上是特权阶级进行压迫和压榨的力量,而国家政权的夺取常常会保证某一阶级的社会统治权。他强调,资产阶级国家只能起资本主义支柱的作用,它提供警察、军队、法庭和狱吏来保护资本家们,否则资产阶级的统治地位将无法确保。

为了更充分地揭示资本主义国家的阶级性,拉法格结合法国的资本主义发展史对其经济、政治特征进行了具体研究,从而充分印证了资产阶级国家服务于大资产阶级,尤其是金融资产阶级的本质。在《财产及其起源》一书中,拉法格以法国为例,揭露了金融资产阶级通过其垄断的巨大财富操纵和控制国家权力为自己谋利的事实。他指出,在法国,人数极少的大资产阶级,尤其是金融资产阶级实际上统治着整个国家。对此,拉法格具体描述道,“由金融家垄断的巨大财富给他们以控制新闻和政府的无限制的权力”;“他们收买了一切的报纸,不管它们的政治倾向和宗教倾向如何,靠报纸去影响群众”;“金融家和他们的傀儡充斥议会;但是在他们中间也有像罗特雪尔德这样的人,他们认为担任议员的职务有辱自己的身份;他们宁愿让自己的奴仆去当大臣。在下议院和上议院中,金融家、议员和元老一旦碰到彼此提供租让或其他收入和一般盗窃国库的时候,他们便马上勾结起来”①。除了对国家的这种直接影响之外,金融家同时也对国家政策的制定起着为害不小的间接影响:“他们操纵着交易所的市价,这在目下是政治的晴雨表;他们用收买来的报纸影响社会舆论和用这种粗暴的和犯罪的方法来实现社会储蓄的集中。”②拉法格强调,

① [法]拉法格:《财产及其起源》,王子野译,生活·读书·新知三联书店 1962 年版,第 157—158 页。

② [法]拉法格:《财产及其起源》,王子野译,生活·读书·新知三联书店 1962 年版,第 158 页。

这种金融的强力并不依赖于政权的形式，它不仅存在于法国，而且也不受监督地统治着德意志的专制帝国和实行民主共和制的北美合众国；尽管各种政治派别相继交替，但这种建立在对劳动群众剥削基础上的金融统治不仅没有削弱，相反却与日俱增地成长起来。总之，国家置于“有产阶级的手中”，它的治理和立法只“根据有产阶级的利益”①；“只有当无产阶级掌握了国家政权，剥夺了资本家的工厂，没收了国家银行和其他的信贷机构”，才能结束这种极少数人对大多数人的统治和压迫②。

三、对资本主义民主制度的批判

资本主义国家在本质上是资产阶级专政，但在国家政权的构成形式和组织原则上却采取了民主的形态。马克思主义认为，民主只是国家的一种形态，它实质上是以民主方式实行阶级统治的国家。由此可见，如何正确看待资产阶级民主，是深刻认识资本主义国家制度的一个关键问题。

与对资本主义国家阶级实质的认识相关，拉法格认为资本主义民主制度也只不过是资产阶级为了维护自身的统治而给人民制造的一种“自治的幻想”而已。因此，他始终用十分辛辣尖刻的词句批评包括议会制、政党制度等在内的资产阶级民主制度的虚伪性。他指出，在资本主义议会制度下，看起来似乎是人民亲自管理国家事务，但“实际上真正的权力集中在资产阶级手中，甚至不是整个资产阶级，而只是这个阶级的某个阶层手中”③。在资本主义社会里，这种国家权力的集中与资本和财富的集中息息相关：“社会财富的数量越大，占有者的人数就越少；权力也是这样：随着享有政治权利的公民人数的

① 转引自［法］克洛德·维拉尔：《保尔·拉法格和他对资产阶级社会的批判》，公直译，《国际共运史研究资料》1982年第2期，第155页。

② ［法］拉法格：《财产及其起源》，王子野译，生活·读书·新知三联书店1962年版，第159页。

③ 《拉法格文选》（上），中央编译局国际共运史研究室编译，人民出版社1985年版，第264页。

增长和选举产生的执政人数的增加,实际的权力日益集中,并为越来越少数的一帮人所垄断。在高度发达的国家里,如英国、法国和美国,国家政权掌握在金融家手里,虽然选举权很广泛,而且在其中两个国家中还实行普选制。”①为了进一步说明资本主义议会制的阶级本质和虚伪性,拉法格还具体描述议会制运作的一些典型特征。例如:在实行议会制的资本主义国家里,政治成了有利可图的职业,政治活动家可以收买,因此当选的议员“已经不属于自己,更不属于选民”,而是“被对金钱的贪欲所吞没,变成了金融家的仆人”。为了“统治人民而又不破坏他们的幻想”,议会制制造了五花八门的把戏,如“给选民提供无害消遣的投票权和请愿权,充当回避重要和困难问题的最迅速和最可靠手段的议会委员会和议会审查;对种种无谓琐事进行无休止的、毫无意义的辩论,来消磨时间和弄得选民糊里糊涂,等等”②。此外,资本主义政党制度是“最复杂和最成功的议会把戏”,它“把议员分成两个相互竞争的党派,彼此交替执政,来轮流掠夺人民和为有产者谋利”。拉法格举例说,这种“玩弄议会平衡把戏的制度”在英国达到了登峰造极的地步。在那里,两个政党的争吵吸引并激发了公众的注意力和热情,但“不管哪个党执政,为土地所有者和资本家的利益而对生产者的剥削照样顺利进行”③。和英国一样,美国的议会机器也是“操纵在两个轮流执政的政党——共和党和民主党——手中的傀儡”④,政客们贪污受贿在美国达到了登峰造极的地步;而在法国,即使是这种带有虚伪性且对有产者毫无危险的政治把戏,也只有通过革命才能夺得。

---

① 《拉法格文选》(上),中央编译局国际共运史研究室编译,人民出版社 1985 年版,第 265 页。

② 《拉法格文选》(上),中央编译局国际共运史研究室编译,人民出版社 1985 年版,第 265 页。

③ 《拉法格文选》(上),中央编译局国际共运史研究室编译,人民出版社 1985 年版,第 266 页。

④ 《拉法格文选》(下),中央编译局国际共运史研究室编译,人民出版社 1985 年版,第 292 页。

由上可见，对于资本主义民主制度，拉法格采取了毫不留情的批评和讽刺态度。他在自己的论文或演说中所表现出的尖锐的讽刺，目的是十分显而易见的，那就是要坚决反对一切资产阶级政治家、哲学家们把资产阶级议会冒充为可以使资本主义社会所有阶级获利、受益的政权的企图。然而，也正是这种毫不留情的态度为拉法格的批判留下了一些遗憾。我们不难发现，尽管他正确地指出了资本主义民主制度的阶级本质，但却从自己的论证目标出发过于强调了这个侧面，相反对资产阶级民主制度相对于专制制度的历史进步性则有所忽略。对此，被誉为"俄国马克思主义之父"的格·瓦·普列汉诺夫曾评价说："保尔·拉法格用社会主义观点批判议会制是完全正确的。但是同专制制相比，议会制是社会发展的一大进步。对于社会主义者来说，只要它能保证工人阶级得到哪怕是某种程度的政治自由，从而使工人阶级能够组织成一个独特的党，这就够了。而这种自由的规模取决于该国工人阶级的发展程度。"①为此，普列汉诺夫提醒俄国社会主义者们注意，在从专制制度向议会制的过渡中应使俄国工人能够捍卫自己最重要的政治利益。值得说明的是，对资本主义议会制的看上去较为绝对片面的评价，并没有妨碍拉法格在社会主义运动实践中利用议会斗争来为工人阶级争取经济和政治地位的改善。他曾在 1891 年当选为议员，这一事件被资产阶级学者称为是"1871 年以来法国发生的最重大的政治事件"，因为"随着马克思的女婿拉法格的当选，集体主义这种不可动摇的、系统的学说也进入了议会"②。拉法格关于议会斗争的论述与实践可以充分说明他对议会斗争的态度是正确的。在后面的章节里，将专门就此进行深入分析。

---

① 《拉法格文选》(上)，中央编译局国际共运史研究室编译，人民出版社 1985 年版，第 264 页。

② 转引自李兴耕:《拉法格传》，人民出版社 1985 年版，第 148 页。

第四节　对资产阶级意识形态的批判

作为资本主义社会中占统治地位的思想体系,资产阶级意识形态是资本主义经济关系的产物,也是资本主义上层建筑中的重要组成部分,它集中反映着资本主义的经济和政治,并从思想上维护资本主义制度。在对资本主义国家进行剖析的同时,拉法格展开了对资产阶级意识形态的批判。在他看来,如果说国家是统治阶级施行"精神强制和肉体强制"的暴力机构,那么意识形态就是国家所施行的"精神暴力",是统治阶级实现其统治功能的具体精神手段。只有同时凭借肉体的和精神的暴力,统治阶级才能维持自身的统治。因此,除了应当对资本主义进行经济和政治批判之外,还必须批判作为资产阶级统治思想基础的资产阶级意识形态。总的看来,拉法格对资产阶级意识形态的批判涉及资本主义的宗教、哲学、道德、艺术以及政治思想等许多方面,无论从所涉猎的领域还是就其论著的影响来看,他的批判性分析都可以算得上是第二国际理论家中较具有典型意义的,而且其中有些方面不乏机敏和睿智。本部分主要就拉法格意识形态批判思想中最为典型的两个侧面进行介绍和分析。

一、对资产阶级宗教的批判

马克思强调,无产阶级"在破除一切对过去的事物的迷信之前,是不能开始实现自身的任务的"①。由此出发,马克思主义者应将宣传无神论思想作为争取无产阶级解放的重要任务之一。积极投身于社会主义运动的拉法格正是一位坚决批判宗教迷信和反对教权势力的英勇斗士。拉法格认为,在统治阶级的精神暴力中,"宗教是迫使被压迫的阶级屈服于羁绊之下的主要精神力

① 《马克思恩格斯文集》第2卷,人民出版社2009年版,第473页。

量之一”①。因此,他“终生是一个宗教世界观的雄辩的批判家”②,为在工人群众中宣传无神论思想、推进社会主义运动发展作出了宝贵的贡献。从背景上看,在19世纪八九十年代宗教势力根深蒂固的法国,拉法格对宗教意识形态的批判和无神论思想的宣传具有特殊的意义。事实上,法国早在18世纪末的大革命之前就是欧洲宗教反动势力的堡垒之一。大革命的爆发给天主教会带来了猛烈的冲击,然而,拿破仑·波拿巴上台之后,教会的合法地位又得以恢复,并逐步由过去封建专制制度的精神支柱转变成了法国资产阶级政治统治的有力工具。此后历经复辟王朝、七月王朝直至第二帝国时期,教会在法国一直是一股势力巨大的传统力量,宗教迷信钳制并禁锢着人们的头脑,直接为资产阶级的统治和蒙昧主义效劳③。1864年,教皇庇护九世颁布了声名狼藉的《当代错误学说汇编》,对一切进步的自然科学和包括社会主义和共产主义学说在内的社会科学进行攻击。巴黎公社革命之后,以阿尔贝·德门伯爵为首的教权派又在法国许多城市建立了所谓的“天主教工人俱乐部”,鼓吹天主教与社会主义是一致的,声称其目的是要“激发和引导统治阶级对工人阶级的忠诚”,以便把“被革命思想所排挤”的“宗教、道德和爱国主义”灌输到工厂中去④。他们的用意很明显,那就是企图利用特殊时期工人阶级的思想混乱和方向不明,将其拉到教会一边,使之为自己的利益效劳。到19世纪80年代初,法国的教权派拥有巨大的经济实力,机构庞杂,教徒众多,占据了几乎一切文化教育中心,渗透到政治经济各个部门,直接冲击着共和制度,成为了当时法国社会的公害⑤。为维护共和政体,资产阶级共和派也曾进行过政教分离

---

① 《拉法格文选》(上),中央编译局国际共运史研究室编译,人民出版社1985年版,第153页。

② [苏]哈·尼·莫姆江:《拉法格与马克思主义哲学》,张大翔译,国际文化出版公司1987年版,第210页。

③ 参见楼均信:《拉法格的无神论思想浅论》,《天津社会科学》1983年第3期,第15页。

④ [法]亚历山大·泽瓦埃斯:《一八七一年后的法国社会主义》,中央编译局国际共运史研究室译,生活·读书·新知三联书店1983年版,第9页。

⑤ 参见楼均信:《拉法格的无神论思想浅论》,《天津社会科学》1983年第3期,第15页。

的努力。但是,“资产阶级政府往往对教权主义举行假自由主义的讨伐”,实质上是想要“转移群众对社会主义的注意力”,从而更好地维护本阶级的私利①。为了揭穿教权主义和资产阶级共和派的虚伪面目,拉法格挺身而出。他不仅与基督教社会主义者进行公开辩论,而且写下了大量批判宗教神学的论著,其代表作包括《庇护九世上天堂去》(1881)、《资本的宗教》(1887)、《关于普罗米修士的神话》(1904)等。在这些著作中,拉法格以大量的历史学、人类学、语言学、人种学等方面的丰富资料为依据,运用历史唯物主义的分析方法,不仅考察了各种宗教观念的起源和发展,而且着重分析了宗教和教会在阶级斗争中的政治作用,揭示了资本主义社会和宗教在本质上的无间性。

众所周知,宗教作为一种社会意识,实质上只不过是对社会现实和社会环境的一种歪曲的、虚幻的反映。在拉法格看来,揭穿基督教的虚伪性和欺骗性,仅仅靠宣布上帝、天堂、地狱等宗教观念的荒谬和反动是不够的;要从理论上清除宗教的影响,就应该揭露宗教观念产生的物质原因,把上帝从虚无缥缈的天国拉到尘世上来。为此,他首先分析了原始人灵魂观念产生的自然历史过程,考察了天堂、地狱以及上帝等宗教观念起源和发展的社会经济原因。拉法格指出:“野蛮人发明了灵魂,为的是要解释梦境的现象,而发明死后住所目的是解脱死者的灵魂;他们用这个来制出意识形态的因素,它们开始时是被用来创造神的观念,而后来又被唯灵派的哲学家和基督教的宗教用来创造灵魂不朽的观念和世外天堂的观念”②;而上述一切进化发生的原因“只有研究财产和生产方式的变化过程才能找出”③。就上帝的观念而言,它“只不过是比其他的灵魂更强大有力的灵魂而已”,它“既不是天赋的观念,也不是先天的观念,而是后天的观念”;实际上“一切观念都是如此,因为人只有同他所解

① 《列宁全集》第17卷,人民出版社2017年版,第397页。

② [法]拉法格:《思想起源论》,王子野译,生活·读书·新知三联书店1963年版,第136页。

③ [法]拉法格:《思想起源论》,王子野译,生活·读书·新知三联书店1963年版,第139页。

释的真实世界的现象发生接触时才能思想”①。而且,“自然环境和社会环境的‘未知之物’使在人脑中产生和成长起来的上帝的观念不是一成不变的;它随着时间和地点而改变;它随着生产方式的发展和社会环境的改变而进化”②。随后,拉法格借助于民族学、人类学的丰富资料一步步揭示了宗教观念和宗教仪式的现实基础,去掉了罩在它们头上的神圣光环,从人们的世俗生活和社会关系中找到了它们产生的根源,并指出,“一旦社会实行平等原则,人能够支配生产和交换的力量,从不自觉地无谓奔忙而进到自觉地加以支配”,宗教就会走向消亡③。由上可以看出,拉法格关于宗教观念起源和本质的分析显而易见站在了历史唯物主义的立场上。他的观点与恩格斯关于宗教的论断基本一致,即:“一切宗教都只不过是支配着人们日常生活的外部力量在人们头脑中的幻想的反映,在这种反映中,人间的力量采取了超人间的力量的形式。”④

在把上帝拉下云端的基础上,拉法格进一步揭露了现实社会中宗教服务于资产阶级的反动本质。他指出,在资产阶级还只是社会的从属阶级时,为了反对得到僧侣支持的贵族阶级,也曾向无神论献媚;然而在取得政权之后,资产阶级马上就转回头来找回上帝并力图利用它来服务于自己的利益。这一转变的发生是由现代资产阶级的社会地位和作用决定的——他们的主要作用“不是在于生产财富,而在于迫使雇佣工人生产这些财富;在于侵占这些财富并在自己阶级的成员中瓜分之,而留给体力劳动者和脑力劳动者的只是仅够

① ［法］拉法格:《思想起源论》,王子野译,生活·读书·新知三联书店 1963 年版,第 195 页。

② ［法］拉法格:《思想起源论》,王子野译,生活·读书·新知三联书店 1963 年版,第 209 页。

③ 《拉法格文选》(上),中央编译局国际共运史研究室编译,人民出版社 1985 年版,第 29 页。

④ 《马克思恩格斯文集》第 9 卷,人民出版社 2009 年版,第 333 页。

维持他们的生活和繁殖后代所必需的”①。为了使这种以剥削雇佣劳动为基础的新社会秩序成为“可以理解的和可以忍受的”,就“必须占有人能感受到的灵魂”,这对于资产阶级来说成了社会的需要②。此外,资本主义生产方式的不断发展变化也使资产阶级觉得始终有一种“不可知的”秩序在包围着自己,对社会经济现象和经济规律的无知促使他们日益相信“没有物质基础的、丢开一切物质的神秘的力量”。就这样,本质上具有寄生性的基督教与资产阶级这个寄生性的阶级走到了一起,它成了建立在私有财产和剥削雇佣劳动基础上的资本主义的宗教,帮助资产阶级掩盖其追求的赤裸裸的物质利益;它把“命运的不公道的改正、善行的奖赏”和“福利的平等化”都推到另一个世界去解决,从而成为资产阶级的“安全阀”。总之,“资产阶级的信仰上帝和灵魂不朽是他的社会环境的意识形态现象之一;只有当他被剥夺了他从雇佣劳动窃取来的财富和从寄生阶级变成生产阶级之时,才能使他摆脱那种信仰”③。拉法格同时指出,对于在现代社会中处于生产者地位的无产阶级而言,上述促使资产阶级信仰上帝的原因却不会发生同样的作用。因为无产阶级知道,“虽然他从早祈祷到晚,任何一个天父也不会赐给他每天的面包,他也知道给他以生活必需品的工资是靠自己的劳动挣来的;他很知道假如他不工作,不管天上有多少‘善良的神’和地上有多少慈善家,他还是要饿死。雇佣劳动者自己就是自己的神明。他的生活条件使另外的神明概念成为不可能”④。

拉法格对资产阶级把宗教作为麻痹群众的精神工具进行了猛烈地批判。他借助于教会人士和资产阶级学者、政治家之口表述道:“管理众人需要交替

① [法]拉法格:《思想起源论》,王子野译,生活·读书·新知三联书店1963年版,第196页。

② [法]拉法格:《思想起源论》,王子野译,生活·读书·新知三联书店1963年版,第164页。

③ [法]拉法格:《思想起源论》,王子野译,生活·读书·新知三联书店1963年版,第207页。

④ [法]拉法格:《思想起源论》,王子野译,生活·读书·新知三联书店1963年版,第217页。

运用粗暴的手段和精神的力量”,宗教就是一种“对下层阶级的欲望和感情的最好的道德制约力”,它可以“要工人学会逆来顺受,提倡为了拯救灵魂而放弃现实生活中的一切,教人们忍受人间的苦难以期待天堂里的欢乐”①。拉法格十分尖刻地讽刺说,假如资产阶级想保留自己的特权,继续靠工人养活,“就必须用关于另一个世界的种种神话故事来安抚畜生一般的人民群众”,而“基督教在这方面起了十分出色的作用”;尽管宗教在现实社会里已经失去昔日的威望,其地盘日益缩小,尽管只相信资本和利益的资本家自己也不信上帝,但资产阶级还是承认了宗教的必要性。因为,“宗教是用来愚弄畜生一般的被剥削者的工具。必须使工人们相信:贫困实际上是块金子,用它可以买得天国里的幸福,上帝之所以赐予他们贫穷,那是为了让他们死后进入天堂”②。在揭露了资产阶级自己不信鬼神但却利用宗教对劳动人民进行精神统治的虚伪面目之后,拉法格进一步挖掘出了资产阶级的真正信仰。他指出,对于资产阶级来说,“唯一能够适应当代需要的宗教是资本的宗教”;在资本主义社会里,资本无处不在,以各种形式出现,是“孺幼皆知的、摸得着看得见的上帝”,也是“唯一没有同无神论者发生冲突的上帝”;“其他一切信仰仅是嘴上说说而已的空话,而对资本的信仰却在人们心灵深处占据着统治地位”③。随着资本主义的发展,资本这位上帝的力量也越来越强大,“它每天都在征服新的国家,每天都在扩大雇佣工人的队伍,让他们把自己的整个一生全部用于增强它的体质”④。拉法格总结说,尽管资本是现实世界的主宰,但资本的宗教不会永恒,它必然会随着资本主义被共产主义所代替而退出历史的舞台。到那时,

① 《拉法格文选》(上),中央编译局国际共运史研究室编译,人民出版社 1985 年版,第 210 页。

② 《拉法格文选》(上),中央编译局国际共运史研究室编译,人民出版社 1985 年版,第 212 页。

③ 《拉法格文选》(上),中央编译局国际共运史研究室编译,人民出版社 1985 年版,第 214 页。

④ 《拉法格文选》(上),中央编译局国际共运史研究室编译,人民出版社 1985 年版,第 219 页。

“资本不再统治世界,它将服从于它所憎恨的劳动者;人不再拜倒在他用自己的双手和大脑创造出来的东西面前,他将从此站立起来,以主人的身份看待周围的大自然。”①

应当承认,拉法格对宗教认识和资产阶级宗教批判中存在着一些不恰当之处。例如,他关于宗教起源的分析中一些看法有点绝对化,一些看法只是猜测或假设,缺乏足够根据支持。恩格斯在读完他 1890 年所写的《关于亚当和夏娃的神话》一文后曾写信给他说:“您关于亚当和夏娃的文章写得很俏皮。此文固然有一定的道理,但您在阐述时似乎说得过分了,特别是在历数挪亚的历代祖先时。”②再如,在批判资产阶级宗教的过程中,为了证明资本主义社会中宗教的资本主义性和资产阶级的宗教性,他不恰当地忽略了资产阶级的某些阶层中存在的反宗教情绪和无神论思想,这同样是把问题绝对化了。但是,上述不足的存在并不能抹杀拉法格在社会主义运动中宣传无神论思想方面的宝贵贡献,他留下的宗教批判论著至今仍具有重要的现实意义。

二、对资产阶级道德的批判

除了宗教批判之外,对资产阶级道德体系的批判是拉法格批判资产阶级意识形态的另一个重要方面。早在 1880 年,拉法格就已经发出了激动人心的号召:“我们满怀热情,轻装上阵,向着磨盘般地压在工人身上的资产阶级社会开战。……根据他们的资本主义道德——这是对宗教道德的可悲的模仿——一切有血性的人都要受到谴责。他们的理想是要把生产者改造成不断地提供劳动的机器。……我们要向资本主义的道德和社会理论发动攻

① 《拉法格文选》(上),中央编译局国际共运史研究室编译,人民出版社 1985 年版,第 243 页。

② 《恩格斯与保尔·拉法格、劳拉·拉法格通信集》(第三卷),冯汉津等译,人民出版社 1981 年版,第 58 页。

击。……开战！开战！我们的任务是长期的，时间是紧迫的！”①从那时起直至去世，拉法格一直坚持不懈地向资产阶级道德观念以及资本主义社会猛烈开战。

在马克思恩格斯那里，作为社会意识形态之一的道德也是其关注的重要对象之一。他们在著作中对道德给予了许多原则性论述，并围绕人的解放这一主题对资产阶级道德进行了严厉的谴责。有学者甚至认为，马克思对旧世界的理论批判的焦点在于其从道德批判入手展开对旧世界的哲学批判，而并非像众多学者所认为的是对生产力和生产关系、经济基础和上层建筑相互作用关系的揭示。这可以从马克思的思想发展历程中得以证实：正是从对宗教的批判——以基督教为代表的伪善道德开始，马克思渐渐地感到仅有“天国的批判”还不够，还应转到对“尘世的批判”；随后，他进一步感到对尘世政治道德的批判仅仅停留在抽象的哲学概括也是不够的，必须深入分析市民社会本身，到生产关系的内部揭示“物”背后隐藏着的深层人际关系（在资本主义社会表现为劳资关系），进而逐步构建起了自己的政治经济学体系。这种把道德哲学和经济学结合起来的阐述方式同19世纪法国空想社会主义者抽象地谈论道德问题形成了鲜明的对照。因此，与其说把马克思看作一个建构哲学体系的大思想家，还不如把他认作一个时代的道德批判者和重构者更为恰当②。拉法格显然意识到了马克思学说的这一逻辑思路，因此他在传播马克思主义的过程中为自己提出了系统再现马克思主义道德学说的任务，并向资产阶级道德发起了更猛烈的攻击。应该说，这也与当时法国社会主义运动面临的挑战有关。一方面，随着资本主义社会阶级对抗日益尖锐化，为了维护自

---

① 拉法格1880年6月23日在向《平等报》同事们赠送《出版自由权》一书时的题词。转引自克洛德·维拉尔：《保尔·拉法格和他对资产阶级社会的批判》，公直译，《国际共运史研究资料》1982年第2期，第155页。

② 参见宛小平：《道德批判与重构是贯串于马克思主义理论体系的一条红线》，《安徽大学学报》1997年第5期，第113页。

己的统治,资产阶级思想家竭力把资产阶级道德说成是唯一的,他们不断向工人阶级灌输其道德观念,力图迫使劳动群众接受他们关于善与恶、正义与非正义、高尚与卑下的界定。另一方面,19 世纪 90 年代以来,走上修正主义道路的伯恩斯坦及其追随者们也企图用康德先验的、抽象的伦理学同马克思主义革命论相对抗。他们声称人们"道德的自我完善"才是走向社会主义、共产主义的先决条件,反对马克思主义所选择的"剥夺剥夺者"的革命道路。正是针对上述情况,拉法格详细而又系统地研究了马克思主义伦理学的一些主要问题,对资产阶级道德和修正主义的伎俩进行了有力的批判。

针对资产阶级学者以及教权派关于道德标准和道德原则具有神圣性、永恒性和不变性的论断,拉法格首先运用唯物史观分析了道德的本质。他指出,资产阶级历史学家和哲学家试图把道德观念说成是资本主义社会发展的唯一动力,这显然是为了掩盖其利己主义的动机。事实上,是经济的必然性而并不是道德观念在引导人类前进。"进步、自由、正义、祖国等等思想也和数学上的公理一样不是存在于经验的领域之外;它们不是在经验之前就存在了,而是跟随经验才有的;它们不产生历史事件,它们本身是社会现象的结果。社会现象在发展中创造、改变和消灭它们。"①同时,人们的道德观念并不是永恒不变的东西,它有着其特定的产生和发展历史,并随着社会物质生活条件的变化而不断改变自己的内容和形式。拉法格用大量的历史事实证明,人类道德存在着多种表现形态,以及正义、幸福、道德理想等在历史上各个时期呈现出不同面貌的根本原因,归根结底要到生产方式的变化以及人们的经济利益中去寻找。总之,道德"像其余的人类活动的现象一样,服从于马克思所规定的经济决定的法则:'物质生活的生产方式一般地决定社会的、政治的和精神的生活

① [法]拉法格:《思想起源论》,王子野译,生活·读书·新知三联书店 1963 年版,第 13 页。

过程’”①。此外，拉法格还特别强调了道德的阶级性。在他看来，阶级社会里的各个阶级都有自己的道德观，甚至在同一阶级内部的不同阶层也有着不同的道德观念；然而，由于物质财富的占有是道德存在的基础，社会中占统治地位的道德观念总是反映着经济上占统治地位的阶级的需要和利益。这些适应于统治阶级利益的正义和道德往往被统治阶级强加于被压迫阶级；尽管它们与被压迫阶级自己的利益和需要是相对的，他们也只能被迫接受。应当说，拉法格对于道德本质的唯物辩证的理解，对于那些企图把资产阶级道德永恒化、绝对化和崇拜为神的做法来说，是一个十分有力的回击。

在揭示道德本质的基础上，拉法格从无产阶级的根本利益出发对资产阶级道德进行了深刻地批判。他抨击道，对于资产阶级而言，道德观念只不过是他们进行统治和欺骗的工具而已，正义、道德以及其他比较有永恒性的原则只是当其服务于自身利益时才是有意义的。作为“基督教道德的拙劣可笑的模仿”，资本主义的道德“所追求的理想就是把生产者的需要削减到最低限度，窒息他们的一切欢乐和一切激情并且使他们沦为片刻不停地运转的机器”②。拉法格指出，在资产阶级革命胜利后，获胜的资产阶级重新把理性所带给旧的上帝身上的缺口修补起来，并且恢复了它先前的权利；但是，“由于失掉了对上帝的万能的信念，他们就在它的周围安设下一个完整的半神的参谋部：进步、正义、自由、文明、人道、祖国等等，——指望靠它来担负领导摆脱了贵族羁绊的民族的命运”③。资产阶级声称自己的一切行为都是受进步、正义、祖国、人道等道德观念鼓励所致，而实际上，其道德观念完全受自身的阶级利益所支配。他们“往往把一切有利于它的政治利益和经济利益的东西都宣称为正

① ［法］拉法格：《思想起源论》，王子野译，生活·读书·新知三联书店1963年版，第118页。

② 《拉法格文选》（上），中央编译局国际共运史研究室编译，人民出版社1985年版，第67页。

③ ［法］拉法格：《思想起源论》，王子野译，生活·读书·新知三联书店1963年版，第11页。

义,而把一切违反其利益的东西都称为非正义",对他们而言,所谓的正义"只有当他们的阶级利益得到满足时才能实现"①。劳动群众和社会主义者与资本家关于正义和道德的理解截然不同:对于前者来说,正义就是让资本家把从雇佣劳动者那里窃取的财富归还给他们;而后者所理解的正义却是利用自己手中掌握的经济和政治权力来保存窃取来的财富。拉法格运用大量历史事实来揭露了资产阶级道德的利己主义特点和反动性。他不无讽刺地指出,建立在私有制和商品经济基础上、受资本和金钱支配的资产阶级道德,其善恶观念是颠倒的,个人利益成了任何现象的评价标准,自私自利、阴谋诡计、爱好欺骗和弄虚作假都被提升为主要的美德。"资产阶级善于使一切适合于自己的目的和自己的利益,他们用'文明'的美名来装饰自己的社会制度,用'人道'的美名来装饰自己对待活人的方法。只是为了'用文明的精神启迪半开化的民族',为了'把他们从粗卑的无道德的状态里拯救出来',只是为了'改善'他们的可怜的生存条件,他们才从事殖民地的远征。而他们的文明和人道却表现在用基督教去愚弄的形态之下,采取了酒精毒害,掠夺和残杀土人的形式。……他们也在本国拿这些文明和人道的美德大量施用于工人阶级。在这里作为资产阶级文明和人道的尺子是大批的男子、妇女和儿童失去财产,注定日夜做苦工,注定遭受周期性的失业,死于酒精、肺痨和佝偻病。"②拉法格坚信,这种虚伪、反动的资产阶级道德不会永远存在下去。随着社会环境和社会现象的改变,随着共产主义革命废除私有制并恢复真正的平等精神,人类"将找到自己的失去的幸福和洗掉私有制时代的低下的利益和情欲、自私的和反社会的道德"③,到那时将获得全面的幸福,人类的个性也将达到完美的境地。

① 《拉法格文选》(下),中央编译局国际共运史研究室编译,人民出版社 1985 年版,第 305 页。

② [法]拉法格:《思想起源论》,王子野译,生活·读书·新知三联书店 1963 年版,第 18 页。

③ [法]拉法格:《财产及其起源》,王子野译,生活·读书·新知三联书店 1962 年版,第 169 页。

值得指出的是，拉法格在揭露和批判资产阶级道德时，同样犯了绝对化、简单化的错误。他不仅没有意识到资本主义社会的道德观念相对于古代社会的历史进步性，而且还带有全盘否定社会主义社会之前的一切道德观念的进步性的倾向。这无疑是他理论上显而易见的缺陷。但不可否认的是，拉法格对资产阶级道德的批判不仅沉重打击了资产阶级，而且有助于广大工人劳动群众认清资本家的本来面目，提高自身的阶级觉悟，从而为社会主义运动的开展作了道德方面的理论准备。

第四章 社会主义基本特征与实现规律的相关思考

第一节 两个基本问题的说明

在对现实资本主义社会进行全面批判和科学认识的同时，拉法格论证了共产主义代替资本主义的必然性，并对未来共产主义社会的基本特征及其实现途径进行了思考和论述，从而形成了自己关于“什么是社会主义”的认识。为了避免逻辑混乱，同时尽可能还原拉法格社会主义观的本来面目，在此首先对两个基本问题进行简要说明。

一、“社会主义”、“共产主义”概念的理解与使用

在当代马克思主义和中国特色社会主义的语境中，当“社会主义”与“共产主义”这两个概念同时出现时，往往会被放在社会形态的范畴中进行描述：两者属于同一社会形态，其区别就在于成熟程度的不同；其中，后者是人类社会经过不断发展而最终必然到达的社会状态，其最终目的是实现人的自由而全面的发展；而前者则是走向共产主义的必经阶段，其本质在于通过不断解放和发展生产力来持续提高社会保障和公民福利，逐步实现共同富裕和社会和谐。然而，如果简单套用今天的概念界定来梳理拉法格的社会主义思想，势必

造成一些理解上的障碍。为此，我们有必要对“社会主义”、“共产主义”两个概念的理解和使用语境进行还原。

众所周知，“社会主义”（Socialism）和“共产主义”（Communism）两个词都是19世纪二三十年代才开始在西欧英、法等国广为流行的新思潮、新术语。从词源上看，“社会主义”一词源于古代拉丁文socialis，原意为“同伴”、“善于社交”等。18世纪德国、意大利等国出现此词时，它指的是人的社会性，到19世纪二三十年代，以法国的圣西门派和英国的欧文派为代表的空想社会主义者开始使用“社会主义”一词来指称他们所向往的一种与资本主义大不一样的新社会思潮和新社会制度。“共产主义”一词源于古代拉丁文communis，意为“公共”，因此又可译为“公共主义”。19世纪30年代，法国的工人秘密团体开始把“共产主义”一词用作他们要努力争取的在废除资本主义之后实现的理想社会的目标。起初，“社会主义”主要在有产阶级知识分子当中流传，“共产主义”更多地在工人当中盛行。到19世纪60年代以后，随着马克思主义的进一步传播和社会主义、共产主义影响的进一步扩大，“社会主义”与“共产主义”两个词已经通用，都用以指要改变资本主义私有制、建立高于资本主义的公有制的新社会制度、新社会形态①。

马克思主义的创始人对“社会主义”、“共产主义”两词的理解和使用经历了一个变化过程。马克思最早提到这两个光辉词汇是在1842年10月15日所写的《共产主义和奥格斯堡〈总汇报〉》一文中，那时他并未将社会主义、共产主义区分开，而是将两者视为同义语。但随后的1843—1844年，他把社会主义看成比共产主义更高的理想社会，认为社会主义是要通过生产力的发展和人的全面发展使整个社会达到个人、人类社会与自然界三位一体的和谐的最高境界，而共产主义则主要是扬弃私有财产，消灭人的劳动异化，实现生产资料公有制，使人真正占有自己全面的本质，因此后者是前者的必要准备。恩

① 参见高放主编：《科学社会主义的理论与实践》，中国人民大学出版社2005年版，第7页。

格斯最初使用上述二词是在 1843 年所写的《伦敦来信》和《大陆上社会改革运动的进展》等文章中。不同于马克思,当时他不仅已经确认共产主义比社会主义更重要、更激进、更有哲学基础,而且已经提出建立共产党、为实现共产主义而奋斗的任务①。不久之后,马、恩显然在这一点上达成了共识,他们不再把社会主义社会而是把共产主义社会看作人类社会发展的目标——这在两人合著的《神圣家族》(1845)和《德意志意识形态》(1846)中均得以充分体现。然而没过几年,从 19 世纪 50 年代起,马、恩再次将社会主义与共产主义视为同义语,同时把自己创立的理论称为社会主义。究其原因,主要是由于当时各种社会主义思潮在广大工人阶级、人民群众中影响越来越大,在此背景下只有把两者作为同义语才更有利于开展工作,争取广大群众。由马克思恩格斯最终选择用“社会主义”一词来凝聚人心这一事实不难看出,在马克思主义创始人的视野里,“社会主义”一词的外延显然要大于“共产主义”,它既可涵盖作为奋斗目标的“共产主义”,同时也可涵盖与这一目标相关的思想与实践。同时值得注意的是,为了把自己的社会主义思想同空想社会主义和各种形形色色的冒牌社会主义区别开来,马克思、恩格斯在 1873 1874 年以后将自己的学说称为“科学社会主义”②,以表明与空想社会主义从个人思想感情和道德观念出发有所不同,他们是从客观实际出发来界定社会主义,从而真正把社会主义当作科学来看待。

上述回顾显然可以为我们梳理拉法格的社会主义观带来启发:其一,作为与马、恩差不多生活在同一时代的马克思主义理论家,拉法格对一些基本概念

---

① 参见高放:《也谈马克思主义经典著作中未来社会名称的历史演变》,《理论视野》1999 年第 6 期,第 47 页。

② 注:科学社会主义又有广义和狭义之分。广义的科学社会主义是马克思主义的同义语。由于马恩将社会主义乃至共产主义的实现作为自己的毕生追求,并以此为核心来建构自己的理论框架,因此部分人直接用“科学社会主义”一词来指代马克思主义。狭义的科学社会主义则仅是指作为马克思主义核心内容之一的社会主义理论,它与马克思主义哲学、马克思主义政治经济学等共同构成了马克思主义的理论体系。本文此处应取其广义。

的使用不可能全然超脱当时的语境，因此尽管“社会主义”、“共产主义”两个概念在拉法格的论著中均出现得十分频繁，但如果要探究其这方面的思想并对之进行较为全面地概括，使用外延更为宽泛的“社会主义”一词显然更为合适。其二，鉴于拉法格一生中对马克思主义立场的不懈坚持，同时也鉴于他在马克思主义理论的传播和发展方面所作出的有益贡献，其社会主义思想在学说体系上显然属于马、恩所创立的科学社会主义理论体系的范畴，因此本文在描述拉法格思想时所使用的“社会主义”一词在内涵上可以视同于“科学社会主义”。基于上述理解，在本章后面两部分的论述中，涉及拉法格思想的整体性、全面性概括时，将使用“社会主义”一词；而为了有所区别，在具体谈到作为价值理想或价值目标的社会主义时，将使用“共产主义”来进行表述。

二、拉法格社会主义观的两大层次

社会主义包含着十分丰富的内容，我们可以从多重视角对其进行考察，如作为价值目标和理想的社会主义，作为运动与革命的社会主义，作为道路选择和制度建设的社会主义，以及一国特色的社会主义建设实践，等等。那么，拉法格对“什么是社会主义”的关注主要集中在哪些层次呢？这需要结合当时的具体背景以及拉法格本人对“社会主义”概念的认知来进行理解。

从拉法格所生活的时代来看，社会主义当时已然经历了两大转变：一是社会主义理论由空想到科学的转变；二是科学社会主义由理论到实践的转变。其中，前一转变是在马、恩的推动下发生的。恩格斯指出：“为了使社会主义变为科学，就必须首先把它置于现实的基础之上。”①为此，马克思和恩格斯以19世纪欧洲的先进文化为依托，创立了唯物史观和剩余价值学说，分别从不同的角度对当时已经充分展开了的资本主义社会的生产方式、社会结构和阶级关系进行了科学的概括和总结，揭示了人类社会历史发展的客观规律和资

① 《马克思恩格斯文集》第3卷，人民出版社2009年版，第537页。

本主义社会经济运动的特殊规律,从而把社会主义理论建立在严密的科学论证和现实的基础之上,使之最终完成了从空想到科学的飞跃。在这一层次上,马、恩着重阐述的是作为理论和价值目标的社会主义,主要包括对社会主义代替资本主义的必然性、无产阶级的历史使命以及社会主义价值目标的分析等。其中,在谈及未来共产主义社会的基本特征时,他们强调,它将是一个"自由人联合体",人们将在这个"联合体"内"用公共的生产资料进行劳动,并且自觉地把他们许多个人劳动力当作一个社会劳动力来使用",进而实现每个人全面而自由的发展①——到目前为止,这一关于未来社会的原则性论述仍被许多人当作认识"什么是社会主义"的重要指导思想。至于科学社会主义由理论到实践的转变,可以从两个方面去理解:一是指科学社会主义创立后与资本主义世界各国工人和广大群众运动相结合,开始了由理论到社会运动的实践;二是指 1917 年俄国十月社会主义革命胜利后,科学社会主义由理论到社会制度的实践。拉法格 1911 年即已辞世,因此这一时期关于社会主义由理论到实践的转变主要是指前一方面;与此相适应,这一层次主要关注的是作为运动与革命的社会主义,重在考察科学社会主义理论对工人运动的指导,以及实现社会理想的现实路径选择等。

上述两大转变的具体内容必然会对当时包括拉法格在内的马克思主义者关注社会主义问题时的焦点选择产生影响。从拉法格自己对"社会主义"和"共产主义"概念的使用和界定上,我们不难发现上述两个层次在其思想中的投射。在拉法格的论著中,"社会主义"和"共产主义"二词经常出现,但含义却不尽相同。当他使用"共产主义"一词时,往往是用来描述与生产资料的公有制形式(拉法格又称之为"财产的集体形式")相联系的社会形态。例如,他将采取"财产的集体形式"的原始社会也称为"共产主义"。在他看来,即便是原始共产主义也要好过一切实行私有制的社会,因为在原始公社里,一切社会

① 《马克思恩格斯文集》第 5 卷,人民出版社 2009 年版,第 96 页。

成员都从事社会劳动,“他们的任何一个人都不强迫别人为自己劳动,并且也不从他手上去抢夺他所制造的一部分产品”,因此绝不会发生私有制条件下的盗窃、剥削等恶行①。当然,在更多情况下,“共产主义”一词被拉法格用来描述作为自己价值理想的社会形态,即必然代替资本主义、真正使人的个性和能力得以全面发展的那种理想社会形态;在他看来,“当共产主义成为社会的指导原则时,资本——这位主宰过去和现在的上帝——的统治便告结束”;到那时,“人不再拜倒在他用自己的双手和大脑创造出来的东西面前,他将从此站立起来,以主人翁的身份看待周围的大自然”②。与前者对目标的强调不同,“社会主义”一词在拉法格那里主要用于描述引导人们走向未来理想社会的相关指导思想及实践。例如,他将马克思的思想称作“批判社会主义”;在他看来,马克思是“社会主义运动”的理论家,无产阶级政党是“革命的社会主义者”;此外,无论是广大人民群众为反对资本主义而进行的日常经济政治斗争,还是为推翻资本主义而进行的社会革命都属于“社会主义”的范畴。总之,当拉法格提及“社会主义”一词时,重点关注的是推翻资本主义、实现共产主义的运动和革命,即实践形态的社会主义。在此意义上,社会主义就是一种革命运动,一种实现社会理想的方式或途径。由此可见,与这一时期的理论背景相适应,拉法格的社会主义观兼顾了理论与实践(或者说价值目标与实现途径)两个方面。

综上考虑,我们可以将拉法格视野里的社会主义大致分为理论目标形态和实践形态两大层次。接下来将分别从上述两大视角来考察拉法格对于“什么是社会主义”的思考和认识,其中前一层次重点梳理拉法格关于作为价值理想的社会主义产生的必然性、条件以及基本特征的认识,后一层次则主要关

---

① 《拉法格文选》(上),中央编译局国际共运史研究室编译,人民出版社1985年版,第174页。

② 《拉法格文选》(上),中央编译局国际共运史研究室编译,人民出版社1985年版,第243页。

注拉法格在实现社会理想之实践路径选择方面的看法。

第二节　关于目标形态社会主义的认识

随着社会生产力的发展,“资产阶级的关系已经太狭窄了,再容纳不了它本身所造成的财富了”①;于是,“代替那存在着阶级和阶级对立的资产阶级旧社会的,将是这样一个联合体,在那里,每个人的自由发展是一切人的自由发展的条件”②。马克思、恩格斯在《共产党宣言》中的上述分析既明确了社会主义代替资本主义的内在原因,同时也明确了社会主义的价值目标和无产阶级政党的奋斗目标。作为一个革命的社会主义者,拉法格在领导无产阶级政党以及向工人群众进行社会主义宣传的过程中,也必然面临着对奋斗目标进行诠释的任务。与此相适应,拉法格的论著中不乏关于社会主义产生的历史必然性和现实条件的分析,以及对未来共产主义社会基本特征的勾勒,等等,将这些方面概括起来就构成了拉法格关于目标形态社会主义的认识。

一、对社会主义代替资本主义历史必然性的分析

资本主义的灭亡和社会主义的胜利是同样不可避免的,人类社会最终必将实现共产主义,这是马克思、恩格斯运用唯物史观得出的科学结论。然而,随着两位革命导师先后去世,在社会主义运动中却冒出了一些机会主义、修正主义的潮流。例如,德国的伯恩斯坦在恩格斯逝世后公然提出要全面修正马克思主义,他抛出了“最终目的是微不足道的,运动就是一切”的公式,声称从资本主义到社会主义的突变式飞跃只是一种“空想”,只有走立法或合法的改

① 《马克思恩格斯文集》第2卷,人民出版社2009年版,第37页。
② 《马克思恩格斯文集》第2卷,人民出版社2009年版,第53页。

良道路才有可能“和平长入社会主义”。法国的“可能派”①也反对工人党党纲中规定的最终目标——社会主义和共产主义，主张实行逐步的合法改良，将无产阶级的活动局限在资本主义制度“可能”的范围之内。在这种改良主义思想层出不穷的背景下，拉法格的共产主义理想和信念却至死不渝。在逝世前留下的遗书中他写道：“我怀着无限欢乐的心情离开人世，深信我为之奋斗了四十五年的事业在不久的将来就会取得胜利。共产主义万岁！”②他坚信，社会主义代替资本主义绝不是空想，而是历史发展的必然进程，因为马克思没有“设计出乌托邦，而是逐步地毁掉了政治经济学的理论大厦，分析了资本主义生产的现象，研究了这些现象的起源、发展，指出它们必然导致的终点。这个终点就是共产主义”——“我们以及我们的后代的责任就是要掌握这个过程，迫使它为人类的福利和幸福服务”③。

拉法格关于社会主义必将代替资本主义的认识有着极其重要的信心之源，那就是他从马克思那里继承而来并始终坚持的唯物史观。在拉法格那里，唯物史观通常被称为“经济决定论”或“经济唯物主义”。尽管这一用语有些不准确，但其观点与庸俗经济唯物主义的观点有着原则区别，因为他不仅不否认上层建筑对经济基础的反作用，而且十分重视这种反作用，采取这种表述方式只是为了更多地强调经济基础的决定作用。他指出，按照马克思历史唯物主义的观点，人类社会的民事和政治制度、宗教、哲学体系以及文学都植根于经济环境（人为环境）里；一切社会进化和革命的基本原因只能到经济环境（人为环境）中去寻找。因此，社会主义代替资本主义的必然性也只能通过社

① 注：“可能派”是19世纪末法国工人运动中从法国工人党分裂出来的社会主义派别，以P.布鲁斯、B.马隆、A.若夫兰为代表。该派别将社会主义运动的理想目标分成若干阶段，主张应先集中力量争取眼前可能实现的某些要求，并把自己的政策称为“可能的政策”，故称“可能派”，又称布鲁斯派。

② 李兴耕：《拉法格传》，人民出版社1985年版，第236页。

③ 《拉法格文选》（下），中央编译局国际共运史研究室编译，人民出版社1985年版，第176页。

会经济环境的发展变化得以说明。拉法格概括说,“共产主义是人类社会在其中形成的第一种经济形式”①;当人类走出原始共产主义形式这个“人类社会的第一只摇篮”后,人类社会曾在生产方式各不相同的三个经济环境——奴隶制、农奴制和雇佣劳动制中成长;这些经济环境的生产方式创造了人们相互对立的利益关系并将其分为敌对的阶级,在此背景下人类社会的历史只能是一部阶级斗争的历史。而在资本主义的经济环境下,“经济现象的发展必然会导致共产主义的重建,也就是导致生产资料的社会化”②。对于这种必然性,拉法格进行了具体的分析。他指出,在现代资本主义社会里,“机器掌握着整个工业部门,既包括最原始的和最简单的,也包括最发达的和最复杂的”③。机器的普及、发展和自动化不仅使产品和资本家的利润成百倍地增加,而且也使得生产资料的社会化程度日益加强,并进而必然、不可避免地导致消费资料的社会化,然而生产资料和社会财富却仍为少数资本家所垄断。正是因为生产资料在使用上越来越社会化,而生产资料的占有方式却仍然是个体的,这就导致了两个结果:一方面,“雇佣生产者为主人创造的财富愈多,给自己制造的贫困就愈甚”④——产品和财富不断集聚在非生产者的所有主(资本家)手中,而雇佣劳动者却随着生产的增长日益陷入更加贫困的境地,从而在资本主义社会内部造就了一支强制结束资产阶级生存的无产阶级大军;另一方面,“资本主义所有主在生产中已不再起什么作用了。当工商业的共产主义体系使他们失去一切有用的职能的时候,它同时也就宣判了资本家

---

① 《拉法格文选》(上),中央编译局国际共运史研究室编译,人民出版社 1985 年版,第 174 页。

② 《拉法格文选》(上),中央编译局国际共运史研究室编译,人民出版社 1985 年版,第 363 页。

③ 《拉法格文选》(上),中央编译局国际共运史研究室编译,人民出版社 1985 年版,第 365 页。

④ 《拉法格文选》(上),中央编译局国际共运史研究室编译,人民出版社 1985 年版,第 132 页。

阶级的死刑"①。基于上述分析，拉法格认为，社会主义代替资本主义绝不是空想，而是历史的必然；"正因为大工业的机器自动地完成自己的圣职，所以，我们共产主义者才确信雇佣劳动制度，奴隶劳动的这种最后的和最坏的形式必然要灭亡"②。他自信地说："共产主义的理想以新的光辉在我们的脑子里复生。但是这个理想已经不是一种回忆，它是从现实的深处产生出来的，它是经济世界的反映。我们不是乌托邦主义者，不是梦想家，……我们是相信科学的人，我们不臆造新的社会形式，而是从资本主义的环境中引出它们来"；"我们是共产主义者，因为我们相信资本主义生产的经济力量必不可免地要把社会引向共产主义。"③

在继承和坚持唯物史观的同时，拉法格还创造性地运用唯物史观对社会主义代替资本主义的历史必然性进行了颇具特色的分析。在《财产及其起源》一文中，拉法格运用历史唯物主义观点探讨了财产的起源及其在人类社会发展各个阶段的演变，通过对所有制形式历史发展的详尽分析，他尖锐批判了资本主义社会经济制度，指出了人类的共产主义前途。结合对财产形式历史演变过程的回顾，拉法格首先揭露了关于"资本永恒"的神话，驳斥了资产阶级所宣扬的私有财产永恒性的谬论。他指出，现代社会的财产形式存在着公有形式和私有形式两种形态：前者包括古代起源和现代起源的公有财产，后者包括个人用品的财产、劳动用品的财产以及资本财产等多种形式，它们很少停留在一种固定的形式里，而是处于不断变革之中。在这些财产形式中，作为现代社会典型财产形式的资本并非像资本主义制度的辩护士所竭力散布的那样从"创世"之时起即已存在，事实上直到 18 世纪它才开始相对于封建财产

① 《拉法格文选》(上)，中央编译局国际共运史研究室编译，人民出版社 1985 年版，第 377 页。

② 《拉法格文选》(上)，中央编译局国际共运史研究室编译，人民出版社 1985 年版，第 365 页。

③ 《拉法格文选》(下)，中央编译局国际共运史研究室编译，人民出版社 1985 年版，第 70 页。

形式取得优势。资本形式出现较晚这一现象充分说明，"所有制形式不是静止的、不变的，而是像一切物质的和精神的现象一样是在发展和经历着各种不同的形式，由一种形式产生另一种形式"①。因此，那些关于财产形式总停滞不变，它在取得资本形式之前没有经过任何其他形式的说法是毫无根据的，资本形式只不过是"私有财产的最完全的，也可说是最后的形式的发展"，它注定要被消灭并为新的形式所代替。为了充分说明资本形式灭亡的必然性，拉法格特别对资本主义商业、工业、农业、金融业等各种财产关系的起源及其发展后果进行了详细考察。在他看来，资本主义的工厂生产、农业经济、商业和金融之所以能形成和发展，就在于其消灭了私有财产原本具有的鲜明的个人性，将其从个人性质的财产变成了非个人性质的财产，建立起资本主义的集产制。在这种财产形式下，作为财产占有者的资本主义企业的股东或证券持有者完全脱离了自己的财产，与之毫不相干，他们没有直接使用而且也不能使用自己的财产，但却可以毫不费力气地从财产上取得他所使用的收入，从而将自己变成了真正的寄生者。"资本主义所有主在生产中已不再起什么作用了。当工商业的共产主义体系使他们失去一切有用的职能的时候，它同时也就宣判了资本家阶级的死刑。贵族阶级的命运正在等待着他们。"②正是在上述分析的基础上，拉法格得出了自己的结论："复活了集产制的资本主义文明必然会把人类引向共产主义。"③他总结说，当资本主义的文明消灭了财产的私人形式之后，就为共产主义的产生准备了因素；那些由资本主义本身所创造、联合和组织起来的无产阶级将通过经济政治斗争夺取国家政权，然后"结束资本主义的掠夺并将那集中起来的生产工具已采用的共产主义形式推广于全社

① 《拉法格文选》(下)，中央编译局国际共运史研究室编译，人民出版社 1985 年版，第 74 页。

② 《拉法格文选》(上)，中央编译局国际共运史研究室编译，人民出版社 1985 年版，第 377 页。

③ 《拉法格文选》(下)，中央编译局国际共运史研究室编译，人民出版社 1985 年版，第 143 页。

会”；这样，“从史前时期的简单的和粗糙的共产主义发展起来的人类社会将回到复杂的、科学的共产主义”①。

二、对社会主义产生现实条件的分析

马克思主义认为，社会主义代替资本主义是一个自然的历史过程；“无论哪一个社会形态，在它所容纳的全部生产力发挥出来以前，是决不会灭亡的；而新的更高的生产关系，在它的物质存在条件在旧社会的胎胞里成熟以前，是决不会出现的”②。这一认识说明，社会主义孕育于现实资本主义之中，资本主义自身的不断发展会为向社会主义转变准备必要的条件。对此，拉法格已充分意识到并进行了精辟概括。他一方面强调：“共产主义只有在人类的进化中达到可以满足人类的一切正常的肉体和精神需要之时才能出现”③；另一方面指出：“（资本主义）文明的影响是双重的：一方面它在破坏；另一方面它又在建设。所以，当它击毁蒙昧时期和野蛮时期共产主义制度之时，它又在创造新的共产主义的因素。”④因此，在运用历史唯物主义论证社会主义代替资本主义必然性的同时，他又对现实资本主义的发展为社会主义准备的条件进行了考察。

首先，拉法格指出，资本主义的发展为实现共产主义准备了必要的经济前提和物质条件。在他看来，尽管莫尔、傅立叶、欧文等伟大的社会主义思想家所构筑的乌托邦十分令人神往，尽管劳苦大众有着实现社会理想的巨大革命毅力，但“共产主义仍然是没有实现的理想”，其根本原因就在于“还不曾具备

---

① 《拉法格文选》（下），中央编译局国际共运史研究室编译，人民出版社1985年版，第143—144页。

② 《马克思恩格斯文集》第2卷，人民出版社2009年版，第592页。

③ 《拉法格文选》（下），中央编译局国际共运史研究室编译，人民出版社1985年版，第146页。

④ 《拉法格文选》（下），中央编译局国际共运史研究室编译，人民出版社1985年版，第105页。

能够使之实现的经济前提”①。但是,随着资本主义生产力和资产阶级统治的发展,这种经济前提已经逐步得以确立,“共产主义以隐蔽的形式存在于经济生活的深处,只等在劫难逃的革命的时刻一到,便要出现于社会舞台”②。拉法格这里所说的实现共产主义的“经济前提”主要是指生产资料的集体占有以及生产和交换的社会化。他认为,“只有当生产者阶级破除了生产资料的个体占有,并以集体占有或社会占有来代替它的时候,生产者阶级才能不分性别和种族获得自由,亦即掌握自己的命运并掌握现有的一切以及自己创造出来的一切”③。而这种财产的集体所有形式正在资本主义社会里得以孕育,因为资本主义机器大工业的发展正日益排斥财产的个体占有方式,同时在资本主义社会内部建立起集体所有制的高级形式。与此同时,资本主义经济的发展既使得生产资料和交换资料的社会化日益加强,同时也不可避免地会导致消费资料的社会化。在资本主义发展的早期,生产资料的规模不大,很简单,这时它可以属于个体生产者,由其直接用来进行生产;但随着生产资料规模的扩大以及日趋复杂,要求有组织的工人的集体协作,它就逐渐丧失了原始形式而具有社会的或共产主义的形式。与生产的社会化相适应,交换过程的社会化程度也在不断提高。各种商品被集中在一起销售,它们在同一资本的管理下“社会化”了;而为了服务于社会化的生产和交换,资本也不断被集中和积聚起来,形成了数以亿计社会化的巨额财富。这种社会化过程是“经济现象发展的必然的和不可避免的结果”;“它的完成不以人们的意志为转移,……什么也不能停止这个进化的进程,什么也不能阻止它所要达到的最后的结

① 《拉法格文选》(上),中央编译局国际共运史研究室编译,人民出版社1985年版,第33页。

② 《拉法格文选》(下),中央编译局国际共运史研究室编译,人民出版社1985年版,第149页。

③ 《拉法格文选》(上),中央编译局国际共运史研究室编译,人民出版社1985年版,第132页。

果。”①正是在生产和交换的社会化程度不断提高的背景下，资本主义实现了劳动生产率的巨大增长，从而在客观上不自觉地为一个更高级的生产方式准备了必要的物质技术条件。

其次，资本主义生产方式的发展孕育和锻炼了实现消灭资本主义和建立社会主义历史使命的社会力量。拉法格描述说：“通过自由发展最新的生产力，资产阶级不仅改造了在它产生时期占统治地位的那些社会条件，而且在资本主义社会内部造就了一支强制结束资产阶级生存的无产阶级大军”②；“这个阶级在死亡的威逼下，必然要强行突破孕育它的社会外壳——即劳动工具为单个资本家或合伙资本家占有的社会的外壳”③。他指出，工人阶级是资产阶级无能统治的受害者；它肩负着社会劳动的重担，同时也承受着一切不幸。在资本主义工业生产中，所有工人每天被关在工业“监狱”里长达 10—14 小时，但持续的、令人厌倦的、侮辱性的劳动却并不能保证他们最低限度的生活资料；与此同时，他们还会因周期性爆发的经济危机而面临可怕的失业，连一点微薄的工资也挣不到。拉法格悲愤地说：“再也没有什么能比大工业中的工人的生活更靠不住的了，再也没有什么能比他们的生活更悲惨的了；资产阶级监狱里的生活比起工人的生活来就成了黄金国里的生活”；“这种毫无保障的贫困生活总有一天会使无产阶级成为社会中曾经存在过的最革命的阶级”④。此外，作为与社会化大生产联系最紧密的阶级，工人阶级是先进生产力的代表，掌握着实际生产的组织、管理以及指挥权，是现代生产不可或缺的因素；它“随着生产工具的集中而集中起来”，在社会化大生产实践中锻炼形

① 《拉法格文选》（上），中央编译局国际共运史研究室编译，人民出版社 1985 年版，第 368 页。

② 《拉法格文选》（上），中央编译局国际共运史研究室编译，人民出版社 1985 年版，第 46 页。

③ 《拉法格文选》（上），中央编译局国际共运史研究室编译，人民出版社 1985 年版，第 34 页。

④ 《拉法格文选》（上），中央编译局国际共运史研究室编译，人民出版社 1985 年版，第 47—49 页。

成了高度的组织性和纪律性,从而便于"组织起来进行经济的和政治的斗争";它"不知不觉地准备去接受社会主义宣传家所带给他们的共产主义的思想",并在与资产阶级的阶级斗争中提高觉悟,日益自觉地意识到自己的历史使命①。就这样,"资本家阶级不仅为了本身的利益实现了生产资料的高度集中,而且也创造了将从资本家阶级那里夺取这些生产资料的无产阶级"②,从而为自身准备好了掘墓人。

最后,拉法格认为,资本主义的发展还为实现共产主义准备了精神因素。一方面,资本主义的发展为建立生产资料公有制(集体所有制)做好了精神方面的准备。马克思在1880年亲自起草的《法国工人党纲领导言》中指出,生产者占有生产资料只有个体占有和集体占有两种方式;其中,前者已日益为工业进步所排斥,而就后者而言,"资本主义社会本身的发展为这种形式创造了物质的和精神的因素"③。对于这里提到的"精神因素",拉法格专门进行了解释。他指出,在资本主义现代化生产过程中,每个劳动者都成了机械化工场中的一个"自动化程度不等和重要程度不同的齿轮",只有相互协作才能进行生产——这种维持现代化生产所必需的"集体劳动或共同劳动的必要性"以及"各劳动者之间的互相依存"构成了财产的集体占有方式首要的精神因素。与此同时,现代化生产还使得生产力的指挥权或管理权转到了无产阶级手里。不同于体力劳动者,这部分具有较高科学知识水平的无产阶级为生产提供了精神因素(智力因素),从而也就相应地为财产的集体化或社会化做好了知识储备。另一方面,资本主义的发展也为唤醒工农劳动群众做好了思想上的准备。拉法格认为,在资本主义管理之下组织起来的机器生产已经逐步"从无产阶级的头脑里把一切个体财产的思想都赶跑,而使之具有公有财产的观

---

① 《拉法格文选》(下),中央编译局国际共运史研究室编译,人民出版社1985年版,第144页。

② 《拉法格文选》(上),中央编译局国际共运史研究室编译,人民出版社1985年版,第306页。

③ 《马克思恩格斯文集》第3卷,人民出版社2009年版,第568页。

念”，从而为实现共产主义完成了思想上（精神上）的革命；对于那些共产主义的宣传者而言，他们并没有把这些思想从外面带给工人群众，他们所做的“只是从那戏弄和折磨工人的经济现象中引出这些思想”，唤醒“早就以隐蔽的状态存在雇佣工人的头脑里面”的共产主义观念并使它实现而已。① 他同时指出，除了准备共产主义思想之外，资本主义和资产阶级还提供了传播这些思想的便利条件和具体手段。例如，资本主义生产的社会化将原先分散在各乡村独立生活的工人集中到工业城市中，并促进了其劳动的联合；几乎所有的资本主义国家都不得不承认普选权；等等。这些情况无疑将使无产阶级群众更易于接受共产主义的鼓动，同时也更便于其从政治上组织起来和准备即将到来的革命行动。总之，资本主义经济的发展及其内在的不可调和的矛盾将自然而然地促使无产阶级群众头脑中“产生出共产主义思想的萌芽”，使“他们为接受社会主义的鼓动做好准备”，同时“利用选举权和夺取市镇和全国的政权”，最终“实现资本家阶级的个人主义的财产向全民族的公有财产的过渡”②。

三、关于共产主义社会基本特征的认识

在揭示资本主义必然灭亡、社会主义必然胜利的历史规律以及分析实现共产主义的现实条件的同时，拉法格还对未来共产主义社会的基本特征进行了原则性的论述。与从资本主义现实中去探寻实现共产主义可能性的思路一样，拉法格对未来理想社会特征的把握也是建立在现实性批判的基础之上。

首先，拉法格认为，作为与资本主义相对立的社会形态，共产主义社会将建立同社会化生产相适应的生产资料和消费资料的公有制。他反复强调，正

① 《拉法格文选》（上），中央编译局国际共运史研究室编译，人民出版社 1985 年版，第 379 页。

② 《拉法格文选》（上），中央编译局国际共运史研究室编译，人民出版社 1985 年版，第 381 页。

是社会化的生产与资本主义私人占有之间的矛盾造成了社会的诸多不协调和矛盾;全部体力劳动者和脑力劳动者所创造的一切财富都不为他们自己所掌握,唯一的原因在于他们不占有由他们集体使用的生产资料;而“只要劳动者不占有生产资料(土地、工厂、船舶、银行等等),不管在任何制度下,所有进步都会反过来损害劳动者”①。因此,劳动群众必须在无产阶级政党的领导下用革命手段从政治上和经济上剥夺资本家阶级,把从资产阶级那里夺取过来的生产资料交给集体或国家占有。这样一来,生产资料在共产主义社会里将成为全社会的财产,人民会把它交给有组织的工人来进行生产;“这时不再需要那些为了特权者集团的利益而监督工人工作的官吏,那时将只有联合起来的劳动者,他们每人都担负自己的任务而且知道他们的劳动果实将属于他们全体”②。与此同时,共产主义社会里不仅生产资料实行公有制,在拉法格看来消费资料也会全面公有化。他描述说,在共产主义社会里,“住宅是共同的,饮食是共同的,儿童也是受到共同的教育。公共学校里的儿童也是共同地用公社的钱来教育;哪里有社会主义的市政机关,那里的儿童就共同地靠公社来养育”③。显然,这些关于共产主义所有制形式的认识有些空想,而且其中有些方面与马克思的思想也有所不同。马克思认为,无产阶级在消灭资本主义私有制以后,将建立以生产资料的共同占有制为基础的生活资料的个人所有制。恩格斯在解释马克思的这一思想时也曾指出:“社会所有制涉及土地和其他生产资料,个人所有制涉及产品,那就是涉及消费品。”④

其次,共产主义社会将采取不同于资本主义的分配方式。拉法格指出,在

---

① 《拉法格文选》(上),中央编译局国际共运史研究室编译,人民出版社 1985 年版,第 132 页。

② 《拉法格文选》(上),中央编译局国际共运史研究室编译,人民出版社 1985 年版,第 386 页。

③ 《拉法格文选》(下),中央编译局国际共运史研究室编译,人民出版社 1985 年版,第 148 页。

④ 《马克思恩格斯文集》第 9 卷,人民出版社 2009 年版,第 138 页。

资本主义私有制条件下，资本家可以凭借自己的所有权无偿占有由雇佣工人创造的全部剩余价值，其利润随着机器大工业的发展而成百倍地增加；与此相反，雇佣工人所生产的和他们可以消费的之间的差距却越来越大，他们的工资只够维持生计，他们生产的产品越多，就越是无法买回自己的那一部分产品。而在实行生产资料公有制的共产主义社会里，供求规律将不复存在，因为"产品将不是按照需求的购买手段，而是按照产品的需求和丰富情况进行分配"①；到那时，一切劳动产品除去维持社会所必要的之外，都属于劳动群众的财产，"工人将不再领取工资和个人收入，而是平均地享用所有的社会财富"②。拉法格同时注意到，在实行这种按需分配的共产主义社会之前，还必须经历一个过渡时期。在过渡时期里，还不得不保存货币形式的工资，并且根据向社会提供的效劳以及所作的努力确定工资额；同时将建立由工人组成的委员会，以确保产品得以公平地分配。他自信地说："我们认为，工人们将比任何一个国家官吏能够更好地在相互之间分配劳动时间和经营所得的收入。"③尽管拉法格关于共产主义分配方式的描述有些理想化，但应当承认，他按照共产主义社会的阶段性特征来明确其分配方式是具有合理性的。这在一定程度上体现了马克思在共产主义社会消费资料分配问题的思想，即共产主义社会对生活资料的分配方式"会随着社会生产机体本身的特殊方式和随着生产者的相应的历史发展程度而改变"④。

再次，在共产主义社会里，将由社会中心通过计划来管理和调节生产。马克思认为，人们能够自觉地认识和掌握客观规律，并用合理的计划经济代替价

① 《拉法格文选》（上），中央编译局国际共运史研究室编译，人民出版社 1985 年版，第 149 页。

② 《拉法格文选》（上），中央编译局国际共运史研究室编译，人民出版社 1985 年版，第 260 页。

③ 《拉法格文选》（上），中央编译局国际共运史研究室编译，人民出版社 1985 年版，第 261 页。

④ 《马克思恩格斯文集》第 5 卷，人民出版社 2009 年版，第 96 页。

值规律的自发作用。拉法格也有这方面的思想。他指出,资本主义生产具有无政府性质,这种无秩序的生产状态总会周期性地引发震撼整个社会的经济危机,造成大批人破产,使工人陷入可怕的饥饿之中,最后以生产资料和产品被大量侵吞而告终。相反,"在我们的理想社会里,为完全满足所有人的消费所必需的劳动量可以预先规定好";"这全部工作将在有劳动能力的全体社会成员之间进行分配并给每一个人规定一定数量的、必要的劳动时间,以便使每个人都有可能自由地享受共同劳动所生产出来的财富。"①他同时指出,"用全民的管理来代替资本主义的管理可以毫不费力地和无须破坏生产程序就能实现"②。在资本主义生产过程中,无产阶级既提供了生产的体力因素,也提供了生产的精神因素,资本主义工业的整个"指挥班子"和"生产班子"实质上都是从广大雇佣劳动者中招募而来的;因此,到共产主义社会,当整个产业主被消灭、其财产实现集体化或社会化的时候,生产中的一切脑力劳动和体力劳动的职能会自然而然地继续由劳动者来充当。总之,共产主义的经济管理和资本主义经济管理的区别只在于财产的性质不同,而不在于管理方法和管理内容,"全部变革集中于一点,就是把那被游手好闲者侵吞了的利息拿过来转而用于增进生产者的福利就行了"③。

最后,共产主义社会将消灭劳动分工和阶级差别,真正实现社会成员的自由和平等,从而使人能全面地不受阻碍地发展自己的个性。拉法格指出,共产主义必须以阶级的消灭和所有社会成员不分男女一律平等为前提;"在共产主义社会里将没有特权的阶级。那里只有劳动者,享有平等权利和平等义务的人们。因此那里不需要国家,因为在这里没有需要保护的阶级,而每一个人

① 《拉法格文选》(上),中央编译局国际共运史研究室编译,人民出版社1985年版,第386—387页。

② 《拉法格文选》(下),中央编译局国际共运史研究室编译,人民出版社1985年版,第145页。

③ 《拉法格文选》(下),中央编译局国际共运史研究室编译,人民出版社1985年版,第145页。

应当都会保护自己,因为一切人都是平等的……但在资本主义社会里不仅特权阶级损害劳动阶级,而且这个阶级的每个成员也在互相损害"①。在他看来,男女不平等和阶级分化的根源在于劳动分工,因此当劳动分工还存在的时候,具备上述前提的共产主义是无法实现的;而机器的出现将逐渐消灭劳动分工、实现男女平等,它将侵入生产活动的一切部门并将其转化为机械工厂,到那时将只有一种普遍的职业——当机械师的职业,从而给劳动者的体力和智力发展带来极大的益处。这一设想明显又带有一些空想的成分。共产主义社会可以消灭阶级划分,也可以提高妇女地位,但是消灭分工使成千上万种职业简化为机械师一种职业,显而易见是不现实的。随着生产资料公有制的建立和阶级差别的消失,共产主义将成为社会的指导原则;到那时,"人不再拜倒在他用自己的双手和大脑创造出来的东西面前,他将从此站立起来,以主人翁的身份看待周围的大自然"②;同时,人类的个性会得到全面而自由地发展,他们将找到自己失去的幸福,战胜尚未受到约束的经济力量,使自己的"优美的和高贵的品质"达到"尽善尽美的境地"③。

除了上述经济特征方面的设想之外,拉法格还对未来社会的政治特征及国际化趋势进行了描述。他认为,由于生产资料公有制的建立,政治的、社会的领域也将发生根本变化,不分性别、职业的真正的普选制将会建立起来,并成为公共权力的唯一源泉;原始共产主义社会曾经存在过的那种所有公民真正平等自由的制度将会在更高级的形式上得以恢复。他还指出,共产主义只能是国际的并且还会扩大到包括人类家庭的一切成员。这是因为,"资本没有祖国;哪里有利可图,它就投向哪里;它不分人种和民族的差别剥削一切生

① 《拉法格文选》(上),中央编译局国际共运史研究室编译,人民出版社 1985 年版,第 384 页。

② 《拉法格文选》(上),中央编译局国际共运史研究室编译,人民出版社 1985 年版,第 243 页。

③ 《拉法格文选》(下),中央编译局国际共运史研究室编译,人民出版社 1985 年版,第 148 页。

产者;在工业、商业和金融企业中它把他们集结起来,混合起来和联合起来。哪里它扎了根,那里就建立起同样的文化,同样的风俗和同样的习惯"①。就这样,资本主义的发展在工人心中培育了同样的反抗渴望,从而将其联合成为统一的国际的无产阶级,他们到处组织起来和行动起来,时刻准备夺取国家政权,最终必然使每个无产者都能在同一个太阳下占有应有的位置。总之,"国际的共产主义,像母腹之内的婴儿,在现代社会里成长和运动。经济的和政治的事变(其到来的时机是不可预料的),将打破那隐藏它和束缚它的资本主义外壳,于是它就降生下地并作为一种必然的社会形式确立起来"②。

第三节 关于社会主义实现规律的认识

社会主义不仅是一个理论的问题,它更是一个实践的问题。19 世纪 40 年代以后,随着工人阶级斗争意识的不断加强以及马克思主义的创立和发展,社会主义运动开始风云激荡,高潮迭起。社会主义运动的发展必然会产生革命的要求,因为只有既"同传统的所有制关系实行最彻底的的决裂",实现社会制度的根本性变革,又"同传统的观念实行最彻底的决裂",才有可能实现无产阶级的彻底解放③。在作为运动和革命的实践形态社会主义方面,我们将重点考察一下拉法格对于社会主义实现途径及规律的思考和认识。

一、阶级斗争理论:拉法格认识社会主义实现规律的基础

既然资本主义向社会主义的转化是历史的必然,那么通过何种途径才能推进或加速这一转化过程?作为马克思衣钵的忠实传承者,同时也囿于特定

① 《拉法格文选》(下),中央编译局国际共运史研究室编译,人民出版社 1985 年版,第 148 页。

② 《拉法格文选》(下),中央编译局国际共运史研究室编译,人民出版社 1985 年版,第 148 页。

③ 《马克思恩格斯文集》第 2 卷,人民出版社 2009 年版,第 52 页。

时代环境的影响，拉法格始终坚持只有社会革命才是最终实现社会主义的现实途径。在他看来，“人类社会只有用炸毁对它已变得过分狭隘的经济形式的方法才能发展”①；因此，无产阶级唯一的出路，就是用革命暴力的手段来破坏和打碎包着它的硬壳——资本主义社会形式；只有这样，无产阶级才能获得解放。与上述认识相适应，拉法格一生都在坚持和宣传马克思主义关于无产阶级革命的理论原则，并在法国工人党的各次代表大会以及国际社会主义工人代表大会上不断谴责改良主义者提出的所谓“市政改革”和“和平进入社会主义”的幻想，强调无产阶级社会主义革命和暴力夺取政权的必然性。当然，对无产阶级革命的坚持并不意味着拉法格主张彻底放弃现实生活中的和平斗争。他指出，在资本主义国家里利用一切机会发动和平的政治斗争是组织工人阶级和宣传社会主义思想的最好手段，同时也是“准备工人阶级去进行社会革命的最好手段”②；为此，在所处时期较为安定和相对自由的背景下，革命社会党人应当把工人阶级发动和组织起来，通过日常斗争、市政斗争、立法斗争来准备工人去进行消灭阶级统治和社会对抗的社会革命。

拉法格将革命作为实现社会主义最终途径的原因，主要在于他对马克思阶级分析法和阶级斗争理论的忠实继承。为了更好地理解拉法格的分析思路，我们有必要首先简要回顾一下马克思的阶级和阶级斗争理论。奥地利经济学家约瑟夫·熊彼特（1883—1950）指出，阶级理论是马克思“思想枢纽之一的东西”③。这一看法较正确地反映了阶级理论在马克思学说体系和理论分析框架中的地位。马克思恩格斯就曾强调说：“将近 40 年来，我们一贯强调阶级斗争，认为它是历史的直接动力，特别是一贯强调资产阶级和无产阶级

① 《拉法格文选》（上），中央编译局国际共运史研究室编译，人民出版社 1985 年版，第 151 页。

② 《拉法格文选》（上），中央编译局国际共运史研究室编译，人民出版社 1985 年版，第 51 页。

③ ［美］约瑟夫·熊彼特：《资本主义、社会主义和民主主义》，吴良健译，商务印书馆 1999 年版，第 57 页。

之间的阶级斗争,认为它是现代社会变革的巨大杠杆。”①正是通过其阶级理论和社会哲学理论的结合,马克思以阶级斗争作为整个社会进步的直接动力和主线,从对阶级的经济解释入手逐步上升到政治分析,最终以此为基础,科学地预见和描述了人类社会的未来。概括起来,马克思的阶级和阶级斗争理论的内容主要包括以下几个方面。

(1)阶级是特定社会经济政治条件的产物,它的存在仅仅与生产发展的一定历史阶段相联系,是在生产力有了一定的发展但还不够充分发展这样一个历史阶段上所特有的社会现象。在生产力水平低下的原始社会里,并不存在阶级分化。然而随着生产力和社会分工的发展,“私人关系必然地、不可避免地会发展为阶级关系,并作为这样的关系固定下来”②。

(2)阶级斗争在阶级社会里是客观存在的必然现象。它是经济利益根本冲突的对抗阶级之间的斗争,并围绕各阶级的经济利益而进行。阶级矛盾和阶级斗争的深刻根源存在于社会基本矛盾之中;由于社会基本矛盾在阶级社会里必然通过阶级斗争表现出来,因而阶级斗争贯穿于阶级社会的整个发展过程和社会生活的各个领域。

(3)阶级斗争是阶级社会发展的直接动力,自原始社会解体以来的几千年的人类文明史实际上就是一部阶级斗争的发展史。“至今的一切社会的历史都是在阶级对立中运动的,而这种对立在不同的时代具有不同的形式。”③阶级斗争对历史的推动作用突出表现在社会形态更替的质变过程中。由于统治阶级总是要利用掌握的一切权力来维护腐朽的生产关系和社会制度,这就必须通过革命阶级的阶级斗争,实现社会形态的革命变革,为生产力的发展开辟道路。社会革命是阶级斗争的最高形式,同时也是阶级社会发展和社会形态更替的决定性环节;离开了阶级斗争和社会革命,就不可能实现由低一级社

---

① 《马克思恩格斯文集》第 3 卷,人民出版社 2009 年版,第 484 页。
② 《马克思恩格斯全集》第 3 卷,人民出版社 2016 年版,第 513 页。
③ 《马克思恩格斯文集》第 2 卷,人民出版社 2009 年版,第 51 页。

会形态向高一级社会形态的过渡。此外,阶级斗争在阶级社会发展中的作用也表现在同一社会形态内部发展的量变过程中。

(4)无产阶级社会革命和无产阶级民主专政是无产阶级获得解放的根本道路。马克思认为,在现代资本主义社会里,资产阶级和无产阶级之间的阶级斗争构成了社会发展的主线;而资本主义的灭亡必须通过无产阶级反对资产阶级的阶级斗争才能实现。与过去一切旧的革命不同,无产阶级的社会革命是"绝大多数人的,为绝大多数人谋利益的独立的运动"①。无产阶级通过革命使自己成为统治阶级,建立无产阶级民主专政,并以统治阶级的资格用暴力消灭旧的生产关系,与此同时,也就消灭了阶级对立和阶级本身存在的条件,消灭了它自己这个阶级的统治。"代替那存在着阶级和阶级对立的资产阶级旧社会的,将是这样一个联合体,在那里,每个人的自由发展是一切人的自由发展的条件。"②

由上可见,马克思的阶级理论显然不仅仅是对世界的解释,更重要的是对改造世界的方法和目标的探寻,以及对肩负改造旧世界、创立新世界这一历史性使命的无产阶级进行理论武装和政治启蒙。拉法格充分认识到了马克思阶级斗争理论的重要性及其意义所在。他指出,马克思的阶级斗争理论是其运用历史唯物主义方法分析和解释历史的结果;资产阶级历史学家和哲学家"认为马克思的方法是魔鬼的邪恶产物,正因为它引导着马克思去发现了阶级斗争这个历史的强大动力的理论"③。尽管拉法格没有提出什么新的基本原理来丰富马克思的阶级斗争理论,但他一如既往地根据自己的理解对这一理论加以解释和宣传,同时又富有才能、机智灵活地运用阶级分析方法来分析总结人类社会发展内在的一般规律,并在深入透视现代社会阶级矛盾的基础

---

① 《马克思恩格斯文集》第2卷,人民出版社2009年版,第42页。

② 《马克思恩格斯文集》第2卷,人民出版社2009年版,第53页。

③ 《拉法格文选》(下),中央编译局国际共运史研究室编译,人民出版社1985年版,第297页。

上得出了自己关于社会主义实现途径的认识。

拉法格正确地认识到，阶级不是从来就有的，在原始共产主义社会里并不存在如此尖锐的利益冲突和阶级对抗。作为特定社会经济环境的产物，"阶级的划分是社会生产不很发展的命定的后果。凡是在社会劳动只能提供勉强超过社会全体的生存所需的最低限度的产品数量的地方，因此在那里劳动吞没大多数社会成员的全部或几乎全部的时间，阶级的划分都是必不可免的"①。与此相适应，阶级也必将随着机器生产的发展和社会经济环境的改变逐步走向消亡；"在那个产品的生产和分配是依社会的和科学的方法来调节的社会里"，这种阶级的划分"将不再需要了"②。在拉法格看来，阶级的分化正是人类社会内部争斗不断的根源。"只有当财产的集体形式开始瓦解和社会分裂为有敌对利益的各个阶级的时候，人类社会内部的斗争才发生。"③他强调，人类社会的历史只是构成它们的阶级的斗争的历史。在人类社会走出原始共产主义形式之后，先后经历了奴隶制、农奴制和雇佣劳动制三种不同的经济环境，正是这些经济环境的生产方式创造了人们的对立的利益并且把他们分为敌对的阶级。其中，摆脱了劳动的高等阶级往往滥用自己的特权地位，最终变为有害的和压迫的阶级，他们凭借巧妙地组织起来的精神和肉体的暴力来保持自己对其余人口的统治权，从精神上和肉体上压迫城乡劳动者。随着从统治阶级方面来的赤裸裸的暴力（军队、警察、审判官、刑法典等）不断增长起来，被压迫阶级日益强烈地意识到自身的利益，他们逐渐明白，只有当它消灭统治阶级精神上和肉体上的暴力，当它在开始手拿武器的斗争之前就进行一场预备性的意识形态的斗争的时候，才能达到自己的解放。拉法格总结

① 《拉法格文选》（上），中央编译局国际共运史研究室编译，人民出版社1985年版，第179页。

② 《拉法格文选》（上），中央编译局国际共运史研究室编译，人民出版社1985年版，第179页。

③ 《拉法格文选》（上），中央编译局国际共运史研究室编译，人民出版社1985年版，第175页。

道:“随着脱离劳动的阶级人数减少和转变为寄生者和压迫者阶级,被压迫的阶级不断增长,并吸取对社会进行经济指导和政治指导所必需的一切精神力量;两个阶级之间的对抗日益增强并由内战的爆发而公开破裂。”①总之,“带有极端残酷和恐怖的内战标志着阶级矛盾的最高峰”,通过社会革命夺取国家政权随之“成为解放被压迫的、革命的阶级所必需的条件”②。

在此基础上,拉法格进一步剖析了资本主义社会的阶级矛盾和阶级冲突。他分析道,随着生产力的发展,大生产机体把整个社会分为两个截然不同的阶级:寄生者——私有者阶级和被剥夺的生产者阶级。其中,资产阶级是社会的寄生者阶级,它占有社会的工农业生产资料,自己却饱食终日、无所事事;“它把无产者以及他们的妻儿变成创造利润的机器,并且认为只要建立一些救济署和医院就可以向被剥夺全部劳动果实的生产者交账了”③;它所领导的社会生产具有无政府性质,其统治只能导致对生产资料和产品的侵吞,以及工人群众的贫困,等等。而工人阶级则是资产阶级无能的受害者,它肩负着社会劳动的重担,同时也承受着一切不幸。工人们“每月的工资不足以糊口,失业现象日趋严重,生产出来的产品全被他人占有,而自己却一贫如洗,虽然是自由劳动者,但劳动强度却大大超过过去的奴隶”④。就这样,通过自由发展最新的生产力,资产阶级不仅改造了在它产生时期占统治地位的那些社会条件,而且在资本主义社会内部造就了一支强制结束资产阶级生存的无产阶级大军。由于生产资料在使用上越来越社会化,而生产资料的占有方式却仍然是个体的,生产的发展必将导致两个结果:一方面是产品日益集聚到作为非

① 《拉法格文选》(上),中央编译局国际共运史研究室编译,人民出版社1985年版,第178页。

② 《拉法格文选》(上),中央编译局国际共运史研究室编译,人民出版社1985年版,第178页。

③ 《拉法格文选》(上),中央编译局国际共运史研究室编译,人民出版社1985年版,第319页。

④ 《拉法格文选》(上),中央编译局国际共运史研究室编译,人民出版社1985年版,第320页。

生产者的极少数所有主(资本家)手中,从而完全剥夺其他人对这些生产力的控制;另一方面人数日益增多,被剥夺程度日益加重的非所有主(尤其是无产阶级)却随着生产的增长而更加贫困——而这也意味着资本主义社会里阶级矛盾和阶级对抗的不断加剧。拉法格指出,正是无产阶级的生存状况使它成为了19世纪唯一的革命阶级,同时也是"对所有制这一社会的整个宗教、法律和政治的上层建筑的基础具有新的理解而登上历史舞台的唯一阶级"①。对无产阶级来说,除非通过社会革命"以集体所有制取代生产资料和产品的资本主义所有制"②,任何政治变革和社会改良都不可能改善它那毫无保障的贫困生活状况;与此同时,只有完成对资本主义生产方式的改造,资产阶级与无产阶级之间的利益对抗才有可能随之消失。为此,他大声疾呼:"我们要求消灭阶级,因为我们知道那迫使人们分裂为剥削者阶级和被剥削者阶级的生产必要性已不复存在"③;"经济唯物主义号召文明国家的无产阶级起来暴动。它教导说,无产阶级只有粉碎资本主义社会的经济形式才能获得解放"④。

我们不难发现,尽管拉法格关于阶级、阶级矛盾和阶级斗争的认识更多是在复述马克思的观点,但其中仍不乏自己的深刻分析。恰如南斯拉夫学者弗兰尼茨基所指出的那样,"拉法格虽然只是对经典作家的已知论点进行阐述,但做得却是才气横溢、机智精辟"⑤。

---

① 《拉法格文选》(上),中央编译局国际共运史研究室编译,人民出版社1985年版,第45页。

② 《拉法格文选》(上),中央编译局国际共运史研究室编译,人民出版社1985年版,第47页。

③ 《拉法格文选》(下),中央编译局国际共运史研究室编译,人民出版社1985年版,第70页。

④ 《拉法格文选》(上),中央编译局国际共运史研究室编译,人民出版社1985年版,第151页。

⑤ [南]普·弗兰尼茨基:《马克思主义史》(上),徐致敬等译,生活·读书·新知三联书店1963年版,第167页。

二、社会革命：拉法格关于社会主义实现规律的探索

由上述分析可见，正是由于对马克思阶级斗争理论的继承，拉法格在关于社会主义实现途径的认识上坚持了无产阶级夺取政权、实行无产阶级专政的马克思主义革命原则。在第二国际中后期，随着议会斗争的开展并取得一些成就，部分工人党的领袖和理论家开始迷恋合法斗争，幻想通过议会以和平手段逐步过渡到社会主义，或者在资本主义社会制度下通过改良逐步实现社会主义。而与此形成鲜明对照的是，拉法格坚决主张无产阶级应当通过暴力革命夺取国家政权、实现生产资料公有制，并在法国和国际工人运动中同机会主义进行了毫不妥协的斗争。这一关于社会主义实现途径的认识伴随了拉法格的一生。他在自己的理论文章和公开演说中都反复强调，只有社会革命才是无产阶级解放自身、实现社会主义的唯一路径，并对社会主义革命的内容及条件作出了宝贵的理论探索。

（一）社会主义革命爆发的必然性

在拉法格看来，社会主义革命爆发的必然性是显而易见的，任何个人甚至任何政党都不能制止革命的来临。这种革命的必然性首先是由资本主义生产方式的内在矛盾所决定的。在前一章里已经提及，早在1880年的《进化—革命》一文中，拉法格已分析了资本主义生产方式的内在矛盾及其形成过程，并对资本主义矛盾与社会主义革命之间的关系进行过剖析。他指出，在资本主义内在矛盾的支配下，资本家对生产资料的私人占有使其可以无限制地支配生产和产品的销售，而运用生产资料从事生产的无产阶级却只能像牲畜一样提供自己的劳动，除了赖以糊口的工资之外一无所获。也正是因为这一矛盾的存在，“才在资产阶级社会中产生新的革命阶级，即一无所有、灾难深重的工农业无产阶级。这个阶级在死亡的威逼下，必然要强行突破孕育它的社会外壳——即劳动工具为单个资本家或合伙资本家占有的

社会的外壳"①。拉法格还注意到,随着垄断和金融资本的发展,社会主义革命的条件将进一步成熟。他根据大量材料分析说,在以垄断和资本集中为特征的资本主义新阶段,生产资料和社会财富向金融资本家手中积聚,他们控制着国家的经济、政治和精神生活,雇佣工人遭受更为沉重的压迫,大批小业主和农民走向破产,从而形成一个人数日益扩大的不满阶层;这样,金融家便不由自主地做了一件革命的事情,即为社会主义革命准备了更坚实的群众基础。

其次,社会主义革命的必然性也是由无产阶级的自身利益所决定的。因为,无产阶级只有通过革命剥夺资本家阶级,对已经变为集体使用的生产资料实行社会化或集体化,才能最终解放自己。拉法格强调,"只要劳动者不占有生产资料(土地、工厂、船舶、银行等等),不管在任何制度下,所有进步都会反过来损害劳动者"②;同样,"只有当生产者阶级破除了生产资料的个体占有,并以集体占有或社会占有来代替它的时候,生产者阶级才能不分性别和种族获得自由,亦即掌握自己的命运并掌握现有的一切以及自己创造出来的一切"③。这就必然要求"剥夺剥夺者",即通过革命剥夺少数掠夺者,以便为大多数被掠夺者谋利益。他同时指出,部分社会主义者之所以害怕实行剥夺,并试图通过市镇竞争或举办公用事业来代替对资产阶级的剥夺,是因为他们"没有看到或不愿看到:(1)剥夺是资本主义社会中一切变革的规律;(2)由于现制度的自然和必然的发展,所说的剥夺越来越易于实现;(3)只有剥夺才是被剥夺者的唯一补偿;(4)生产条件越来越使剥夺成为不可避免"④。

最后,社会主义革命的必然性也决定于汹涌澎湃的世界革命形势。拉法

---

① 《拉法格文选》(上),中央编译局国际共运史研究室编译,人民出版社1985年版,第34页。

② 《拉法格文选》(上),中央编译局国际共运史研究室编译,人民出版社1985年版,第132页。

③ 《拉法格文选》(上),中央编译局国际共运史研究室编译,人民出版社1985年版,第132页。

④ 《拉法格文选》(上),中央编译局国际共运史研究室编译,人民出版社1985年版,第133页。

格认为，任何社会变革必然是国际性的，因此“无产阶级革命将既不具有地方性质也不具有民族性质，——它将是国际性的，否则根本不会发生”①。随着垄断的发展，资本主义把魔爪伸向了全世界，剥削被压迫民族，激烈争夺殖民地，从而进一步加剧了资本主义国家之间的冲突；而要消除这些冲突，就必须用共产主义代替资本主义。拉法格以法国为例具体分析说，在法国，“唯有革命才能使生产者阶级夺取政权，并使政权服务于从经济上剥夺占少数的法国资本家以及实行生产力的国有化和社会主义化”②；这场革命是不可避免的，它“将不是靠关于要使用炸药的激烈言论，靠个别一些人物的英勇狂热行为，也不是靠和警察进行地方性搏斗或者局部拿起武器就能引起的。它也不会由于激进派首领或可能派首领的那一套政治经济玩意儿，或由于连资产阶级国家也不得不实行的那一套工人改革而被制止或推迟。它将由于错综复杂的国际政治形势和欧洲的工业发展以及美洲和大洋洲的农业竞争所造成的不可避免的动荡而爆发”③。

（二）社会主义革命的主要内容

从内容上看，拉法格认为无产阶级所要完成的社会主义革命应包括政治革命和经济革命（他又称之为社会革命）两大紧密联系的方面。

一方面，无产阶级必须首先进行政治革命，即从资产阶级手中夺取国家政权。拉法格认识到，资产阶级国家只是替资产阶级利益服务以及镇压和奴役无产阶级的工具，因此，要消灭资产阶级的阶级统治，无产阶级第一个伟大的革命工作就是要通过革命破坏资产阶级国家机器，然后实行无产阶级专政，

---

① 《拉法格文选》（上），中央编译局国际共运史研究室编译，人民出版社 1985 年版，第 62 页。

② 《拉法格文选》（上），中央编译局国际共运史研究室编译，人民出版社 1985 年版，第 137 页。

③ 《拉法格文选》（上），中央编译局国际共运史研究室编译，人民出版社 1985 年版，第 137 页。

“完全依靠按社会主义方式组织起来的无产阶级群众并奠定新制度的最初基础”①。与此同时,为了粉碎资本主义国家,工人党党员就不能像无政府主义者那样对它采取忽视和回避的态度,而是要天天同它作斗争,一部分一部分地占有它;因为,“堡垒只有通过猛攻占领后才能加以摧毁”②。

拉法格在《社会主义与国有化》(1882)一文中指出,只要资产阶级国家“这个资本主义堡垒没被攻破,一切无产阶级措施都将被拒绝——甚至是一些十分紧要的措施——或者假使被许可,也将只能采取有利于资产阶级的虚幻形式而已”③。他以资产阶级的国有化改革为例分析说,资产阶级政府曾主动对某些公共行业和公共服务业进行国有化改革,这种变革甚至吸引了某些社会主义者——他们希望借助于此来实现社会主义。拉法格认为,由资产阶级来进行的国有化改革实质上只是“资本主义剥削的最后形式”,它将主要有利于资产阶级,并且已经为资产阶级带来了大量无可争辩的利益;如果这也算是社会主义的话,那也只不过是“服务于资本家的社会主义”。他不无讽刺地说,只有那些无视社会条件和充满资产阶级偏见的“可能派”教授,才可能试图把在资本主义国家内部进行的公共服务国有化当成社会主义理想。在《革命的次日》(1887)一文中,拉法格再次对此进行了强调。他指出,无产阶级革命政权的建立意味着资产阶级国家及其所有机关(包括邮局、电信局、警察、官吏、军队等)都将被废除;“革命政权不应当使国家继续成为邮局和电信局的主人,铸造货币,管理铁路(它已经在几乎所有的资本主义国家中这样做),不应当使国家成为棉纺厂的主人、工厂的厂长等等——像拉萨尔所希望的那

---

① 《拉法格文选》(上),中央编译局国际共运史研究室编译,人民出版社 1985 年版,第259 页。

② 《拉法格文选》(上),中央编译局国际共运史研究室编译,人民出版社 1985 年版,第66 页。

③ Paul Lafargue,“Socialism and Nationalization”(1882),in *Marxists'Internet Archive*:*Paul Lafargue Internet Archive*,http://www.marxists.org/archive/lafargue/index.htm.

样，而应当使工人们自己成为自己的主人和老板，自己的厂长”①。

马克思在总结1848年欧洲革命失败的经验教训的过程中，也曾阐明过无产阶级对待资产阶级国家的根本态度。他指出，过去“一切变革都是使这个机器更加完备，而不是把它摧毁。那些相继争夺统治权的政党，都把这个庞大国家建筑物的夺得视为胜利者的主要战利品”②；无产阶级革命则完全不同，它“不应该再像以前那样把官僚军事机器从一些人的手里转到另一些人的手里，而应该把它打碎，这正是大陆上任何一次真正的人民革命的先决条件”③。后来在总结巴黎公社革命经验教训时，马克思又进一步把这一思想明确地概括为“工人阶级不能简单地掌握现成的国家机器，并运用它来达到自己的目的”④，并把它作为对《共产党宣言》的重大的修改和补充写进了《宣言》1872年德文版序言。值得注意的是，这里马克思所说的打碎旧的国家机器，应当是指摧毁和铲除资产阶级国家政权中一切具有纯粹压迫性质的机构，以便真正维护劳动群众的利益。应该说，拉法格关于政治革命的看法与马克思的上述思想是基本一致的。但在他的思想中也存在着一些自我矛盾的地方。例如，他坚决主张打碎资产阶级国家机器，实行无产阶级专政，从而与试图摆脱任何国家机构的无政府主义划清了界限；但同时却又主张将邮局、电信局等公共服务部门也列入资产阶级国家机器加以废除，这就又转而陷入了无政府工团主义的立场。

另一方面，无产阶级在夺取国家政权后，应利用它来开始经济革命（或社会革命），实行生产资料的国有化。拉法格指出，在通过政治革命夺取国家政权之后，社会主义者将面临三项巨大的任务：一是组织革命政权和采取措施保

---

① 《拉法格文选》（上），中央编译局国际共运史研究室编译，人民出版社1985年版，第260页。

② 《马克思恩格斯文集》第2卷，人民出版社2009年版，第565页。

③ 《马克思恩格斯文集》第10卷，人民出版社2009年版，第352页。

④ 《马克思恩格斯文集》第3卷，人民出版社2009年版，第151页。

卫这个政权;二是立即满足人民的需要;三是推翻资本主义制度和奠定社会主义制度的基础。——这里最后一方面所指的就是消灭资本主义私有制,建立生产资料公有制。他强调,资产阶级与无产阶级之间存在着尖锐的利益对抗,"这种对抗只有对资本主义生产方式实行改造才能消除"①;因此工人阶级政党的目的就是要通过革命暴力从政治上和经济上剥夺资本家阶级,把从资产者那里夺取过来的生产资料交给集体或国家占有。

拉法格认为,这种以建立生产资料公有制为目标的经济革命并非仅是由于资本主义生产资料私有制给劳动阶级带来超额劳动和贫困所致,其爆发更是资本主义生产方式自身发展的必然结果。他分析说,在资本主义产生之前以及产生之初,财产的个体占有形式在社会中占据着主要地位。然而,工业的进步和资本主义金融的发展日益排斥着这种财产的个体占有形式,同时逐渐在资本主义社会内部创造出了集体所有制的物质和精神要素。例如,股份制即是由资本主义社会本身的发展所创造的"财产的集体占有方式的物质因素"的集中体现,而集体劳动或共同劳动的必要性以及各劳动者之间的互相依存,则是"财产的集体占有方式的精神因素"的典型代表之一。随着生产力的发展促使生产资料在使用上越来越社会化,新的高级的集体所有制或社会所有制形式的建立势在必行。但资本家显然不会主动放弃对生产资料的所有权,这就决定了无产阶级只有剥夺资本家阶级才能对已经变为集体使用的生产资料实行社会化或集体化;也只有这样,才有可能为绝大多数被掠夺者谋利益。对于无产阶级而言,生产资料的资本主义私人占有制正是造成他们生活贫困和不自由的根源。因此,无产阶级"在死亡的威逼下,必然要强行突破孕育它的社会外壳——即劳动工具为单个资本家或合伙资本家占有的社会的外

① 《拉法格文选》(上),中央编译局国际共运史研究室编译,人民出版社 1985 年版,第 50 页。

壳”①。而且,“假如你真心想要发展人的个性,那么最低限度按照逻辑应当要求消灭资本主义财产,因为它压抑着人们”②。针对资产阶级经济学家对资本主义私有制的辩护,拉法格反驳道,马克思早已确凿地证明,只要资本主义的占有方式还存在,剩余价值就要属于劳动力的购买者,而不属于雇佣工人;相反,只有当生产资料(土地、机器、工厂、货币资本等)蜕掉资本的形式,成为社会财产时,脑力劳动者和体力劳动者才会从自身劳动率的日益增长中得到好处。与此同时,也只有在实行社会剥夺、建立社会主义公有制的基础上,才有可能建立一系列保护儿童、老人和防止疾病等真正的公用事业;哪怕是以前的资本家,他们在被剥夺生产资料的所有权、成为真正的劳动者之后,也将可以与其他人一起分享共同生产的果实。

在拉法格看来,生产资料转由生产者自己掌握不仅不会影响生产的顺利进行,相反还能预防和制止生产过剩危机的发生。他指出,资本主义现代化生产最突出的现象之一,就是生产力的指挥权日渐转移到了非所有主即无产者的手里。整个工业指挥班子(包括工程师、化学家、场长、工头、领班等在内)事实上都是从广大雇佣劳动者中招募而来;不管这些人有多高的科学知识水平和多大的个人才能,也不管他们的工资数额有多高,他们仍然和其他雇佣工人一样都得听任游手好闲的产业主或金融家个人意志的支配和约束——因此这部分人实质上仍是工人阶级的一部分。正是由于“无产阶级既提供了生产的体力因素,也提供了生产的精神因素”,因此,即便“有朝一日,整个产业主阶级都会消失,其财产将实现集体化或社会化,但生产并不会因此而受到丝毫损失”③。而当生产资料被交给有组织的工人阶级后,便不再需要那些为了特

---

① 《拉法格文选》(上),中央编译局国际共运史研究室编译,人民出版社 1985 年版,第 34 页。

② 《拉法格文选》(上),中央编译局国际共运史研究室编译,人民出版社 1985 年版,第 388 页。

③ 《拉法格文选》(上),中央编译局国际共运史研究室编译,人民出版社 1985 年版,第 129 页。

权者集团的利益而监督工人工作的官吏,“工人将比任何一个国家官吏能够更好地在相互之间分配劳动时间和经营所得的收入”①。此外,在以私有制为基础的资本主义社会里,由于资本家无力指挥和控制随着工业的发展而变得异常庞大的生产资料,他们将无法按照社会消费需求来安排生产,这最终必然导致扰乱整个社会结构的生产过剩危机的频繁爆发。拉法格设想,一旦劳动者自己掌握劳动工具和社会劳动产品,他们将根据经过统计的社会需求量来安排生产,并按照需求把劳动者分配到社会活动的各个部门,对各种劳动者的劳动时间作出合理安排和限制,这样上述危机便可以得到有效地预防和制止。

总之,随着生产资料和消费资料社会化的实现,“生产的共产主义组织同劳动工具和劳动产品的个人主义的占有之间的矛盾将得到解决”,由此“将实现普遍的繁荣,并且同特权阶级的道德家和政治家一再重复和套用基督的话相反,在世界上将不再有贫困者”②。

(三)社会主义革命取得胜利的必要条件

除了分析社会主义革命的必要性与内容之外,拉法格还立足于法国实际,在总结以往革命经验教训的基础上,对社会主义革命取得胜利所必需的条件进行了考察。

一方面,拉法格认为,无产阶级革命必须在无产阶级政党的领导下进行才有可能取得胜利。他强调,资本主义制度所造成的无产阶级的毫无保障的贫困生活,将会使无产阶级成为社会中曾经存在过的最革命的阶级;但是,“能够代表工人阶级利益的,只有组织成政党的工人阶级”③;也只有当无产阶级

---

① 《拉法格文选》(上),中央编译局国际共运史研究室编译,人民出版社1985年版,第261页。

② 《拉法格文选》(上),中央编译局国际共运史研究室编译,人民出版社1985年版,第381页。

③ 《拉法格文选》(上),中央编译局国际共运史研究室编译,人民出版社1985年版,第51页。

“从自己的队伍中推举出必定会引导他们去进行革命战斗的领袖们的时候”，它“才能得到彻底的解放”[①]。他分析说，无论是法国 1848 年革命，还是 1870 年革命，尽管无产阶级可以取得一些胜利，但它的胜利往往仅仅是暂时性的。这主要是因为无产阶级还没有做好领导革命的准备，而其中最为关键的原因就在于无产阶级还没有自己的纲领和组织，因而不会利用胜利的果实。在他看来，相对于法国，德国的情况要好得多，德国社会主义政党的建立及其在政治舞台上的活动，甚至对其他国家的工人运动也起到了典型示范的作用。应该说，拉法格的上述看法与马克思恩格斯是完全一致的。马、恩曾经明确指出，工人阶级只有建立自己独立的政党，才能作为一种力量同资产阶级政党对抗，而不再做资产阶级政党的尾巴。因为，“各地的经验都证明，要使工人摆脱旧政党的这种支配，最好的办法就是在每一个国家里建立一个无产阶级的政党”[②]。在总结巴黎公社失败的教训时，他们进一步指出，“工人阶级在反对有产阶级联合权力的斗争中，只有组织成为与有产阶级建立的一切旧政党对立的独立政党，才能作为一个阶级来行动”[③]；同时也才能保证以消灭阶级为目标的社会革命的胜利。

在建立工人阶级政党之后，为了巩固政党组织并加强其行动的目的性，以便同资产阶级政党以及其他派别划清界限，拉法格认为社会主义者首先必须制定一个明确规定工人党的目的和手段的统一纲领。一个政党的党纲就是要“在全世界面前树立起可供人们用来衡量党的运动水平的里程碑”[④]；有没有一个好的党纲，在一定程度上将直接影响着无产阶级政党的政治命运。早在 19 世纪 80 年代初，为了给刚刚成立的法国工人党制定一个正确的纲领，身处海外的拉法格就已经做了大量的工作。当时，法国面临着 1881 年大选，为了

---

① 《拉法格文选》（上），中央编译局国际共运史研究室编译，人民出版社 1985 年版，第 44 页。

② 《马克思恩格斯文集》第 3 卷，人民出版社 2009 年版，第 92 页。

③ 《马克思恩格斯全集》第 18 卷，人民出版社 2016 年版，第 165 页。

④ 《马克思恩格斯文集》第 3 卷，人民出版社 2009 年版，第 426 页。

在竞选中争取更多的工人候选人进入议会，扩大工人党在法国的影响，拉法格与马克思、恩格斯以及盖得一起起草了一个工人竞选纲领。该纲领分为导言和最低纲领两部分。其中，导言部分由马克思口授。他强调：生产者只有在占有生产资料时才能自由；而无产阶级只有组成政党进行活动，才能实现集体占有方式，为此必须使用无产阶级所拥有的一切手段；无产阶级政党在经济方面斗争的目标就是恢复生产资料的集体所有制。在最低纲领部分则提出了一系列工人党当时必须实行的政治和经济要求，主要包括废除限制出版、集会和结社自由的法律，用普遍武装人民代替常备军；实行八小时工作制，禁止雇佣童工，男女同工同酬；等等。这个党纲的制定标志着法国工人运动有了一个正确的指导思想——马克思主义，对法国工人运动沿着马克思主义的道路前进具有重大的理论意义和实践意义。为了对这个纲领作科学的马克思主义的解释，拉法格在 1880 年 5—6 月着手撰写了《法国工人党宣言》，结合《资本论》以及马克思经济学手稿的内容对纲领进行了较通俗的阐述。马克思审阅了拉法格所写的全部手稿，并在页边和正文中写下了自己的意见。1880 年 11 月在哈佛尔召开的法国工人党第四次全国代表大会通过了党的纲领，从而使法国无产阶级政党同资产阶级激进派以及形形色色的小资产阶级流派彻底划清了界限。正如马克思所评价的那样，哈佛尔纲领的通过标志着法国出现了“第一次真正的工人运动”，“在此之前，那里只有一些宗派”①。随后的法国工人党各次代表大会均进一步明确地规定了工人党的目的，即“从政治上和经济上剥夺资本家阶级，把从资产者那里夺取过来的生产资料交给集体或国家占有。手段是革命暴力”②。可以说，正是在马克思主义纲领的引导下，从事体力劳动和脑力劳动的无产阶级被组织成为了政党，从而使其更深刻地意识到自己的利益、自己的历史使命和自己的力量，并在自己的旗帜下开始共同

---

① 《马克思恩格斯文集》第 10 卷，人民出版社 2009 年版，第 453 页。

② 《拉法格文选》（上），中央编译局国际共运史研究室编译，人民出版社 1985 年版，第 124 页。

战斗。拉法格强调,工人阶级政党应致力于传播自己的纲领,并经常用这个纲领同资产阶级政党的纲领相对抗,要求这些政党的领袖出来就社会主义理论进行公开辩论。他号召工人党的战士们紧密地团结在这面旗帜的周围,并呼吁工人阶级政党的领导者们尽快熟悉有关问题,因为对他们来说,领导工人阶级剥夺资本家、实行生产资料集体所有这一光荣而又艰巨的任务不久即将来临。

对于工人阶级政党在拥有自己纲领之后的相关任务,拉法格也进行了分析和阐述。他指出,作为社会主义运动的领导者和组织者,工人党应运用一切办法对工人阶级进行组织和指导。首当其冲的是,工人党党员应深入城镇和乡村,根据自己的力量和理解,通过口头宣传(组织集会和报告会)、书面宣传(出版书籍和报刊)以及实际行动的宣传(组织罢工、请愿,参加竞选)等具体方式来宣传社会主义学说。与此同时,工人党还应当利用自己所处的相对和平安定的社会环境来发动和组织工人阶级,帮助工人阶级领会必须完全剥夺资本家的思想,并通过日常的斗争、立法斗争等多种形式来为即将到来的无产阶级革命做好准备。在《工人政党和资本主义国家》(1880)一文中,拉法格结合法国实际写道,和平时期的工人党党员要努力制止国家压制社会主义运动的行动;"他们要使市参议会不再是资产阶级性质的,要把对城市公有财产的行政管理权和税收的分配权掌握起来;他们要在所有讲坛上听取无产阶级的申诉并进行真正革命的鼓动,力求实现人民的物质需要,而不是脱离实际地'空谈'什么政权、自由、协和等等;他们要尽可能地利用国家的力量来减轻工人的负担。"①总之,作为实干家的工人党党员"为了粉碎资本主义国家,不能对它采取忽视和回避的态度,而要天天同它作斗争,一部分一部分地占领它。

① 《拉法格文选》(上),中央编译局国际共运史研究室编译,人民出版社1985年版,第65—66页。

堡垒只有通过猛攻占领后才能加以摧毁”①。

另一方面,拉法格认为,充分发动工人阶级以及其他一切支持社会主义的人民群众是无产阶级革命取得胜利的重要保障。他指出,巴黎公社革命最雄辩地证明,无产阶级革命必须把包括工人阶级在内的全国革命群众发动起来才有可能获得胜利。拉法格同时也充分地认识到,社会主义革命的主要困难不在于夺取政权,而在于如何保住政权。他强调,在革命胜利之后,“只有当各工业中心都发动起来并相互支持,而且在这些工业中心——它们是我们的积极的和第一线的队伍——中找到一些知道该做什么而且身体力行的人的时候,执政的无产阶级才能保住政权”②。为此,作为法国社会主义运动领导者之一的拉法格一直密切关注着法国社会各阶级的状况及其革命积极性的调动和发挥。

拉法格认为,在19世纪以来的法国社会各阶级中,工人阶级是唯一的革命阶级,同时也是由于对所有制这一社会的整个宗教、法律和政治的上层建筑的基础具有新的理解而登上历史舞台的唯一阶级。由于工人阶级的解放应当是工人阶级自己的事业,因此社会主义革命首先必须组织好工人阶级并将其充分发动起来;“只有合理地和适时地使用组织起来的无产阶级的力量,才能提供某些重大的结果”③。他同时提醒说,工人阶级并不是清一色的,在它的队伍里一些特殊的工人阶层,他们处于或多或少不同的地位,有时具有不同于大多数工人群众的需要和利益,这就致使工人阶级队伍中也有可能存在着一些必须防范的叛徒。因此,无产阶级“必须强有力的组织起来,只信任那些它早就了解和经过考验的人,同时无情地揭露任何一个开始离开正道的自己的

① 《拉法格文选》(上),中央编译局国际共运史研究室编译,人民出版社1985年版,第66页。

② 《拉法格文选》(上),中央编译局国际共运史研究室编译,人民出版社1985年版,第138页。

③ 《拉法格文选》(上),中央编译局国际共运史研究室编译,人民出版社1985年版,第42页。

代表人物”①。

与此同时，拉法格也十分重视对人数众多的农民阶级的革命积极性的调动和发挥。从法国的实际情况来看，直至19世纪90年代初，它仍然是小农经济的典型国家，因此，为了促进社会主义运动的发展并赢得最终的胜利，必须正确地制定对农村各阶级的政策，以便把大多数农民也争取到社会主义方面来。拉法格是法国工人党领袖中较早认识到争取农民阶级重要意义的人。19世纪80年代中期到90年代初，他曾多次到法国阿利埃、歇尔以及马恩等省的农村去宣传社会主义思想。在《法国的阶级斗争》(1894)一文中，拉法格结合法国实际专门对农民和社会主义的关系进行了分析。他指出，随着资本主义的发展，地产以及农民世世代代积聚下来的金钱都逐步集中到了极少数贪婪的掠夺者手里，农村的大批中等所有者消失了，剩下的是大量的小农和佃农。上述变化“大大削弱了这种对自己小块土地的众所周知的爱”，使得“农民对自己的小块土地、对个人土地所有制的眷恋并不像资本家所说的那样严重”；在此背景下，“即使农民对通过社会主义来解决社会问题的思想并不特别热情，但是他们毕竟看到，在现存的条件下，实行包括土地在内的一切生产资料的公有化是唯一切实可行的办法”②。在拉法格上述认识的影响下，法国工人党日益注重在农村地区和农民中开展经常性的社会主义宣传工作。通过他们坚持不懈的努力，越来越多的农民参加了由社会主义政党领导的革命队伍。

除了上述两大阶级之外，拉法格还强调了对其他一些愿意参加无产阶级革命的特殊群体的团结。他写道：“如果在享有特权的工人队伍里，或在资产阶级的队伍里有些人决心在无产阶级的旗帜下战斗，那么绝不应该推开他们”；“其实，还从来没有一个具有历史运动意义的运动没有特权阶级的代表

---

① 《拉法格文选》(上)，中央编译局国际共运史研究室编译，人民出版社1985年版，第44页。

② 《拉法格文选》(下)，中央编译局国际共运史研究室编译，人民出版社1985年版，第31页。

人物参加,这些人背弃了那些阶级,要把自己的意愿同那个为争取自身的解放而战斗的阶级的意愿融合在一起,——永远也不要推开这样的叛逆者”①。应该说,与当时法国工人党内许多将无产阶级与资产阶级简单地对立起来的认识相比,拉法格的看法是十分难能可贵的。

也正是在细致分析各阶级的特点及其革命积极性的基础上,拉法格充满乐观和激情地预言:“在不太遥远的将来,所有那些由于自己的经济状况或思想发展而必定拥护社会主义的人都将加入党的队伍”②;随着革命队伍的日益壮大,那“以隐蔽的形式存在于经济生活的深处”的共产主义社会,“只等在劫难逃的革命的时刻一到,便要出现于社会舞台”③。

(四)革命与改良的关系

在拉法格看来,无产阶级只有通过暴力革命建立生产资料的集体所有制,才能真正获得自己的解放。为此,他坚决反对机会主义和改良主义夸大议会斗争的意义以及将社会改良绝对化的做法。主张革命的拉法格终其一生与机会主义和改良主义派别进行着毫不妥协的斗争。结合法国社会主义运动的发展历程来看,拉法格对改良主义的坚决反对和批判可以从以下三个方面集中体现出来。

一是19世纪80年代拉法格与法国工人运动中出现的机会主义派别——可能派的不懈斗争。哈佛尔代表大会之后,法国工人党内逐渐形成了以布鲁斯和马隆为首的可能派。可能派反对无产阶级通过革命行动夺取政权,鼓吹在不触动资本主义制度的条件下实行逐步的合法改良,宣扬所谓的“市政社

---

① 《拉法格文选》(上),中央编译局国际共运史研究室编译,人民出版社1985年版,第44页。

② 《拉法格文选》(下),中央编译局国际共运史研究室编译,人民出版社1985年版,第33页。

③ [法]拉法格:《财产及其起源》,王子野译,《生活·读书·新知三联书店》1962年版,第169页。

会主义”,因而与以盖得和拉法格为首的革命派存在着尖锐的分歧。1881 年 11 月 19 日,布鲁斯在《无产者报》上发表了《再论社会主义的团结》一文,公开宣布抛弃革命的学说,而只争取实现某些可能的细小的改良。他写道:“我们宁可放弃迄今采取的‘一下子全部解决’、通常以‘一无所成’告终的方法,而把理想目标划分成若干重要阶段,以某种方式直接争取我们的某些要求,使之终于可能实现,以免徒劳地踏步不前。”①为了维护在马克思主义创始人指导下制定的党纲,拉法格与盖得一起同可能派进行了不懈的斗争。他曾多次给布鲁斯和马隆写信,明确指出,无产阶级政党必须坚持革命,反对只顾眼前利益和局部利益而抛弃长远根本利益的改良主义,那种企图通过改良主义的方法制定“市政纲领”来取得自治权的设想,是完全违背科学理论的。在写于 1882 年的《工人党的目标》一文中,拉法格深刻地揭示了可能派与革命派之间的根本对立:“可能派想要通过和平的市政改良达到工人阶级的解放;革命派则认为只有通过革命力量才能使两大陆的无产阶级获得解放。”②他认为,可能派使用“社会主义”、“共产主义”的词汇使其看起来是站在工人一边,但这种可能主义的社会主义显然不再使资产阶级感到不安,因为“所有资产者今天都标榜自己是社会主义者;他们都是社会改良的拥护者:但是什么样的社会改良呢? 他们是所有有利于他们的阶级、资产阶级利益的改良的拥护者”③。

二是 19 世纪末拉法格对伯恩斯坦主义在法国的具体实践——米勒兰主义的坚决反对。1899 年 6 月,法国社会党人亚历山大·米勒兰(1859—1943)未经党组织同意擅自加入以资产阶级共和党人瓦尔德克-卢梭为首的内阁,担任工商部长,同曾镇压巴黎公社革命的刽子手加利费将军携手合作。米勒

① 转引自辛庚:《可能派和马克思恩格斯对它的批判》,《国际共运史研究资料》1983 年第 3 期,第 51 页。

② 《拉法格文选》(上),中央编译局国际共运史研究室编译,人民出版社 1985 年版,第 121 页。

③ 《拉法格文选》(上),中央编译局国际共运史研究室编译,人民出版社 1985 年版,第 122 页。

兰入阁是德雷福斯案件引起的法国政治危机的结果,也是米勒兰自己的改良主义和机会主义思想发展的必然逻辑结论。在工人运动历史上,这一事件也是工人阶级政党成员参加资产阶级政府的第一起事例,由此在当时的法国和国际社会主义运动中引发了激烈的争论。饶勒斯等人对米勒兰入阁表示支持,他们为米勒兰辩护说,米勒兰入阁是为了挽救处于危急中的共和制度,同时也是为了实行有利于工人阶级的社会改良。与此相反,拉法格从一开始就明确谴责米勒兰对工人运动的背叛行为。他尖锐地分析说,在无产阶级和资产阶级之间,绝不可能有阶级和平,因而绝不可能搞阶级合作;资产阶级给予米勒兰部长席位,就像1848年给予路易·勃朗部长席位一样,是为了“麻痹”和“驯服”社会主义,使之为资本家阶级效劳。由盖得和拉法格联名签署的法国工人党全国委员会关于召开全国代表大会的呼吁书写道,如果把米勒兰入阁看作是“一种新的行动方法的起点”,那就意味着放弃阶级斗争,也意味着把社会主义者变成资产阶级及其利益的“同谋者”;即便米勒兰入阁可以给工人阶级带来某些有限的好处,但这对于社会主义运动而言却隐藏着极大的危险,因为如果米勒兰参加资产阶级政府几个月或几年之后,工农业无产阶级仍旧看不到自己地位有什么变化,那将会使他们对工人党失望,从而使社会主义事业面临绝境①。尽管由于立场的不同法国社会主义党团最终仍旧发生了分裂,但拉法格对米勒兰主义的批判,以及对无产阶级夺取政权、实行无产阶级专政的马克思主义革命原则的强调还是给人留下了深刻的印象②。

三是20世纪初晚年拉法格对以饶勒斯为代表的改良主义的有力批判。1908年10月,法国社会党在图卢兹召开第五次全国代表大会,会议的中心议题是“改良和革命”。在大会的发言中,饶勒斯夸大了资产阶级议会制的作用以及改良在资本主义制度下的意义。他宣称,社会主义就是改良,无产阶级在

---

① 参见李兴耕:《拉法格传》,人民出版社1985年版,第90—195页。

② 注:在批判米勒兰主义的同时,拉法格对伯恩斯坦主义及其哲学基础——新康德主义也进行了深刻批判,具体内容参见本书第三章。

取得政权前就可以通过发展各种类型的工会和合作社组织逐步地实现集体主义并学会社会主义管理；经过不断的改良，就可以使集体所有制渗透到个体所有制中去。66 岁高龄的拉法格则在自己的发言中对这种改良主义的主张进行了针锋相对的批判。他自豪地宣布，在进行了 40 年的社会主义宣传中，自己从未改变过思想和信念，始终坚持着最初所选择的革命道路，与会代表对此报以热烈的掌声。拉法格强调，“改良不是可医治社会所有疾病的灵丹妙药”，即使是“对工人阶级最有用、最有利的改良也不能使它在资本主义社会中的生活变得可以忍受”①；“只要资本支配着劳动，那么即使对工人最有利、最可行的法令，如果侵犯了厂主的利益，就要被搁置一边”②。他指出，任何改良都不可能长久改善工人阶级的处境，因为工人的权利根本无法在资本主义社会里得以确立。他不无讽刺地反问道：“难道说曾有过农奴和奴隶的权利吗？然而在农奴制和奴隶制社会中不是曾有过对奴隶和农奴有利的改良吗？但是这些改良从未损害过封建主和奴隶主的权利。这些改革只是封建主和奴隶主在认为必要时所作的一些让步，一旦认为不必要了就会把它们取消。今天为工人所作的改良也是这样。”③

当然，对机会主义、改良主义的尖锐批判并非意味着拉法格完全忽略改良的作用或反对任何社会改良。在 1908 年法国社会党图卢兹代表大会上的发言中，针对改良派指责革命派拒绝改良的说法，拉法格反驳道，“恰恰相反，我们希望实现一切改良，甚至纯属于资产阶级的改良，例如征收所得税、购买西方公司经营的铁路。在我们看来，谁提出改良是无关紧要的”④；“我们接受各

① 《拉法格文选》（下），中央编译局国际共运史研究室编译，人民出版社 1985 年版，第 357 页。

② 《拉法格文选》（下），中央编译局国际共运史研究室编译，人民出版社 1985 年版，第 359 页。

③ 《拉法格文选》（下），中央编译局国际共运史研究室编译，人民出版社 1985 年版，第 360 页。

④ 《拉法格文选》（下），中央编译局国际共运史研究室编译，人民出版社 1985 年版，第 357—358 页。

种改良,不管它们来自何方”①;问题在于资产阶级是否能够真正实施他们所许诺的改良措施。他同时强调,接受改良“并不意味着我们把全部希望和信念寄托在我们所说的改良上,如同饶勒斯在塔尔纳决议中所说的那样,经过不断地改良就会使集体所有制渗透到个体所有制中去;或者像塞纳决议中所说的那样,只要取得改良就可限制厂主的权力、确立工人的权利……我们认为,只要不从根本上铲除资本主义,就不能限制资本的统治权”②。由上可以看出,拉法格正确地理解了革命与改良的辩证关系。但从总体上看,他对于革命必要性和重要性的强调还是要远远超过对改良的关注。正如莫姆江所评价的那样,“虽然拉法格没有忽略改良的作用,但有时却对其在向社会主义过渡的总的革命过程中的意义估计过低”③。耐人寻味的是,后来的法国社会主义运动并未形成类似于俄国十月革命的革命高潮,爆发拉法格所期待的社会革命;相反,在资本主义进一步发展的背景下,主张革命的左翼日渐衰落,改良主义却日益滋长,个中原因确实值得我们总结和深思。

① 《拉法格文选》(下),中央编译局国际共运史研究室编译,人民出版社 1985 年版,第 358 页。

② 《拉法格文选》(下),中央编译局国际共运史研究室编译,人民出版社 1985 年版,第 358 页。

③ 参见[苏]哈·尼·莫姆江:《拉法格与马克思主义哲学》,张大翔译,国际文化出版公司 1987 年版,第 190 页。

第五章　社会主义运动策略的相关思考

第一节　关于议会斗争的认识

尽管社会主义代替资本主义是历史发展的必然，然而，无产阶级要想夺取政权并实现自身的经济解放，使社会主义取得最后的胜利，还需要长期的准备过程。那么，在准备革命的过程中，无产阶级政党是否可以使用包括议会斗争在内的一切现实政治斗争手段，利用政治自由、集会结社的权利和出版的自由来采取政治行动呢？作为法国工人党的创始人和领导人之一，以及法国“马克思主义运动中最卓越的理论家和论辩家”①，拉法格在领导法国社会主义运动的过程中不可避免地要直面这一斗争策略问题，并对是否争取普选权、参与议员竞选以及其他议会斗争活动进行理论表态和实践选择。

一、认识的理论基础：马克思恩格斯关于议会斗争的理论

从理论基础上看，拉法格关于议会斗争认识的发展变化及内容深受马克思、恩格斯思想的影响。众所周知，早在第一国际时期，政治斗争问题即已成

① ［南］普·弗兰尼茨基：《马克思主义史》（上），徐致敬等译，生活·读书·新知三联书店1963年版，第163页。

为无政府主义者和马克思主义者争论的焦点。当时,无政府主义者鼓吹,工人阶级"不应参加任何不以工人阶级的立即完全解放为目的的任何革命,采取任何政治行动就等于承认万恶之源的国家,因此参加任何选举都是一种该判死刑的罪过"①。对此,马克思恩格斯给予了坚决地驳斥。恩格斯指出,现代生活的实践和现存政府对工人的政治压迫都迫使工人不得不从事政治活动;革命就是政治的最高行动,谁要想革命,谁也就必须承认作为准备革命和教育工人进行革命重要手段之一的政治行动。他在驳斥无政府主义的谬论时强调:"自由、集会结社的权利和新闻出版自由是我们的武器";"既然这种现状为我们提供了反对它的手段,那么利用这些手段就是不承认现状。"②马克思也对种种政治冷淡主义的错误言论进行了批驳,他不无讽刺地说:"这些人是如此愚蠢,或者说,如此幼稚,竟然禁止工人阶级使用一切现实的斗争手段,因为这种斗争手段必须从现代社会中索取。"③

事实上,马克思恩格斯并非一开始就支持无产阶级采取议会斗争等政治斗争手段,他们关于议会斗争在无产阶级解放事业中作用的看法经历了一个发展变化的过程。由于担心有名无实的普选权和议会闹剧会麻痹工人阶级的革命斗志,同时指望工人阶级可以很快通过暴力革命夺取政权,马、恩起初曾对普选权、议会斗争等政治斗争手段基本上采取否定态度。但是,1848 年欧洲革命失败后,他们认识到工人阶级必须经过蓄积力量和反复斗争的长期过程才有可能取得最后的胜利,并在总结革命经验教训的过程中形成了新的看法。在 1851 年 12 月至 1852 年 3 月所撰写的《路易·波拿巴的雾月十八日》一书中,马克思辩证地分析道,议会政治和各种政治自由本来是资产阶级为了反对封建制度而锻造出来的武器,然而,一旦人民群众特别是工人阶级能够使用这一武器,它们就会倒过来朝向资产阶级本身了。如果将资产阶级为反对

① 《马克思恩格斯全集》第 18 卷,人民出版社 2016 年版,第 522 页。
② 《马克思恩格斯文集》第 3 卷,人民出版社 2009 年版,第 225 页。
③ 《马克思恩格斯文集》第 3 卷,人民出版社 2009 年版,第 340—341 页。

封建主义而提出的自由、平等、博爱等原则以及议会制等民主制度贯彻到底，就会对资产阶级不利，相反却对占人口大多数的无产阶级有利，从而不可避免地带有社会主义的性质。自此，马克思恩格斯开始日益重视工人阶级利用资产阶级民主权利和议会制度来维护自己利益的斗争，他们具体分析了英、法、德等国家的经济政治特征，并在自己的不少著作中就此问题进行了相关论述。

马克思恩格斯关于议会斗争的理论为国际工人运动实现经济运动和政治行动的密切配合提供了重要的理论指导。尤其是在工人运动总体上处于和平发展阶段的第二国际时期，由于当时大多数欧洲国家不具备革命形势，因而承认政治斗争在工人运动中的重要作用就具有更为迫切的现实意义。围绕这一问题，经过第二国际初期激烈的争论，马克思主义者批判了无政府主义反对政治行动的谬论，确定了符合实际的以议会斗争为主的政治斗争策略。他们主张，无产阶级政党必须把议会斗争（包括争取普选权，参加议员竞选以及在议会内的立法斗争和宣传活动，并配合以议会外斗争手段）当作主要的政治斗争手段，充分利用议会斗争和其他合法手段为工人阶级和广大人民群众争取政治和经济权利，以便为工人阶级同资产阶级的最后决战做准备。可以说，这在很大程度上是他们运用马克思主义关于议会斗争的理论总结本国工人运动几十年来斗争经验的结果。

与此同时，在各国工人阶级政党政治斗争实践的基础上，晚年恩格斯根据国际形势和斗争条件的变化，提出了利用合法手段（特别是利用普选权）来达到目的的革命斗争新策略。1890 年 3 月 7 日，他在给拉法格的信中写道："2 月 20 日是德国革命开始的日子，因此，我们有责任使革命不致夭折"；"所以，我们目前应该宣布进行合法斗争，而不要去理睬别人对我们的种种挑衅"①。1895 年 3 月（恩格斯逝世前 6 个月），为了解决无产阶级革命斗争的策略问题，恩格斯为马克思的《法兰西阶级斗争》一书撰写了导言。在这篇导言中，

① 《恩格斯与保尔・拉法格、劳拉・拉法格通信集》（第二卷），广州外语学院法语教研室译，人民出版社 1981 年版，第 396 页。

他高度评价了普选权给社会主义运动带来的好处,并对工人阶级政党议会活动的积极作用进行了详细、精辟的论述。恩格斯指出:第一,普选权是党能够定期估计和宣传自己力量的重要手段,是加强工人胜利信心和震慑敌人的有力武器,有助于党进行敌我党派力量对比,同时也可使工人阶级在斗争中避免不适时的畏缩或不合时宜的蛮勇;第二,议会竞选活动有利于党广泛接触人民群众,深入群众进行宣传,同时迫使各资产阶级政党暴露其居心;第三,议会斗争为党的代表提供了讲坛,党的代表在那里可以比在报刊上和集会上更有威望地、更自由地向自己在议会中的敌人和议会外的群众讲话,从而更充分地宣传自己的立场和主张。总之,普选权和议会活动已"由向来是欺骗的工具变为解放的工具"①;作为无产阶级的一种崭新的斗争方式,它是"世界各国同志们一件新的武器——最锐利的武器中的一件武器"②。恩格斯强调,凡是在工人阶级已经获得某种法定的活动自由的国家里,工人阶级政党都应当运用这一武器。那些无视工人运动的现实条件,反对利用普选权,并视其为放弃革命斗争的做法,只能是一种"左倾"革命空谈,必须坚决反对。同样,把利用普选权理解为放弃武装反抗权利也是错误的,工人阶级政党实行这个策略,是因为它可以使工人阶级"处于进行革命的最有利的地位",同时也是为了"能最确切地指明哪一天应当号召武装革命"③。

恩格斯所关注的利用普选权和议会斗争问题,正是第二国际时期大多数欧洲国家的工人阶级政党所面临的问题,他的分析与此前马克思以及他自己就此问题的论述是一脉相承的。在马、恩所提出的正确策略的指导下,第二国际时期各党在争取和捍卫普选权、进行议会斗争方面取得了较大的成就。但与此同时,由于部分社会主义运动的领导人物片面、孤立地看待议会斗争,也

① 《马克思恩格斯文集》第4卷,人民出版社2009年版,第545页。

② 《马克思恩格斯文集》第4卷,人民出版社2009年版,第544页。

③ 《恩格斯与保尔·拉法格、劳拉·拉法格通信集》(第三卷),冯汉津等译,人民出版社1981年版,第205页。

致使他们在一些重大问题上出现了策略失误，并最终导致了修正主义的泛滥和第二国际的破产。由此可见，正确理解马、恩关于以议会斗争为代表的政治斗争作用及策略的思想，并将其正确地运用到实践中去，对社会主义运动的顺利发展而言意义重大。

二、拉法格关于议会斗争的主要思想

总体上看，拉法格关于议会斗争在社会主义运动中的作用的认识，以及关于工人阶级政党议会斗争策略的观点是比较正确的。他的认识在不断地调整和变化着，其变化深受法国和欧洲的革命形势，以及法国工人运动和国际共产主义运动的进展的影响，同时也深受马克思恩格斯思想发展的影响。以下将按照时间顺序来对拉法格关于议会斗争的思想进行梳理。

（一）青年拉法格对议会选举活动的关注

在1879年法国工人党正式创立以前，拉法格很少关注议会斗争问题。这主要与当时的背景和拉法格本人的活动重心有关。从法国来看，在拿破仑三世的统治下，尽管代议制的政治模式在形式上得以确立，但皇帝依然是权力的唯一中心。随着第二帝国逐渐陷入深刻的危机，工人阶级的革命情绪日益高涨。1871年3月18日，震惊世界且影响深远的巴黎公社革命爆发，无产阶级成为了这场革命的领导者和主力军，并在人类历史上第一次作出了建立无产阶级专政的伟大尝试。从整个国际共产主义运动来看，由于普选权在法国、西班牙、瑞士等国都没有发挥正面作用，因此“罗曼语国家的革命工人都惯于把选举权看作陷阱，看作政府的欺骗工具”①，革命的呼声在各国工人运动中也日趋高涨。与此同时，自1864年国际工人协会（即第一国际）成立后，在马克思、恩格斯的领导下，科学社会主义得以传播，各国工人阶级紧密团结起来，与

① 《马克思恩格斯文集》第4卷，人民出版社2009年版，第544页。

各种反对革命、主张放弃政治运动的机会主义进行了坚决的斗争。

在此背景下，拉法格不仅积极投身于法国工人阶级的革命斗争，同时还参与了第一国际反对巴枯宁主义和蒲鲁东主义的斗争。这一时期的拉法格革命斗志昂扬，对于革命斗争的前景充满着乐观精神和必胜信念。他十分敬仰革命斗士布朗基，因为后者力主开展坚决的革命斗争反对资本主义。在1866写给布朗基的一封信中，拉法格谈及了布朗基对自己思想发展的影响。他写道，布朗基的心“充满了对革命的最纯洁的热爱”，同他的会见使自己“对革命更加热情高涨”，并决心像布朗基一样“毕生竭尽全力为革命效劳”①。后来他用自己的一生证明了这一誓言。与马克思结识后，拉法格在其帮助下较快地摆脱了以放弃政治斗争为主要信条的蒲鲁东主义的影响，逐步成长为一个革命的马克思主义者。具有革命精神的马克思主义者拉法格完全赞同这样的主张：即“一切局部的改良都无法认真切实地改善工人阶级的状况，工人阶级作为一切精神和物质财富的唯一生产者，只有把一切生产工具（我们指的是土地、货币资本、工厂等等）从占有者阶级手中剥夺过来，并且归还给生产者阶级，才能够完全占有自己的成果”②。由此不难看出，普选权以及议会斗争等问题并不是青年拉法格的关注重心，他在这一时期更多地思考的是如何通过革命来消灭资产阶级社会。在他看来，就法国而言，“只要革命派很聪明，不损害自己的声誉，不把共和派吓跑，他们就能够组织起来，认真地为即将到来的革命作好准备，这场革命用不着等待太久”③；作为革命者的他将随时准备在革命到来之日挺身而出。

---

① 《保·拉法格致奥·布朗基（1866年4月22日）》，毓才译，《当代世界与社会主义》1984年第2期，第194页。

② 这是第一国际波尔多支部在1870年12月向波尔多市参议会发出的通告中所阐明的宗旨，拉法格当时担任该支部的通讯书记。转引自李兴耕：《拉法格传》，人民出版社1985年版，第35页。

③ 参见拉法格1871年2月9日写给马克思的信。转引自李兴耕：《拉法格传》，人民出版社1985年版，第36页。

值得说明的是，专注于革命的青年拉法格并没有完全忽略资本主义社会中的议会选举活动。这无疑与法国与众不同的政治环境有关。从 18 世纪末开始，在时代潮流和民众力量的共同推动下，法国的传统社会结构得以根本的改造，封建义务被废除，资产阶级开始执掌政权。但是，法国政体并未由此稳定下来，而是在立宪君主制、共和制、君主制等几种政体间进行了长达半个多世纪的轮回，一直到 1870 年第二帝国灭亡后才基本稳定在共和制的轨道之上。不过这种政体轮回并未妨碍法国形成较完备的议会制民主，从而为工人阶级提高政治觉悟并形成良好的政治素质提供了条件。早在 1848 年 2 月 24 日，机械工出身的小资产阶级社会主义者阿尔贝就参加了资产阶级临时政府，这可以说是世界上第一起社会主义者和工人代表参加资产阶级政府的范例；第二天，20 万名人民群众在社会主义者的领导下举行游行，迫使法兰西第二共和国宣布成立并实行普选制，从而使法国成为工人阶级最早取得普选权的国家。这在一定程度上让法国的工人阶级产生了终于可以“当家作主”的梦幻情结，成年男子的普选权更是让他们产生了天下一家、不分彼此的平等感。然而，“普选权也没有使工人进入议会，而是相反，几乎把他们全部赶出了议会”①。在路易·波拿巴统治的第二帝国时期，尽管立法团名义上由成年男性公民普选产生，但在选举过程中却使用“官方候选人制度”，从而使普选沦为形式；议会也只是皇帝的工具而已，它并不构成君权的制衡力量。普选权的徒有虚名、资产阶级内阁的频繁更替以及政府对工人运动的残酷镇压致使民众对资产阶级民主制度失望透顶。

在这种形势下，具有高度政治敏感性的拉法格密切关注着法国的议会选举活动，不断对资产阶级议会制度的实质予以揭露和批判。1871 年 2 月，法国按照法德停战协定进行了国民议会的选举工作。其中，保皇派提出了以梯也尔为首的候选人名单，共和派则提出了以甘必大为首的候选人名单。最终

① 《马克思恩格斯全集》第 16 卷，人民出版社 2016 年版，第 83 页。

在当选的645名议员中,保皇派获得约400个席位,其中奥尔良派元老梯也尔甚至在26个省重复当选,而共和派主将甘必大只在6个省重复当选。拉法格在选举过程中写信向马克思详细分析了选举的结果。他指出:“选举相当清楚地表明,新的议会将是最反动的……我认为,我们将会有一个‘地主议会’,因为在全民投票中,农民将对局势起决定作用。奥尔良派之所以获胜,是因为他们把自己称作和平的候选人,同时把别人称作战争的候选人。这就表明,这个‘无双’议院将充满怎样的精神。”①后来的事实正像拉法格所分析的那样。由新一届议会所选出的行政首脑梯也尔在成立政府后,随即与德国展开和平谈判,并签订了以法国割地赔款为内容的《法德预备合约》。尽管这一合约对法国而言具有屈辱性,并引起了法国人民的极大愤慨,但国民议会还是以绝对多数给予批准。拉法格代表国际工人协会波尔多支部发表了致国民议会的公开信,信中谴责道:“议员公民们!你们是工业和地产的资本主义所有制的代表,你们的使命是通过农村多数的表决再一次决定国家的命运,你们使祖国陷入屈辱和毁灭的深渊,难道你们不害怕要为此承担严重的责任吗?”②由此可见,拉法格此时的重心是揭露和批判资产阶级议会制的实质,至于能否借助于资产阶级民主制度来推动工人阶级利益目标的实现,在此阶段还暂时没有纳入他的思考范围。

(二)中年拉法格对议会斗争问题的辩证认识

如果说19世纪六七十年代汹涌澎湃的革命浪潮是拉法格不太关注革命之外其他斗争手段的主要影响因素的话,那么,随着巴黎公社失败后革命高潮的过去,在参与法国工人党的创建以及于相对和平的环境下领导法国社会主义运动的实践过程中,拉法格关于议会斗争的态度和认识也逐步明朗起来。

首先值得一提的是,在马克思恩格斯的指导下,拉法格对无产阶级斗争手

① 转引自李兴耕:《拉法格传》,人民出版社1985年版,第36页。
② 转引自李兴耕:《拉法格传》,人民出版社1985年版,第37页。

段问题形成了正确认识。巴黎公社失败后，马克思、恩格斯根据当时的形势认为，由于法国工人阶级在1871年的血腥屠杀以后还过于虚弱，为此必须长期积蓄力量。恩格斯指出，法国工人阶级在特定背景下作出支持资产阶级共和国、支持资产阶级共和派和激进派的选择，体现了他们具有高度的、本能的政治觉悟；因为，“不管目前法国的共和政府怎样被人瞧不起，然而，共和国的最终建立毕竟使法国工人有了一个基础，可以组织起来，成为一个独立的政党，并且在将来不是为他人的利益而是为它本身的利益进行战斗”①。法国工人党成立后，拉法格与马克思、恩格斯以及盖得一起为工人党起草了党纲。在由马克思口授的纲领导言中指出，生产者只有占有生产资料才能真正获得自由，而为了实现生产资料的集体占有方式，无产阶级必须组织成为独立的政党；为此，“必须使用无产阶级所拥有的一切手段，包括借助于由向来是欺骗的工具变为解放工具的普选权”②。综合上述文段可以看出，根据当时法国和西欧国家的具体情况，马克思恩格斯已经认识到，为了实现最终奋斗目标，无产阶级必须使用自己所拥有的一切手段——这也就是说，除了开展非法的革命活动之外，无产阶级同时也应视时机利用资产阶级已确立起来的包括普选权在内的民主制度来进行合法的斗争，把议会内的合法斗争与议会外的群众性的革命活动结合起来。这样，马克思主义既与形形色色的改良主义划清了界线，也同无政府主义划清了界线。

拉法格正确地理解了马恩关于无产阶级斗争手段的辩证思想。一方面，拉法格赞同在社会主义运动中利用普选权、议会斗争等政治斗争手段来为工人阶级政党的目标服务。他坚决反对无政府主义者关于工人阶级政治斗争和政治行动的错误论调，认为他们反对工人在1848年的街垒战中争得的普选权是可笑的，因为这样做只能“剥夺工人选举自己的代表和自己管理自己的事

---

① 《马克思恩格斯全集》第19卷，人民出版社2016年版，第154页。

② 《马克思恩格斯文集》第3卷，人民出版社2009年版，第568页。

情的权利”①。他强调,政治斗争是组织工人阶级的最好手段,也是准备工人去进行社会革命的最好手段。因此,“革命社会党人应当利用我们现在所处的这一安定和相对自由的时期。革命社会党人应当在这一时期把工人阶级发动起来和组织起来……应当通过日常的斗争、市政斗争、通过立法斗争来准备工人去进行本世纪的伟大革命”②。这也是因为,“社会环境决定斗争方式,正如地理气候环境决定植物的果实一样。……在我们所处的平静时期,唯一可能进行的斗争就是用行动来进行宣传,反对资产阶级的支柱——资本主义国家”③。总之,工人阶级政党应当尽可能地利用现有国家的力量来维护工人阶级的利益,以及准备夺取政权的合法斗争;“必须使党的拥护者懂得,社会主义者必须占据一切阵地,如果将来罢工时在罢工者当中出现一个保护他们的参议员,那将是一个非常有意思的场面。”④

其次,拉法格时刻没有忘记利用普选权、议会选举等合法斗争手段的最终目的。他认识到,尽管工人阶级有了普选权,但是政府还是像以前一样掌握在有产阶级手中,因此,单靠普选权和议会斗争是无法确保劳动阶级的利益并最终实现其解放的。为此他反复强调,只有当实现生产资料的集体占有或社会占有时,生产者阶级才能够真正获得自由;而“唯有革命才能使生产者阶级夺取政权,并使政权服务于从经济上剥夺占少数的法国资本家以及实行生产力的国有化和社会主义化”⑤。由上可见,拉法格关于利用普选权和议会斗争的

① 《拉法格文选》(上),中央编译局国际共运史研究室编译,人民出版社 1985 年版,第 66 页。

② 《拉法格文选》(上),中央编译局国际共运史研究室编译,人民出版社 1985 年版,第 51 页。

③ 《拉法格文选》(上),中央编译局国际共运史研究室编译,人民出版社 1985 年版,第 61 页。

④ 《拉法格文选》(下),中央编译局国际共运史研究室编译,人民出版社 1985 年版,第 34 页。

⑤ 《拉法格文选》(上),中央编译局国际共运史研究室编译,人民出版社 1985 年版,第 137 页。

认识与马、恩的论述是一脉相承的。区别在于，马克思的思想带有较浓厚的哲学意味和理论色彩，体现了其敏锐的辩证的洞察力，而拉法格对此问题的分析则更多的是立足于法国社会主义运动的实际，具有较强的针对性和实践性色彩。

在马克思主义思想的指导下，法国工人党的议会斗争实践发展迅速。1885 年，一些社会主义者在众议院选举中通过同共和派联合参加竞选而当选，并组织了第一个议会社会主义党团（通称"工人党团"）。1889 年选举中法国工人党和可能派各有 7 人当选为众议员。其中，盖得派在 1889 年议会选举中得票两万多张，1893 年得票 16 万张，到 19 世纪末其选票数更是达到社会主义选民票数的 40%左右，发展成为法国最强大的社会主义派别。拉法格十分支持工人党在议会里赢得更多听从于党的议员席位，但他本人起初为了避嫌并不热衷于参加竞选。在 1881 年 6 月给保尔·布鲁斯的一封信中，他写道："为了使我的建议（指关于工人党与资产阶级激进党人在议会选举中结盟的建议，笔者注）永远不被人指责为是个人利益作祟的产物，只要我们还处于资本主义时代，我就绝不接受官方的职位（议员，或市咨询员）。"①恩格斯则认为，拉法格在这方面比工人党的其他领导人具有更突出的才能，他在 1886 年 10 月写给劳拉的信中提醒说："保尔在下一次一定要进入议会，过去他为了盖得、杰维尔等人做了相当的退让，承担了繁重的不出名的工作，不仅把全部报酬，而且还把大部分他所赢得的信任让给了别人。我想，他需要更多一点维护自己权利的时候到了。他无疑是他们当中最好的著作家（现在他终于找到了适合于他的事业，并且始终忠实于这一事业），也是最有教养的人。此外，他同国际运动的接触比其余的人要经常得多。下一次至少他和盖得应该当选，现在就需要为此采取一些措施。盖得可能是更加杰出的演说家，不过保

---

① 《保尔·拉法格的十八封信》（五），方光明译，《教学与研究》1985 年第 5 期，第 63 页。

尔在运用事实方面要强得多。”[①]拉法格接受了恩格斯的建议，他在 1889 年参加了竞选，但在第一轮选举中就落选了。由于这次选举有六位曾参加巴黎国际社会主义工人代表大会（第二国际，1889 年 7 月）的代表当选为众议员，拉法格由此认为这次竞选是法国社会主义的一个新时期的开始，因为“虽然社会主义政党的杰出成员瓦扬、盖得、杰维尔没有进入议会，然而也可以说，这个政党现在在法国第一次有了议会领袖”[②]。1891 年，因“富米尔事件”入狱的拉法格在狱中被补选为众议员，这也是拉法格一生中唯一一次担任议员的经历。在接受选举提名时，他曾专门发表书面声明，强调之所以同意参加候选，是因为可以通过选举来对政府动用军队镇压工人群众的做法表示抗议和谴责，同时迫使资产阶级共和国和资本主义社会接受人民法庭的审判。在担任议员的两年时间里，拉法格充分利用资产阶级议会的讲坛宣传工人党的主张，抨击资本主义制度，同时争取实行一系列有利于人民群众的民主改革措施，尽力为工人阶级争取经济和政治地位的改善。

正是通过亲身的实践，拉法格对于议会斗争的作用形成了更为深刻的认识。当法国工人党在 19 世纪 80 年代初刚刚参加议会选举时，拉法格认为采取这种斗争手段主要是为了发挥宣传和教育作用。他指出，工人党之所以参加竞选，并不是“为了赢取几个参议员或众议员的席位”，而是因为在竞选期间可以让“平时对会议最漠不关心、最无动于衷的那部分群众”受到工人党的教育，同时也可以“迫使那些资产阶级的领导人物亲自出马，暴露他们的不良意图和无能”[③]。他甚至认为，“如果我们有些人真的闯开代议机构的大门，那也不过是为了在那里继续进行关于剥夺的集体主义或共产主义的宣传，并利

---

① 《恩格斯与保尔·拉法格、劳拉·拉法格通信集》（第一卷），北京第二外国语学院法语专业 73 级师生合译，人民出版社 1979 年版，第 491 页。

② 《拉法格文选》（上），中央编译局国际共运史研究室编译，人民出版社 1985 年版，第 297 页。

③ 《拉法格文选》（上），中央编译局国际共运史研究室编译，人民出版社 1985 年版，第 139 页。

用资产阶级议会这个场所,把那些与拥有财产的资产者联成一体的资产阶级领导人物逼到走投无路”①。

但是,随着社会主义党派在选举中不断取得进展,拉法格注意到了议会斗争在社会主义运动中所发挥的更多作用。他指出,一方面,社会主义政党在议会讲台上竖起了自己的旗帜,并对议会中以机会主义者和一批害怕社会主义甚于害怕最残暴的专制制度的反动分子为代表的多数派产生了制约。拉法格描述说,过去“只要社会主义者一登上讲坛,就引起一场哄闹,把他的声音压倒”,但自从在议会里有了社会主义集团,多数派议员们“只好听社会主义者讲话了”②;而且资产阶级议员们“已经变得非常谨慎,不敢十分公开发表违背自己的城市和农村选民的利益的意见”,乃至被迫“支持社会主义者的立场”③。另一方面,议会中的社会主义集团还可以给资产阶级政府造成相当大的压力。拉法格以法国1893年的议会为例说,“从本届议会开幕以来,在大约八个月的时间里,小小的社会主义集团搞垮了两届内阁并在三个不同的场合获得了多数”④。在当时的法国,虽然议会程序规定多数议员有权通过表决终止任何辩论,但是社会主义议员通过提出一个又一个的修正案和补充案,强迫议会认真审理所提出的法案。这样,资产阶级政府的“部长们不得不亲自不停地为这项法案辩护;他们甚至被迫求助于一个根本没有参加议会的政府委员,让他帮助他们处理社会主义者给他们出的难题”⑤。基于上述背景,拉法格乐观地认为,借助于议会斗争手段,社会主义政党“现在开始准备进行夺取

① 《拉法格文选》(上),中央编译局国际共运史研究室编译,人民出版社1985年版,第139页。

② 《拉法格文选》(下),中央编译局国际共运史研究室编译,人民出版社1985年版,第37页。

③ 《拉法格文选》(下),中央编译局国际共运史研究室编译,人民出版社1985年版,第41页。

④ 《拉法格文选》(上),中央编译局国际共运史研究室编译,人民出版社1985年版,第41页。

⑤ 《拉法格文选》(下),中央编译局国际共运史研究室编译,人民出版社1985年版,第44页。

政权的合法斗争”，它“在这个斗争中最后必将战胜自己的所有对手”①。总之，作为不断争取和保卫政治自由的战士，社会主义政党“同代表资本家利益的、正在瓦解和崩溃的资产阶级政党相对立”，它将“作为一种新的力量出现在全国面前，这种力量不久将会统治全世界”②。

（三）晚年拉法格对改良主义的坚决批判

自从1885年法国社会主义者进入众议院之后，社会主义议员逐渐在法国形成了一支重要的议会政治力量，并在议会中发挥了一个具有高度战斗力的反对派的作用。但是，德雷福斯事件（1894—1906年）③所引发的大规模民众政治运动以及1899年发生的米勒兰入阁事件④引起了法国社会党的危机，由不同派别所构成的社会主义队伍的“脆弱的统一”很快便陷入了四分五裂，从而严重地影响了社会主义者在议会斗争中的成就。自命为社会主义者的米勒兰不仅甘愿忍受巴黎公社的刽子手加里费作为内阁同僚，而且还必须为政府

---

① 《拉法格文选》（下），中央编译局国际共运史研究室编译，人民出版社1985年版，第33—34页。

② 《拉法格文选》（下），中央编译局国际共运史研究室编译，人民出版社1985年版，第48页。

③ 注：1894年，法国陆军参谋部犹太籍的上尉军官德雷福斯被诬陷犯有叛国罪，被革职并处终身流放，法国右翼势力乘机掀起了反犹浪潮。此后不久即真相大白，但法国政府却坚持不愿承认错误，直至1906年德雷福斯才被判无罪。在此过程中，法国社会分裂为主张德雷福斯清白的自由派和认定德雷福斯有罪的民族派。自由派坚持法国要走共和的道路，而包含天主教会、君主制分子、保守人士等在内的民族派则认为法国面临德国的威胁，应当以“爱国”思想去爱惜法国和军队的荣誉。德雷福斯清白与否的争论，本质上是法国是否应当坚持共和制和自由、平等、博爱的立国精神的斗争。1902年，左派的社会主义者、激进共和派组成的联盟在国会选举中获胜，显示了德雷福斯事件中的人心向背。左翼共和政府开始确立政教分离原则，确保法国社会和军队的世俗化；同时力图肃清君主主义思想的影响，在观念上让共和制度更加稳固。

④ 注：19世纪末，因德雷福斯案件引起法国国内政治危机不断加剧，资产阶级统治集团决定改变策略。1899年6月，激进共和党人瓦尔德克-卢梭奉命组阁，企图拉拢社会党人入阁，以挽救政治危机。为此他同独立社会党人米勒兰接触，成立“保卫共和政府”，任命米勒兰为工商部长，而镇压巴黎公社的刽子手加里费将军在同一内阁中担任陆军部长。米勒兰声称以个人名义参加，与党组织无关。社会党人参加资产阶级政府，这在国际共运史上是首次，它立即在法国和国际社会主义者中引起了激烈的争论和分歧。

镇压工人阶级的暴行负责，这难免导致工人阶级对社会主义党派的不信任；与此同时，发生内部分歧的社会主义者也无法像以前一样团结起来反对保守派和利用资产阶级党派的矛盾，以致有些维护工人阶级合法权益的带有进步性质的法案也因遭到大部分社会主义议员的反对而难以通过。尽管作了最后一次统一的尝试（1899 年 12 月，在巴黎雅皮大厅举行了社会主义总代表大会），但法国社会主义还是分裂为两派和两大政党：一派是由盖得派和瓦扬派于 1902 年合并而成的“法国社会党”，另一派是由包括可能派、独立社会主义者联盟等主张入阁和改良的社会主义者联合成立的“法兰西社会党”①。直到 1905 年，在法国国内阶级斗争日趋尖锐、帝国主义战争的威胁越来越严重的背景下，为了制止帝国主义战争危险，维护工人阶级的切身利益和基本权利，两个相对垒的社会党才重新走向统一。

拉法格曾参加两党统一前的预备性会议以及随后在巴黎环球大厅召开的法国社会主义统一代表大会，他在大会上当选为社会党的常务委员会委员，并担任这一职务直至去世。由大会所通过的《统一宪章》反映了盖得派的基本观点，它宣布：“社会党是一个阶级政党，它的宗旨是实现生产资料和交换资料的社会化，就是说，通过从政治上和经济上把无产阶级组织起来，将资本主义社会改造成集体主义或共产主义社会。社会党虽然致力于实现工人阶级要求的各项直接改良，但就其宗旨、理想和使用的手段来说，它不是一个改良党，而是一个阶级斗争的党，一个革命的党。”②但必须注意的是，事实上在统一后的法国社会党内并没有真正达到思想和理论上的统一。党内仍存在着不同的派别，马克思主义革命派、改良主义派以及无政府工团主义派之间在一系列问题上发生了尖锐的分歧，以饶勒斯为代表的改良主义派逐渐掌握了党的实际

---

① ［法］克洛德·维拉尔：《法国社会主义简史》，曹松豪译，中共中央党校出版社 1992 年版，第 74—75 页。

② ［法］亚历山大·泽瓦埃斯：《一八七一年后的法国社会主义》，中央编译局国际共运史研究室译，生活·读书·新知三联书店 1983 年版，第 161 页。

领导权。

已年过六旬的拉法格则继续保持着旺盛的革命斗志和大胆探索的进取精神,同夸大议会斗争意义的改良主义派和否定任何合法斗争的无政府主义派进行着毫不妥协的斗争。为了对饶勒斯等人夸大议会斗争意义的改良主义做法进行批驳,拉法格再次表明了自己对议会制的看法和议会斗争的态度。他在1908年法国社会党图卢兹代表大会上的发言中说:“议会制只是资产阶级的适宜的统治形式,这种形式使资本主义资产阶级能够掌握国家的预算手段以及军事、司法和政治方面的权力。社会主义者不是议会派,而是反议会派,他们要推翻议会制政府——这个骗人的、乱七八糟的制度。那个自称是选民的代表的议员是在骗人,因为他的选民团是由资本家和工人组成的,他不能既代表这一部分人又代表另一部分人。当他自称是代表时,他是在说谎,况且他也没有这种能力……”①在此,之所以拉法格认为议会制在资本主义社会里是“骗人的制度”,是因为在他看来,资产阶级所需要的议员或内阁部长们应该是驯服的、随时准备听从其调遣的代理人,他们只能代表资产阶级的利益,而根本都不可能站在劳动者阶级的利益立场上,进行有利于劳动者阶级的改革或实践。相反,只有在社会主义组织中实行的代表制中,所选出的代表才有可能同选举他的人保持思想一致,并真正代表选民的利益。为此,拉法格再次强调,社会主义的代表进入议会并不等于是夺取了政权或者削弱了资产阶级政府的抵抗力量,社会主义者进行议会斗争也并不是想削弱资本主义国家的镇压力量,而是“为了同它斗争”,以便给无产阶级政党“增加一个新的斗争场所,最宏伟的斗争场所”②。这一认识显然是与马克思、恩格斯的思想相吻合的。

---

① 《拉法格文选》(下),中央编译局国际共运史研究室编译,人民出版社1985年版,第355页。

② 《拉法格文选》(下),中央编译局国际共运史研究室编译,人民出版社1985年版,第356页。

尽管像前面已经提到的那样，拉法格对议会制的言辞激烈的批评显得有些片面，但这并不意味着他站到了无政府主义一边。事实上，当无政府主义者对他针对议会制的批评予以欢迎时，他马上毫不客气地进行痛斥，声明马克思主义者对议会制的批评，同无政府主义者所宣扬的观点毫无共同之处。与此同时，拉法格对改良主义的一以贯之的坚决批判以及对议会斗争作用的正确认识，又充分证明他始终坚持着马克思主义的立场。因此，总体上看，拉法格一生中对于议会斗争保持了一个马克思主义者的正确态度。

第二节　关于农民和土地问题的认识

马克思、恩格斯认为，无产阶级的阶级地位以及资本主义社会化大生产的劳动条件决定了它能够担负起改变旧制度、建立新制度的历史使命；但他们同时强调，无产阶级革命必须得到农民的“合唱”才有可能取得胜利。这主要是因为，19 世纪以来，除了西欧的大不列颠本土和普鲁士易北河以东地区之外，“从爱尔兰到西西里，从安达卢西亚到俄罗斯和保加利亚，农民到处都是人口、生产和政治力量的非常重要的因素”①。然而，由于生活的闭塞以及自给自足的生产状况，作为重要政治力量之一的农民却长期对政治保持着冷漠的态度。随着资本主义的发展日益割断农业小生产的命脉，他们甚至将改变自身状况的希望寄托在大土地所有者以及进行欺骗性宣传的资产阶级身上。因此，无产阶级政党为了夺取政权，“应当首先从城市走向农村，应当成为农村中的一股力量”②；只有在农民问题上制定正确的策略，把大多数农民争取到社会主义方面来，才有可能取得最后的胜利。由此可见，如何解决好农民的土地问题和其他问题，以便在社会主义运动中同广大农民结成巩固的工农联盟，是无产阶级政党在社会主义运动中不能不引起重视的重要策略问题。

---

① 《马克思恩格斯文集》第 4 卷，人民出版社 2009 年版，第 509 页。

② 《马克思恩格斯文集》第 4 卷，人民出版社 2009 年版，第 510 页。

一、拉法格关注农民和土地问题的背景

拉法格从19世纪80年代末期开始认识到争取农民的重要意义。他曾于1885年、1889年和1891年多次到法国阿利埃、歇尔、马恩等省的许多小农占优势的村庄去宣传社会主义思想，受到农民的热烈欢迎；他参与了法国工人党土地纲领的起草和修改工作，并对法国的农民所有制进行过专门研究，被称为“法国农民问题方面的最大权威”①。这里需要说明的是，拉法格对农民和土地问题尤为关注和重视，与当时的背景有着直接关联。

首先，从基本国情来看，直至19世纪末20世纪初，法国仍然是一个典型的小农经济国家。据统计，法国农村人口到1870年前后仍占总人口的69%，全国只有一小部分人从事工业生产；甚至直到1914年，中世纪遗留下来的农民用实物和劳动支付租税和徭役的现象在一些地方都还没有彻底根除。但一个不容忽视的事实是，1848年革命后法国经济领域所发生的历时近三十年的深刻的物质革命，推动着金融业、工商业迅速发展，进而对农业也造成了深远影响。由于农村过剩劳动力纷纷流入城市以及地价上涨，农产品不断涨价，大土地所有者纷纷追加投资兼并土地，使用现代化的器材和先进方法进行生产，提高农业生产效率，促进了农业生产的区域化、产业化和专业化。这样，尽管法国土地所有者的人数依然很多，但土地却快速地集中到极少数人手里。拉法格在《法国的阶级斗争》(1894)一文中曾引用法国1884年的一次人口统计结果来说明这种变化。他描述道，随着工商业的发展，法国土地的集中越来越快。当时法国4950万公顷的可耕地分属于834.6万个所有者，其中占法国全部土地所有者一半以上的509.1万个农民仅占有可耕地257.4万公顷，占全国可耕地面积的1/23，平均每个农民占地仅半公顷左右；而另外2.92万个所有主却占有法国可耕地的1/4，约1250万公顷，平均每个所有主占地达453公

① 李兴耕：《拉法格传》，人民出版社1985年版，第98页。

顷。此外,再加上美洲和印度的谷物竞争愈加激烈,以及金融资本等其他世界性的掠夺,大批中等所有者破产消失。“这样一来,一方面是人数不多的土地所有者,另一方面是大量小农,他们只占有一小块土地,靠这块土地根本不足以维持自己的生活。”①拉法格认为,正如资产阶级学者自己所说的那样,“日益增长的农民不满情绪、他们的地产的缩减、几乎完全断绝收入、二十年来向他们许下的诺言(农业信贷、农业保险、老人和残疾人基金,减轻租税负担等等)不兑现,那就不难理解,社会主义在这里为自己的传播找到了现成的土壤”②。总之,法国小农经济的典型特征以及土地日益集中的背景使拉法格坚信,社会主义思想必将在农村广泛传播并最终征服农村,越来越多的农民将会加入社会主义政党的队伍。

其次,法国工人党对农民和土地问题的日益重视为拉法格关注这一问题提供了组织支持。在成立之初,法国工人党主要在城市工人中进行宣传鼓动工作,而对农村工作不够重视。为了把农村争取过来,在议会选举中获得更多的农民选票,工人党从 19 世纪 80 年代末起开始重视农村问题。它在一些地方的农业工人中建立了自己的组织,并派出党员到广大农村去宣传社会主义思想。作为工人党领导人之一的拉法格就曾多次到农村进行竞选宣传活动。在 1889 年写给恩格斯的一封信中,拉法格这样描述自己在农村演讲时受到农民热烈欢迎的情形:“礼堂次次都挤得水泄不通。在村里(布律埃尔,梅央,夏多内夫),开着的门窗上,连门外的马路上都有人……人们不断为我鼓掌,少数几个当场反对我的人遭到了嘘声”③。基于此,他自信地指出:“如果我有六个星期去所有的村庄演说,那我肯定可以当选。农民总是疑心重重,害怕不相

---

① 《拉法格文选》(下),中央编译局国际共运史研究室编译,人民出版社 1985 年版,第 30 页。

② 《拉法格文选》(下),中央编译局国际共运史研究室编译,人民出版社 1985 年版,第 31 页。

③ 《恩格斯与保尔·拉法格、劳拉·拉法格通信集》(第二卷),广州外语学院法语教研室译,人民出版社 1981 年版,第 339 页。

信的人,但他们愿意见我和听我说话。”①正是通过这些努力,工人党在 1892 年的选举中总共获得 16 万张选票,有 736 名党员当选为市镇参议员。在这一胜利的鼓舞下,工人党又决定制定一个土地纲领,以便进一步争取农民。为此,工人党全国委员会着手对全国农村各阶层的状况进行调查,并且拟定了一个包括经营方式、使用机器的数量、生活状况等 26 项内容在内的详细调查提纲,分发给全国各农业地区的社会主义组织和农村积极分子,然后根据来自全国各地的答复以及农民提出的要求拟定党的土地纲领。1892 年 9 月,法国工人党在马赛召开了第十次全国代表大会,大会经过热烈讨论,最后一致通过了党的第一个土地纲领,即马赛纲领。大会以后,工人党全国委员会将土地纲领广为印发,并号召各地方党组织通过发表演说或散发小册子使农民了解纲领。正是通过这些工作,工人党在农民中扩大了影响,并在随后的议会选举中取得了很大胜利——各社会主义派别在此次选举中当选的议员总计达近 50 人,从而在议会中组成了联合的社会主义党团②。拉法格在分析胜利原因时指出:“社会主义者在农业地区所得的选票主要是归功于工人党的改革纲领”;正是由于法国工人党的农业改革纲领非常符合“农村居民阶层的切身的需要”,所以“许多社会主义者候选人在议会选举时从这些居民阶层那里得到了他们击败和战胜自己对手所需要的选票”③。为了巩固已取得的成绩,工人党随后又进一步对土地纲领进行了修改,并在 1894 年召开的第十二次全国代表大会上通过了经过增补的土地纲领,即南特纲领。这个纲领着眼于在议会选举中争取更多的农民选票,因而迁就了小农的私有心理,甚至对富农的剥削意图也作了让步,为此受到了恩格斯的严肃批评。但从总体上看,法国工人党从忽视农

① 《恩格斯与保尔·拉法格、劳拉·拉法格通信集》(第二卷),广州外语学院法语教研室译,人民出版社 1981 年版,第 339 页。

② 参见李兴耕:《拉法格传》,人民出版社 1985 年版,第 157 页。

③ 《拉法格文选》(下),中央编译局国际共运史研究室编译,人民出版社 1985 年版,第 33 页。

民问题到制定土地纲领，提出一系列有利于农业工人和小农的改革要求，还是一个值得承认的很大进步。这不仅对于团结农民起到了积极的作用，也为包括拉法格在内的社会主义者思考和关注农民问题提供了良好的组织氛围。

最后，马克思恩格斯对农民问题（尤其是法国农民问题）的有关论述为拉法格提供了理论指导。1848 年革命失败后，马克思恩格斯在总结革命失败的教训以及其后的一系列论著中，对农民问题进行了系统、深入的论述。在《1848 年至 1850 年的法兰西阶级斗争》及其续篇《路易・波拿巴的雾月十八日》中，马克思以法国为例对农民阶级进行了深刻剖析。他指出，法国人数众多的小农过去幻想路易・波拿巴会给他们带来福音，但是世易时移，这一幻想将不可避免地破灭。随着资本主义生产关系的发展，人口数量的不断增加、土地的日益分散以及农业生产费用的不断增加，农业日益恶化，农民负债日益增加，占法国人口总数 2/3 以上的农村人口已无法靠土地私产来保障自己的生活。当他们的利益与资产阶级的利益不可调和地相对立时，他们中"一切已经革命化的成分，自然必定要与享有盛誉的革命利益代表者，即与革命无产阶级联合起来"①。到那时，他们将"把负有推翻资产阶级制度使命的城市无产阶级看作自己的天然同盟者和领导者"②。恩格斯也得出了与马克思一致的看法。他在《一八七七年的欧洲工人》一文中分析说，随着生活境况的日益恶化，法国农民已经不再把改善境况的希望寄托于路易-拿破仑经常向他们许诺但从不付诸实现的帝国奇迹上面了；他们"终于有了充分的觉悟，要去寻找长期贫困的真正原因和消灭贫困的实际办法了。而既然他们已开始思考，他们一定很快就会发现，他们得救的唯一办法，就是同那个丝毫不希望农民处在目前这种悲惨境地的唯一阶级，即同城市工人阶级结成联盟"③。19 世纪末，在欧洲大陆各国农民问题更加突出的背景下，恩格斯写下了《法德农民问题》

① 《马克思恩格斯文集》第 2 卷，人民出版社 2009 年版，第 134 页。
② 《马克思恩格斯文集》第 2 卷，人民出版社 2009 年版，第 570 页。
③ 《马克思恩格斯全集》第 19 卷，人民出版社 2016 年版，第 154 页。

(1894)一文,结合对欧洲大陆各国农村各阶级阶层状态的分析,深入探讨了农业的社会主义改造和无产阶级政党夺取政权后对待农民的基本方针政策问题。在这篇文章中,恩格斯特别分析评价了法国工人党所制定的土地纲领。他强调,法国工人党的土地纲领是从小农经济的典型国家产生出来的,因此特别值得予以重视。在先后出台的两份纲领中,马赛纲领分别针对无地的农业工人和小农的利益提出了要求,并帮助工人党在法国各个不同地区的农民中间获得了很大的成功。然而,工人党显然被成功冲昏了头脑,为了"在朝夕之间,甚至尽可能甚至就在最近一次的普选中把小农争取过来",他们竭力想把纲领弄得更加适合于农民的口味,并冒险向农民许下了一些明知不能兑现的自相矛盾的诺言①。恩格斯对南特纲领的绪论和新增条款逐段逐条进行了评论,并严厉批评了其不妥和草率之处;他同时在给拉法格的信中提醒道:"你们让机会主义牵着走得太远了。在南特,你们为了一时的成就准备牺牲党的未来。及时止步还是时候。"②可以说,拉法格在关注农民和土地问题时尽管存在着一些错误观点,但并没有彻底滑到机会主义的路线上去,与马恩思想的影响以及恩格斯的批评指导有着直接关系。

二、拉法格关于农民和土地问题的主要思想

拉法格涉及农民和土地问题的论著比较丰富。其中,有些是关于此问题的专门性研究文章,如《法国的农民所有制》(1884)、《农民所有制和经济发展》(1894);有些是由他参与起草和修订的法国工人党纲领性文献,如《法国工人党土地纲领》以及对该纲领所作的逐条详细说明;还有些是部分涉及此问题的文章,如在《革命的次日》(1887)、《法国的阶级斗争》(1894)、《财产的起源和进化》(1895)等重要篇章中,就包含着对农民所有制的演进、资本主义

① 《马克思恩格斯文集》第4卷,人民出版社2009年版,第523页。

② 《恩格斯与保尔·拉法格、劳拉·拉法格通信集》(第三卷),冯汉津等译,人民出版社1981年版,第349页。

条件下农业和农村的发展状况、社会主义运动在农村的发展趋势等问题的研究。此外，在拉法格与恩格斯的通信中，也可以找到许多有关农民和土地问题的讨论。从上述论著中不难看出，拉法格主要是立足于法国社会主义运动发展和工人阶级政党领导策略的视野来关注农民和土地问题的，其主要思想概括起来包括以下三个方面的内容。

（一）走社会主义道路是农民获得解放的唯一出路

作为一个有着坚定信仰的社会主义者，拉法格始终对无产阶级解放事业充满着必胜的信念。他同时相信，与无产阶级一样，对农民而言，也只有通过实现生产资料的公有化和选择社会主义道路，才有可能改变自身的艰难处境，真正获得自由和解放。他强调，在资本主义生产方式下，农民受到的压迫比之前的任何社会更甚；但是，“不论农民发动什么样的运动来推翻资本家的压迫，只要它不同社会主义运动结合起来，是注定要失败的”①。

拉法格的上述结论并非凭空得出，而是以对人类社会所有制形式的演进历程以及法国农民所有制的详细研究为基础。在他看来，小农所有制的逐渐湮灭是社会经济发展的必然趋势。在对法国工人党纲领（1880，哈佛尔）的绪论部分作通俗解说时，拉法格表述了私有制必将为公有制所代替的历史唯物主义原理。他指出，人类社会的所有制形式是从集体所有制开始的；随着个人使用的物品、房屋、土地、工具等逐渐为个人所占有，社会发展进入了私有制阶段（与此同时原始集体所有制并未完全消失）。原本个体所有制的特点是所有主本人经管自己的财产，而不使用雇佣劳动，但随着资产阶级掌握社会权力以及机械化的实行，个体所有制形式却不断扩大并具备了其绝对形式，即资本主义私有制。在这种所有制形式下，被资本家私人占有的生产资料却由雇佣劳动者使用着，而且只有由雇佣劳动者使用才能发挥效益；与此同时，生产资

① 《拉法格文选》（下），中央编译局国际共运史研究室编译，人民出版社 1985 年版，第 262 页。

料和产品的社会化也越来越需要以体力劳动者和脑力劳动者集体的方式来占有和使用生产资料，这样，“个体所有制就完全失去存在的意义”，一种“新的高级的集体所有制或社会所有制形式”必将取而代之①。而在此过程中，作为个体所有制较低级形式、以小农所有制为代表的小私有制早在资本主义社会里就会逐步失去生存的空间。

1894 年，在代表法国工人党全国委员会向南特代表大会所作的报告中，拉法格具体分析了资本主义条件下与大量小农相联系的小私有制发展日益困窘的原因。首先，随着资本主义工业的迅速发展以及集约经营时期的到来，农业变成了资本主义工业的组成部分，需要具备专门知识和大量资本的大土地所有者和大资本家才能经营，而“因循守旧和缺乏资金的中等地产和农民都不掌握这样的专门知识和资本”②。其次，资产阶级革命使小农失去了公共财产、牧场和其他使用权，而高利贷和抵押贷款使小地产遭到破产，并最终为资产阶级地产所吞噬。面对这个由于农业歉收、瘟疫和其他疾病而不断加速的吞噬过程，中农和小农“反对资本主义大地产的经济斗争在当时是不可能的”③。最后，资产阶级政府也总是维护有产阶级（大土地所有者、商人、工业家和金融家）的利益。“它在小地产反对大地产的力量悬殊的斗争中不去帮助小地产，而是增加和提高小地产所负担的捐税”④，从而使农民不得不依赖收购农产品的商人。总之，资本主义社会的所有经济现象将促使土地集中在越来越少的所有主手中，“这种有利于不劳而食者的残酷无情的集中不可能

① 《拉法格文选》（上），中央编译局国际共运史研究室编译，人民出版社 1985 年版，第 130 页。

② 《拉法格文选》（上），中央编译局国际共运史研究室编译，人民出版社 1985 年版，第 419 页。

③ 《拉法格文选》（上），中央编译局国际共运史研究室编译，人民出版社 1985 年版，第 419 页。

④ 《拉法格文选》（上），中央编译局国际共运史研究室编译，人民出版社 1985 年版，第 419 页。

停止自己的进展；它是不可避免的”①。在这种情况下，尽管还有大量小农存在，但“小农仅仅名义上是自由的所有者，对他们来说，占有一块土地等于一条把他们拴起来为大土地所有者干活的锁链”②。应该说，拉法格的上述思想与恩格斯对资本主义社会中小农命运的分析是完全一致的。恩格斯曾在《法德农民问题》(1894)一文中写道：“资本主义生产形式的发展，割断了农业小生产的命脉；这种小生产正在无法挽救地灭亡和衰落”③；“农民每况愈下。捐税、歉收、继承人分家、诉讼，将一个又一个农民驱向高利贷者；负债现象越来越普遍，而且每个人的债务越来越沉重——一句话，我们的小农，同过了时的生产方式的任何残余一样，在不可挽回地走向灭亡。他们是未来的无产者”④。

正是在上述趋势的支配下，随着农业生产竞争的日趋激烈和土地的不断集中，资本主义社会中农民的生存境况每况愈下。1889 年拉法格到法国歇尔省的农村进行社会主义宣传时，曾目睹了发生在农村的深刻经济危机和农民的艰难生活境况。他在给恩格斯的信中描述道：一边是旧贵族拥有巨大的庄园，一边是人数众多的农民阶级；所有的种田人都有一些小块土地，借以生产自己消费所不可缺少的生活用品；为了缴纳赋税和弥补生活资料的不足，自耕农们只能到大地主家打短工，但随着农业机械化的推广，农活变得更少了；“农民眼看着自己的劳动力越来越不值钱，干一天才给 25 苏。他们甚至还找不到活干。他们艰难地在自己的土地上生活，不得不靠借债交税”⑤。而随着资本主义垄断阶段的来临，农民受到的压迫比以前更甚。拉法格注意到，掌握

① 《拉法格文选》(上)，中央编译局国际共运史研究室编译，人民出版社 1985 年版，第 421 页。

② 《拉法格文选》(下)，中央编译局国际共运史研究室编译，人民出版社 1985 年版，第 30 页。

③ 《马克思恩格斯文集》第 4 卷，人民出版社 2009 年版，第 510 页。

④ 《马克思恩格斯文集》第 4 卷，人民出版社 2009 年版，第 513 页。

⑤ 《恩格斯与保尔·拉法格、劳拉·拉法格通信集》(第二卷)，广州外语学院法语教研室译，人民出版社 1981 年版，第 341 页。

着巨额金融资本的垄断资本家所掌握的托拉斯体系不断损害着农民的利益，使农民难以生存；商人、投机分子与银行家相互勾结，使农场主破产，成为有名无实的所有者；农民根本无法靠自己的力量来摆脱托拉斯体系的桎梏，推翻资本家的压迫。总之，资本主义由自由竞争向垄断阶段的发展所带来的巨大经济变革，如资本迅速集中为托拉斯体系的发展扫清道路、工业发展跃居农业之上占据统治地位等等，将"不能不使城市和农村的生活条件发生强烈的动荡。农场主通往幸福的所有道路都被堵死。除了债务以外，他们再也得不到什么了"①。在此背景下，选择社会主义，彻底推翻资产阶级的压迫，成为了农民解放自身的唯一出路。

那么，农民自己是否能意识到这一点并自觉地接受社会主义思想呢？一些资产阶级政客对此持否定态度。他们认为，"土地共有的学说必然会在'反集体主义的农民脑壳'上碰得粉碎"，"农民任何时候也不会容忍土地共有的思想，因为农民对自己一小块土地的眷念之情非常深厚和强烈"②；并由此把农民当作自己的后备军，主张资产阶级竞选阵营主要的选民群众主要应来自农村。而社会主义者中的一些保守派也认为很难让农民接受社会主义思想，担心只要社会主义者"一提起社会主义，农民一定会用链枷和叉子对付他们"③。相反，拉法格则对社会主义思想在农村和农民中的传播持相当乐观的态度。他一面嘲讽资产阶级政治家对三十年来农村所发生的变化缺乏认识，一面用事实向保守派证明农民对于社会主义宣传的欢迎。在他看来，"虽说农民几乎全是小自耕农，但他们都不怕社会主义，相反都模模糊糊地希望社会

---

① 《拉法格文选》(下)，中央编译局国际共运史研究室编译，人民出版社 1985 年版，第 288 页。

② 《拉法格文选》(下)，中央编译局国际共运史研究室编译，人民出版社 1985 年版，第 29 页。

③ 《拉法格文选》(下)，中央编译局国际共运史研究室编译，人民出版社 1985 年版，第 31 页。

主义能给他们的现状带来改革”①。根据自己的观察和切身体验，他认为农民对自己艰难处境的认识事实上“比许多产业工人更清楚”，农民们已意识到“他们的处境一天比一天坏，同大土地占有者的竞争作斗争越来越困难了”；因此，“农民对自己的小块土地、对个人土地所有制的眷恋并不像资本家所说的那样严重，最近三十年的经济发展大大削弱了这种对自己的土地的众所周知的爱。即使农民对通过社会主义来解决社会问题的思想并不特别热情，但是他们毕竟看到，在现存的条件下，实行包括土地在内的一切生产资料的公有化是唯一切实可行的办法”②。

（二）争取农民是社会主义政党的重大任务

早在《共产党宣言》中，马克思恩格斯就提出了无产阶级必须把劳动者中的非无产阶级和阶层吸引到自己这方面来，建立广泛的统一战线的思想。19世纪50年代，马克思更为直接地指出，无产阶级革命必须得到农民的“合唱”，因为“若没有这种合唱，它在一切农民国度中的独唱是不免要变成孤鸿哀鸣的”③。但欧洲各国无产阶级政党一开始并没有认识到团结农民、建立工农联盟的重大意义。例如，法国工人党成立后相当长一段时间内都把在城市居民中进行宣传放在工作的首位，而忽视农村工作，直到19世纪80年代中后期才开始到农村进行社会主义宣传；德国社会民主党在1890年摆脱了反社会党人法的压制后，才决定此后要有计划地在农村开展宣传工作，并专门针对在农业地区具有较大影响的中央党提出了“走向农村去！”的斗争口号。

拉法格是法国工人党中较早意识到建立工农联盟重大意义的人，他从19

① 《恩格斯与保尔·拉法格、劳拉·拉法格通信集》（第二卷），广州外语学院法语教研室译，人民出版社1981年版，第339页。

② 《拉法格文选》（下），中央编译局国际共运史研究室编译，人民出版社1985年版，第31页。

③ 《马克思恩格斯文集》第2卷，人民出版社2009年版，第573页。

世纪 80 年初就开始关注资产阶级革命之后农村和农民的变化。他认为，在资本主义社会里，农民与无产阶级一样深受资产阶级的压迫，具有较强的革命性，因此社会主义政党应该将争取农民作为自身的重大任务之一。

在《进化—革命》(1880)、《法国的阶级斗争》(1894)等文章中，拉法格结合法国实际详细分析了农民革命性不断增强的原因。他指出，资产阶级革命以及工业生产和商品交换的发展势必破坏小私有制，迫使农民脱离土地，将其抛进工业城市无产阶级的队伍，这种急剧的变化定会引起革命的爆发；与此同时，“随着现代大农业的发展，农民不再是栖息在自己的那个小窝里、不与任何人交往、苟且偷安的动物了”，成了无产者的农民“过着城市里广泛的人的生活，成了一个大组织的成员；他的才智得到了提高和发展，他的革命性也加强了”①。农民革命性的增强与资本主义生产关系确立后社会生产力的发展以及社会经济关系的变化存在着直接关联。根据拉法格的分析，铁路和现代金融资本从 19 世纪中叶起对农村社会关系的变化发挥了革命性作用。其中，作为人类历史上最伟大之革命因素的铁路使农村生活发生了巨大的变革。它把从前必须在产地消费的农产品运到了外地市场，把农村居民运进远离家乡的城市，从而使农民逐渐摆脱了“他们从前的迟钝和笨拙的特点”，不再过“祖辈时代那样与世隔绝的生活”了；与此同时，金融资本则通过发行股票“把农民世世代代积聚下来的所有金钱都集中到它的贪婪的、掠夺者的手里”，然后“完成了铁路的事业并在农村为社会主义创造了基础，正像大机械工业在城市为社会主义创造了基础一样”②。铁路的建设、工业财产和金融财产的变化引起了土地财产、耕作方法和农村人口成分的改变，这些变化不仅为社会主义者在农村进行宣传活动创造了条件，也将促使越来越多的农民加入无产阶级

① 《拉法格文选》(上)，中央编译局国际共运史研究室编译，人民出版社 1985 年版，第 37—38 页。

② 《拉法格文选》(下)，中央编译局国际共运史研究室编译，人民出版社 1985 年版，第 30 页。

的革命队伍。随着资本主义垄断阶段的到来，有更多的小农被抛进农业无产阶级的队伍。越来越多脱离农业劳动、主要从事工商业的公民都靠农业人口的劳动来养活；“这种情况孕育着革命”，其出路“只有土地社会化”①。总之，在上述背景下，正如马克思所预言的那样，“农民很快就会欣然接受城市无产阶级为他们的领导者和老大哥”②。

作为未来的无产者，具有潜在革命要求的农民本来应当乐意倾听社会主义的宣传。但正像恩格斯所分析的那样，农民们“根深蒂固的私有观念，暂时还阻碍他们这样做。为了保持他们那一小块岌岌可危的土地而进行的斗争越加艰苦，他们便越加顽固地拼命抓住这一小块土地不放，他们便越加倾向于把那些谈论将土地所有权转交整个社会掌握的社会民主党人看作如同高利贷者和律师一样危险的敌人”③。这就需要社会主义政党主动出击，采取适当的方法将农民争取到革命方面来。据此，拉法格立足于法国社会主义运动的实际，对社会主义政党争取农民的政策与方法进行了思考定位。在他看来，为了争取农民，社会主义政党必须从关系农民切身利益的土地问题、赋税问题、债务问题等方面入手来制定适宜的农民政策。

为此，拉法格分别就社会主义政党在夺取政权前后对待农民的基本政策提出了如下要求。第一，在取得政权之前，社会主义政党不应当对不可避免的、有利于不劳而获者的残酷无情的土地集中趋势袖手旁观；而是应该“迫使资本主义政府进行改革，从而缓和这种集中的致命后果，并且改善各类农民（短工、小农、分成制佃农和佃农）的悲惨境遇”④。第二，社会主义革命爆发后，把农民争取到革命方面来（特别是在像小农人口居多数的法国这样的国

① 《拉法格文选》（下），中央编译局国际共运史研究室编译，人民出版社1985年版，第123—124页。

② 《马克思恩格斯文集》第3卷，人民出版社2009年版，第201页。

③ 《马克思恩格斯文集》第4卷，人民出版社2009年版，第513页。

④ 《拉法格文选》（上），中央编译局国际共运史研究室编译，人民出版社1985年版，第421页。

家)应成为社会主义政党的重大任务之一。到那时,革命政党将遇到利益各不相同,甚至互相对立的三大阶级:工人阶级、农民阶级和小工商资产阶级。为了把农村吸引到革命方面来,应把工人阶级居统治地位的各工业城市作为革命的中心并建立联邦。与此同时,必须采取有利于农民的普遍措施,例如取消抵押贷款和各种债务,废除各种赋税和新兵招募,等等;并毫不动摇地设法增加农民的收入,减轻他们的劳动,向他们提供优质的种子和肥料,等等。拉法格特别强调,社会主义革命不会剥夺农民拥有的小块土地,因为它的使命在于"剥夺那些夺走农民的土地和工人的机器并利用这些土地和机器来剥削生产者的人"①;至于那些从新的土地贵族手中夺取过来的大地产,则不会再被分割成小块来加以出售,而是将由组织起来的农民为了共同的利益进行经营。第三,在建立社会主义政权之后,"出生在资本主义社会的废墟上建立起来的社会主义共和国,并且受到共产主义精神教育的人们,将把资本家为了自己的利益交给他们的父辈支配的土地归还给国家";但是社会主义政党"并不想妨碍农民私有主安静地占有他用自己的汗水浇灌的小块土地";相反,它"将取消他所负担的捐税,取消由于期票和抵押借款而产生的债务,使之摆脱促使他破产的高利贷者,帮助他的经济,给予贷款、机器、肥料、种子、牲畜等,使他能够用实物偿还自己的债务"②。

(三)社会主义政党应实行符合农民利益的土地政策

要想争取农民,就必须关注他们的切身利益,而土地是农民的生存之本,农民最大的利益就是土地问题。在法国这样农民小块土地所有制占优势的国家,土地问题更是尤为突出。因此,作为法国工人党领导人拉法格特别关心土

① 《拉法格文选》(上),中央编译局国际共运史研究室编译,人民出版社 1985 年版,第 421 页。

② 《拉法格文选》(上),中央编译局国际共运史研究室编译,人民出版社 1985 年版,第 422 页。

地政策的制定，他曾先后两次在法国工人党的全国代表大会上作关于土地问题的报告，并对自己参与拟定的工人党土地纲领进行过详细说明。在他看来，制定能切实代表农民利益的土地改革政策对于工人党来说意义十分重大；因为事实证明，只要工人党的农业改革纲领符合农民阶级的切实利益需要，他们就可以得到农民的支持，从而击败和战胜自己的对手。为此，他曾高度评价1892年马赛土地纲领的通过，认为“这是法国一个现存的政党第一次以农村劳动者的保护人的身份出现”；“从前似乎为了发展农业而提出和实施的一切改革都只是为了帮助地主大老爷”①。

为了使工人党所实施的土地政策真正符合农村劳动者的切身利益，首先必须详细了解农村居民的具体状况。拉法格指出，在农村居民中，有三类人的特点和生活状况值得特别关注。一是短工。他们同城市工业工人一样，按天、月或年出卖自己的劳动力。这类人的生活十分困苦，他们“在几个星期，甚至几个月内，找不到任何农业工作；不得不失业，无活可干，向面包房赊账，或者背井离乡，到城里去寻找工作，然而，即使在城里也并不总是能够找到工作”②。二是佃农或分成制佃农。他们耕种资本家的土地，付给资本家一定的租金，或者一定数量的收获物，而在后一种情况下其劳动所得只占收获物的规定份额。三是数量众多的小农和细小农。他们拥有一小块土地，希望靠耕种自己的土地来维持生活；然而，由于收入低微，为了活命他们不得不为佃农和自己经营土地的大土地所有者干活。拉法格特别将小农与农村的大土地所有者进行了区分。他认为，尽管小农和大土地所有者都是土地占有者和农村居民，两者都同样面临着必然灭亡的命运，但两者之间存在着典型区别。其中，大土地所有者是“土地寄生虫”，他们不断侵吞中等地产和其他农民的公共地

---

① 《拉法格文选》（下），中央编译局国际共运史研究室编译，人民出版社1985年版，第32—33页。

② 《拉法格文选》（上），中央编译局国际共运史研究室编译，人民出版社1985年版，第403页。

产,只留给农民们不足以糊口的小块土地,迫使大量小农遭到破产并变成雇农;与此同时,他们还和资本家勾结在一起操纵着法律和政策,以便谋取自己的私利。为此必须通过革命将大地产从这些“土地寄生虫”和土地贵族手中夺取过来,“并以集体占有或社会占有的方式交还农业无产者掌握”①。而对小农来说,尽管他们也是土地所有者,但他们所拥有的小块土地只是“工具”而已,就像“刨子对于木匠、刀子对于外科医生一样”,他们决不会用自己的劳动工具剥削其他人的劳动;因此社会主义的迫切职责就在于“保护自食其力的农民的小块土地,使之免受国库、高利贷者和新的大土地所有者的侵犯”②。

拉法格强调,工人阶级政党必须主动或者迫使资产阶级政府进行有利于上述三类农村居民的改革,以便改善他们的悲惨境遇。结合他亲自参与修订和说明的法国工人党土地纲领来看,主要针对以上各类农民提出了两大类的改革政策。一类是专门针对短工、长工以及其他“连最小的一块土地也不占有”的农业无产者所规定的政策。纲领要求,应由农业工人工会和市参议会规定其最低工资额,同时建立农业劳资纠纷仲裁委员会,以便调解劳资之间在工资以及一般劳动条件等问题方面所发生的纠纷。此外,国家应不断扩大公共土地的面积,并将公共土地交给由市镇的贫苦成员所组成的协作社或仅仅享有土地用益权的无地农户来共同耕种;但是禁止雇工,并必须缴纳税金以用于公共福利事业。拉法格相信农民们一定会欢迎关于公共土地的改革措施,他说:“用不着作进一步的解释,农业工人就会懂得,如果公共土地很多,如果按照工人党所建议的那样去利用它,这些公共土地对他们来说就会有怎样的意义。”③另一类是针对拥有小块土地的小农所提出的一系列改革措施。主要

① 《拉法格文选》(上),中央编译局国际共运史研究室编译,人民出版社1985年版,第399页。

② 《拉法格文选》(上),中央编译局国际共运史研究室编译,人民出版社1985年版,第399页。

③ 《拉法格文选》(上),中央编译局国际共运史研究室编译,人民出版社1985年版,第406页。

包括如下内容。(1)在流通领域为小农提供援助。由于小农缺乏资金,并在购买生产资料或出售产品时经常遭到商人的盘剥,因此纲领提出由市镇在国家资助下购置或租借农业机器免费交给小农使用,同时建立农业劳动者协作社来集中购买生产资料或销售产品。(2)为小农提供税收和利率优惠。例如纲领规定,价值5000法郎以下的地产转让时,免征财产转移税;取消一切间接税;作为过渡措施,免除自耕农的土地税,减轻那些把土地典押出去的农户的土地税;降低法定的和约定的利率;等等。(3)保护小农及佃农不受大土地所有者和高利贷者的侵犯。包括降低肥料、农产品和农产品的运费;建立仲裁委员会以削减地租;为农民规定不受侵犯的财产数额;等等。(4)为小农提供农业生产方面的支持。例如制定研究改良土壤和发展土地生产的公共工程计划;免费为农民教授农艺学,帮助农民掌握现代农业生产技术,建立农业试验田,以便进行实际教育;等等。拉法格呼吁,农民们应当认真学习和讨论工人党代表大会所通过的上述土地纲领,这样如果他们认为这个纲领没有包括自己需要的全部改革,就可以及时提出补充,并且责成其代表或候选人提出要求;更重要的是,农民们"只有自己起来捍卫自己的利益",同时与城市工人联合起来,才能"把资本家的共和国变为劳动者的共和国"①。

值得说明的是,拉法格在土地问题上存在着一些自相矛盾的观点。例如,他关于保护小农土地私有权的认识很明显与之前他关于小私有制发展趋势的分析相矛盾。恩格斯1894年在《法德农民问题》一文中对这种观点进行了严肃批评,他评价说:"我们的法国同志有一点是完全正确的:违反小农的意志,任何持久的变革在法国都是不可能的。我只是觉得,他们没有找到接近农民的正确方法。"②恩格斯指出,资本主义的发展必然会导致小农土地所有制的消灭,但是无产阶级政党不能以自己的干预来格外加快这个过程,因此可以采

---

① 《拉法格文选》(上),中央编译局国际共运史研究室编译,人民出版社1985年版,第403页。

② 《马克思恩格斯文集》第4卷,人民出版社2009年版,第523页。

取一些旨在使小农在其必然灭亡的过程中少受折磨的措施;但是如果希望永远保存小农,那就是力求达到经济上不可能实现的东西和牺牲原则。他强调:“社会主义的利益决不在于维护个人占有,而是在于排除它,因为凡是个人占有还存在的地方,公共占有就成为不可能”;“企图保护小农的所有权,这不是保护他们的自由,而仅仅是保护他们被奴役的特殊形式而已”;“社会主义的任务,不如说仅仅在于把生产资料转交给生产者公共占有。”①遗憾的是,拉法格和工人党的其他领导人并没有彻底改正在土地问题上的错误观点。在1909年法国社会党圣亚田代表大会上关于土地的发言中,拉法格仍然没有对这一问题作出科学分析②。

第三节 关于知识分子问题的认识

法国著名哲学家、“结构主义马克思主义”的奠基人路易·阿尔都塞(Louis Althusser,1918—1990)曾指出:“谈到十九世纪和二十世纪初工人运动中的理论传统,我们不能脱离开知识分子所从事的工作。奠定了历史唯物主义和辩证唯物主义理论的是一些知识分子(马克思和恩格斯),发展这一理论的也是一些知识分子(考茨基、普列汉诺夫、拉布里奥拉、罗莎·卢森堡、列宁、葛兰西)。这种状况无论在开始或在后来,无论在现在或将来,都是不能改变的。”③——这段话恰如其分地描述了知识分子在马克思主义理论传播方面的贡献。的确,自马克思主义产生以来,无论是在科学社会主义思想的传播方面,还是在社会主义运动实践的推进过程中,知识分子均发挥了重要的作用。然而,在20世纪30年代以前的法国,许多社会主义者将知识分子整体划归为资产阶级,对其基本持不信任的态度,同时也很少关注知识分子问题。拉

① 《马克思恩格斯文集》第4卷,人民出版社2009年版,第516—517页。

② 参见李兴耕:《拉法格传》,人民出版社1985年版,第160页。

③ [法]路易·阿尔都塞:《保卫马克思》,顾良译,商务印书馆1984年版,第4页。

法格则是一战前法国马克思主义者中少有的对知识分子问题进行过专门研究，并呼吁在社会主义运动中团结知识分子的人。与对农民问题的考察一样，他对于知识分子问题的关注同样是着眼于社会主义运动发展的客观要求以及法国工人党领导策略的视野来进行的。

一、拉法格关注知识分子问题的背景

为了充分解析资本主义社会的阶级矛盾和阶级冲突，拉法格除了详细分析资本主义社会中以资产阶级为代表的私有者阶级以及以无产阶级、农民阶级为代表的生产者阶级等几大对立阶级的生存状态、阶级特点以及历史命运之外，还特别关注了知识分子这个容易为人忽视的特殊群体，对其社会地位、特点及其在社会主义运动中的作用进行了较为独到的分析。与其对农民和土地问题的关注一样，拉法格对于知识分子群体的这种浓厚兴趣也同样与当时的背景有着密切联系。在这里，有两方面的背景是我们在研究拉法格关于知识分子问题的思想时必须予以关注的。

一方面是 19 世纪中期以来法国工人运动对知识分子的排斥以及法国工人党改变这一状况的客观需要。

18 世纪到 19 世纪，在德、意、俄等许多欧洲国家，社会、政治、宗教、意识形态和伦理条件使知识分子的活动简直无法进行，得到教会支持的封建地主阶级和资产阶级为了他们共同的阶级利益沆瀣一气，往往只给予知识分子十分卑贱和低微的职务；因此，这些国家的知识分子“只有站在工人阶级这个唯一革命的阶级一边，才能得到自由和前途”①。与此相反，法国知识分子一直以来具有较高的社会地位，他们从 18 世纪末期的法国大革命开始便积极参政，在议会和政府中占有很大比重，乃至于当时有人将共和国制政体下的法国称之为“律师和教授的共和国”。对于上述区别存在的原因及其影响，阿尔都

① ［法］路易·阿尔都塞：《保卫马克思》，顾良译，商务印书馆 1984 年版，第 5 页。

塞曾这样详细地分析道:“在法国则相反,资产阶级曾经是革命的阶级。它历来善于争取知识分子参加到它所进行的革命中来,并且也确实做到了这一点;在夺取和巩固了政权以后,资产阶级继续使整个知识分子站在自己的一边。法国资产阶级干净、彻底地完成了自己的革命;它把封建主阶级从政治舞台上清除了出去(1789年、1830年、1848年);它在革命中确立了资产阶级统治下的民族团结;它击败了教会,随后又收容了它,但其目的只是为了在适当时机同它分离;它用自由、平等的口号把自己装扮了起来。资产阶级利用自己的实力地位和在历史上取得的种种其他地位,给了知识分子相当宽广的前途和活动余地、足够体面的职务、不少的自由和幻想,以便把他们笼络在它的法律之下,使他们继续受它的意识形态的控制。”①正因为如此,部分法国知识分子往往不但不去抨击代表统治阶级意志的理论,反而积极奉行,力争使自己也成为统治者中的一员,他们自然而然地接受了资产阶级给予自己的这种地位,同时并不感到有向工人阶级方面去寻找出路的切身需要,即便他们中有部分人选择支持工人阶级,这些人也往往不善于彻底清除自己身上盖有的资产阶级意识形态的烙印,而这也正是唯心主义、实证主义以及改良主义思潮在法国社会主义运动中层出不穷的重要原因之一。

法国知识分子的上述特点难免会使工人阶级对其产生“本能的”怀疑或不信任感,进而造成了“工运中心主义”在法国工人运动中根深蒂固的存在。在19世纪后期的法国工人运动中,就曾出现过一股排斥知识分子的思潮。例如,1876年在巴黎召开的法国第一次全国工人代表大会就只允许体力劳动者参加,而将知识分子排斥在外,会上多数代表主张建立一个和“一切现存的其他政党区分开来”的无产阶级自己的政党。而不少信奉无政府工团社会主义的法国工人也对知识分子采取敌视态度。即便在法国工人党内,有些工人党

① [法]路易·阿尔都塞:《保卫马克思》,顾良译,商务印书馆1984年版,第5页。

员也对知识分子出身的党员抱有偏见①。这种关于知识分子的以偏概全的认识状况以及对其所采取的简单排斥的态度，实质上是不利于法国工人运动发展的。这不仅是因为当时仅占法国总人口2%左右的知识分子已经在社会发展以及各种类型的政治运动中发挥了不可替代的重要作用（例如，在1898年“德雷福斯案”重审事件中，以左拉为代表的知识分子通过发动大规模民众政治运动来捍卫民主制度和法律的尊严，正是知识分子在法国社会政治生活中淋漓尽致地发挥自身作用的典型例证），更是因为知识分子对在法国社会主义运动中传播马克思主义、形成真正科学的社会主义理论传统来说不可缺少。也正是出于这些方面的考虑，法国工人党进行了大胆而耐心的努力，以消除“工运中心论”的不良影响以及部分工人群众对知识分子的不信任。在此背景下，拉法格与盖得、瓦扬等人甚至一起将寓所搬到了知识分子比较集中的巴黎拉丁区，直接到知识分子中间去开展社会主义宣传，以便尽可能将其吸引到社会主义运动中来。

另一方面，鉴于拉法格深受马克思、恩格斯的影响，马、恩对知识分子的态度，特别是恩格斯晚年对于知识分子问题的关注和论述，也是我们考察这一问题时不可忽略的背景因素。

在知识分子问题上，马克思、恩格斯首先是针对19世纪70年代末期在社会主义运动中出现的改良主义、机会主义思潮，对非无产阶级出身的知识分子党员改造世界观的重要性进行了强调。1879年，为了批判“苏黎世三人团”②的右倾投降主义路线，帮助和教育德国社会民主党的领导人，马、恩给德国党

---

① 参见沈炼之主编：《法国通史简编》，人民出版社1990年版，第434页；李兴耕：《拉法格传》，人民出版社1985年版，第199—200页。

② 注：指19世纪70年代德国社会民主党内的改良主义者赫希伯格、施拉姆、伯恩施坦三人组成的右倾机会主义集团。他们指责党为争取产业工人的利益进行的斗争是片面的；要求党改变性质，成为“一切富有真正仁爱精神的人”的全面的党；宣扬无产阶级应服从“有教养的和有财产的”资产阶级领导才能获得解放；鼓吹党应放弃流血的暴力革命，走合法的改良道路，不要以最终目的吓跑资产阶级，增加他们的怨恨，而应把全部精力放在最近目标，用于议会活动上。

的主要领导人写了一封“通告信”。“通告信”强调，其他阶级的人员参加到无产阶级政党中来，就必须对无产阶级运动有益处，不能把资产阶级、小资产阶级等偏见的任何残余带进来，而要无条件地掌握无产阶级世界观。这就为无产阶级政党处理与知识分子的关系提供了原则性的指导。恩格斯晚年则进一步敏锐地意识到，如何看待知识分子对于无产阶级的解放事业来说至关重要。他曾在晚年的多封书信中论及无产阶级政党吸收优秀知识分子，以及在实践中培养各个知识领域的专门人才、造就工人阶级知识分子队伍的重要性①。恩格斯指出，社会主义革命的胜利必须有知识分子的参与才可能取得。这既是因为知识分子本身“负有使命同自己从事体力劳动的工人兄弟在一个队伍里肩并肩地在即将来临的革命中发挥巨大作用”，同时也是因为无产阶级革命与资产阶级革命不同，它不仅需要大量的政治家，除此之外也需要吸引“医生、工程师、化学家、农艺师及其他专门人材”等各种类型的知识分子参与进来——因为要彻底实现工人阶级的解放，就“不仅要掌管政治机器，而且要掌管全部社会生产，而在这里需要的决不是响亮的词句，而是丰富的知识”②。因此，无产阶级政党为了将来能够更好地“占有和使用生产资料”，必须尽一切可能积极争取团结“有技术素养的”的知识分子，同时利用一切可能的办法去培养工人阶级知识分子队伍。恩格斯乐观地预计说，在无产阶级政党逐步强大，足以吸收和消化任何数量“有教养的”和“有技术素养的”知识分子的背景下，完全可能会“有足够数量的技术和医务方面的青年专家、律师和教师站到我们这方面来，以便在党内同志的帮助下把工厂和大地产掌管起来”；到那时，无产阶级夺取政权“将是十分自然的，而且会进行得比较顺利”③。为此，恩格斯反复提醒无产阶级政党提前做好准备，以免知识分子对党采取原则上

① 例如，在1891年10月24—26日和1891年11月9—10日给奥·倍倍尔的两封信中，以及1893年12月19日写给在日内瓦举行的国际社会主义者大学生代表大会的贺信中，恩格斯都谈到了自己对知识分子问题的认识。

② 《马克思恩格斯全集》第22卷，人民出版社2016年版，第487页。

③ 《马克思恩格斯文集》第10卷，人民出版社2009年版，第621页。

对立的态度，甚至欺骗和出卖无产阶级政党，那样将会不利于无产阶级执掌政权。他同时提醒道，尽管以大学生为代表的部分知识分子开始向无产阶级政党靠拢、对党表示好感的事实标志着“事态日益成熟”，但是在知识分子中间还不可避免地存在着一些投机主义取向，因此这些“盟友及同情者”能否同无产阶级政党“一道走得很远”，还有待于进一步地仔细观察①。

在法国工人党的领导者中，拉法格原本对知识分子问题就有着不同于其他社会主义者的看法。例如，他很早就自觉意识到知识分子应该属于无产阶级的一部分。而在晚年恩格斯提醒各国无产阶级政党团结和争取知识分子的背景下，作为法国工人党领导人之一的拉法格对知识分子问题更为重视。从1892年同资产阶级学者德莫连进行论战开始，他多次谈到自己关于知识分子阶级属性及作用的看法；最为详尽的一次分析是在1900年3月23日由巴黎集体主义大学生小组在科学家协会大厦组织的一场报告会上，拉法格应邀在会上专门作了题为“社会主义和知识分子”的报告，详细阐述了自己对这一问题的见解。在这些演讲或论著中，拉法格不仅严厉批评那种对知识分子采取歧视和排斥态度的错误倾向，而且强调无产阶级政党要争取把更多的优秀脑力劳动者吸引到社会主义方面来，以便担负领导解放全人类的重任。

二、拉法格关于知识分子问题的主要思想

在《社会主义和知识分子》、《脑力劳动和体力劳动无产阶级》、《赞成共产主义和反对共产主义》和《财产的起源和进化》等文章中，拉法格均谈到了知识分子问题。概括起来，他主要从知识分子的阶级属性、社会地位以及无产阶级团结知识分子的相关策略等三个方面对这一问题进行了分析和论述。

（一）资本主义社会中知识分子的阶级属性

如前所述，由于具有不同于德、意、俄等国的特殊社会背景，知识分子在法

---

① 《马克思恩格斯全集》第38卷，人民出版社2016年版，第211页。

国长期遭到不信任，并整体上被视为资产阶级。但是，在知识分子的阶级属性上，拉法格却提出了不同于当时社会主流认识的看法。他在1883年对法国工人党纲领绪论部分进行解说时即已指出，以工程师、化学家等为代表的知识分子是现代工业的“指挥班子”，指挥着工人的具体生产活动；然而，不管这些知识分子的“科学知识水平有多高”，也不管他们的“个人才能有多大”，他们“跟自己所指挥的工人一样”都是雇佣劳动者，都得“听任游手好闲的产业主或金融家的支配”①。因此，在他看来，“工人阶级”一词不仅“表示体力劳动者，而且也包括脑力劳动者”②。应该说，在当时的社会背景下，这一认识是十分难能可贵的。

拉法格认为，体力劳动与脑力劳动分开而形成两种雇佣劳动者是资本主义生产方式和社会分工发展的必然结果。他分析说，在个体手工业时期，只需要使用很简陋的生产工具，小手工业者兼做体力的和脑力的劳动，靠家庭、几个学徒或艺徒独立地进行工作，就可以完成商品的生产；但机器大工业的发展使得这样的时代一去不复返了，资本主义生产逐步把工人降为了机器的简单的仆役。随着现代生产工具的和生产任务的日益复杂，生产机械化和社会化水平的不断提高，资本家只有依靠“体力劳动者和脑力劳动者的集体”，才有可能来满足自身成百倍地增加利润的需要。他们不仅需要大量只是充当“生产的机器的轮子”的体力劳动者继续为其提供体力劳动，而且也必然需要一大批具有较高知识素养的脑力劳动者来担任经理、管理员、技师、工程师、化学家、农学家等职务，以便从事发明、思考、管理等一般劳动者所无法胜任的工作。就这样，尽管体力工人和知识分子在受教育程度和生活习惯上各有特点，甚至相互排斥，机器大工业的发展却将他们“紧紧联系在了一起”，因为“资本

① 《拉法格文选》(上)，中央编译局国际共运史研究室编译，人民出版社1985年版，第129页。

② 《拉法格文选》(上)，中央编译局国际共运史研究室编译，人民出版社1985年版，第380页。

主义工业已经发展到没有体力劳动者和知识分子这两类雇佣劳动者就无法运转的地步了"①。当然,正因为包括体力劳动者和脑力劳动者在内的无产阶级"既提供了生产的体力因素,也提供了生产的精神因素",因而即使有朝一日整个产业主阶级都被消灭,其财产实现集体化或社会化,生产活动也"并不会因此而受到丝毫损失"②。

不同于那种简单片面地从思想出发对知识分子进行阶级划分的做法,拉法格在知识分子阶级属性的认定上坚持了把经济地位作为划分阶级根本标准的马克思主义原理。他指出,在资本主义制度下,由于生产资料和劳动产品都被资本家阶级占有,知识分子也只能像体力劳动者一样靠出卖自己的劳动力商品来维持自己的生存——唯一的区别在于,"工人之所以能出卖是因为筋力,脑力工作者之所以能出卖是因为有知识——工程师、化学家、农学家掌握了组织和管理企业的能力"③。这些具有知识素养的优秀劳动者为社会生产的发展作出了巨大的贡献——"假如知识和智慧受奖赏是对的话,那末在资本主义社会里的第一把交椅就得归属于这些担负生产中的全部脑力工作的劳动者,像在宗教垄断科学时代古代神权国家的这把交椅是归属于祭司一样"④。然而,对社会贡献巨大的知识分子的命运并不比体力劳动者"更为诱人",他们也不得不"同那些体力劳动者一样屈从于资本主义的带侮辱性的桎梏之下",遭受资产阶级的剥削和压迫⑤。对于资本主义社会中知识分子受剥削的情形,拉法格进行了形象的描绘。他写道:"这只是一些工资收入微薄的

① Paul Lafargue, "Socialism and the Intellectuals" (1900), in *Marxists'Internet Archive*: *Paul Lafargue Internet Archive*, http://www.marxists.org/archive/lafargue/index.htm.

② 《拉法格文选》(上),中央编译局国际共运史研究室编译,人民出版社 1985 年版,第 129 页。

③ 《拉法格文选》(上),中央编译局国际共运史研究室编译,人民出版社 1985 年版,第 371 页。

④ Paul Lafargue, "Socialism and the Intellectuals" (1900), in *Marxists'Internet Archive*: *Paul Lafargue Internet Archive*, http://www.marxists.org/archive/lafargue/index.htm.

⑤ Paul Lafargue, "Socialism and the Intellectuals" (1900), in *Marxists' Internet Archive*: *Paul Lafargue Internet Archive*, http://www.marxists.org/archive/lafargue/index.htm.

雇工;他们耗尽和绞尽脑汁使大资本家发财,而大资本家丝毫用不着努力去获取知识,因为每月出一百五十——二百法郎就可以在市场上找到化学家、工程师、农学家。人们学会了把一切东西都生产得绰有裕余,从短袜一直到知识分子。制造化学家和电工技师多得像菜园主栽种胡萝卜一样,因此他们的价格便大大低落。"①总之,和木工、机械工以及其他体力劳动者一样,知识分子也是雇佣工人。全部体力劳动者和脑力劳动者在资本主义社会化生产中的这种受剥削受压迫的痛苦,实质上是少数资本家占统治的结果;只要雇佣劳动制度使知识分子成为那些劳动工具占有者手里的工具,只要知识分子像体力劳动者一样不占有生产资料,他们就无法改变自己的阶级属性和命运。

(二)资本主义社会中知识分子的社会地位

在19世纪的法国,知识分子中的相当一部分人经常处于挨饿状态,深受资本家的剥削和压迫,生存状态同体力劳动者相差无几;即使是那些进入企业或国家公共管理机构,工资数额稍高于一般工人的知识分子,也不能获得自己的全部劳动产品——他们同样"不得不同国家或企业主分享他们所创造的产品的价值,而企业主虽然没有义务参加劳动,却有权没收他人劳动的产品"②。然而,对于这种显而易见的社会地位低下的状态,许多知识分子并未能自觉地意识到。相反,他们自视社会地位较高,就因为在工资数额上有别于体力工人,他们中的大部分人甚至认为"对于每天只领五、六个法郎的工人可以表现出奴才的傲慢无礼"③;他们相信资产阶级所宣扬的"自由、平等、博爱"等虚伪口号,也相信资本主义的发展必然会给自己带来荣誉和好处。就这样,尽管

① 《拉法格文选》(上),中央编译局国际共运史研究室编译,人民出版社1985年版,第375—376页。

② 《拉法格文选》(上),中央编译局国际共运史研究室编译,人民出版社1985年版,第430页。

③ 《拉法格文选》(上),中央编译局国际共运史研究室编译,人民出版社1985年版,第129页。

知识和智力在资本主义社会里沦为了越来越廉价的商品，尽管资本家已经将知识分子的经济水平降到了体力劳动者之下，但知识分子们却无动于衷——他们本应在憎恶资本主义社会的队伍中排在首位，同时本应在生产中和资本主义剥削的束缚下与体力劳动者联合起来反抗共同敌人，但他们却“毫不反抗，坚持着漠不关心和不公正的态度”，同时“也不想通过自己的联合和组织来捍卫自己的利益以及向经济领域的资本开战”①。

那么，怎样才能唤醒知识分子的反抗意识和斗争意识，让他们履行自己的阶级职责呢？在拉法格看来，关键在于促使其认清自己在资本主义条件下社会地位的真实状况。他指出，在资本主义社会里，知识分子不可能获得与统治阶级一样平等的社会地位，因为资本主义所宣扬的自由、平等、博爱等“永恒价值”只是笼络人心的虚伪口号而已。事实上，早在中世纪政教合一的封建统治时期，教会就宣告会向它所有的子民平等地敞开怀抱，它声称一切放下自己头衔和特权的人都可以进入教堂并追求最高职位。但是事实并非如此。为了维护自己的统治，中世纪的教会想方设法将那些思想家以及其他一切有学问的人吸引到自己身边，为其提供保护和支持，除了表面上坚持宗教信仰这个唯一的条件之外，它甚至允许知识分子的一切思想冒失；但教会对那些不属于自己的科学家或平民百姓却远没有这么“宽大为怀”。以著名天文学家哥白尼和伽利略的对比为例，拉法格对此进行了证明。哥白尼所写的著名论文《天体运行论》提出了与圣经教导相反的“日心说”，却得到了教会的许可和保护，因为他将论文献给教皇，并对教会表示忠诚；相反，支持哥白尼“日心说”观点的伽利略却没有如此好运，由于反对教会的陈规旧俗，他在晚年受到了罗马宗教裁判所长达二十多年的残酷迫害。由此可见，教会对部分知识分子的“慷慨”保护并非是出于“一种对纯科学的无私的爱的鼓舞”，它“主要关心的还是自身的统治利益”；“它希望能独占知识分子和科学，就像在神权统治的古代埃及，祭司们对

① Paul Lafargue, “Socialism and the Intellectuals” (1900), in *Marxists' Internet Archive*: *Paul Lafargue Internet Archive*, http://www.marxists.org/archive/lafargue/index.htm.

那些常去探寻科学和哲学最初元素的思想家们做过的那样。”①

拉法格强调，与中世纪的教会一样，资本主义对知识分子和科学也不可能有“无私的爱”。从资本家的立场来看，知识和科学只有唯一的存在理由，那就是利用自然力量来帮助资本家增加财富。为此，它只允许知识分子从事增加物质财富的相关研究，对于纯理论性研究则不屑一顾，更不允许其研究资本主义的内在规律。对于那些由知识分子创造出来的能增进物质财富的劳动果实，资产阶级甚至利用法律来进行无情的“抢劫”。拉法格举例说，比较一下物质性财产和知识性财产在法律面前的相对地位，我们就可以充分看出资产阶级对知识分子的冷漠无情②。对于物质性财产，自资本主义产生开始，法律便规定它具有永恒性和不可侵犯性，无论来源于何处，它都被确保永远属于其所有者；但资本主义法律却迟迟不给予知识性财产相同的保护。例如，由于著作权仅给极少数出版商带来了一点利益，而没有给众多资产阶级带来好处，因此资本主义法律仅仅为其提供50年的不稳定的保护；在对于所有的制造业和商业领域的资本家们来说都相当重要的发明权上也是如此——发明人要想保护自己的知识产权，就必须先买下它取得专利权（在当时的法国为14年），并且每年必须更新，如果到期忘记付款，他的知识产权将成为资本主义盗贼的合法猎物。与此相反，商标作为一种不需要借助知识分子努力即可获得的知识性财产，却像物质性财产一样无限期地受法律保护③。在无止境的欲望的驱

---

① Paul Lafargue, “Socialism and the Intellectuals” (1900), in *Marxists' Internet Archive*: *Paul Lafargue Internet Archive*, http://www.marxists.org/archive/lafargue/index.htm.

② 参见 Paul Lafargue, “Socialism and the Intellectuals” (1900)；原文为“nowhere is their indifference to them better shown than in the relative position of material property and of intellectual property before the law”。

③ 注：在此，为了抨击资产阶级对知识分子的剥削和压榨，拉法格在一定程度上夸大了事实。实际上，法国是世界上最早建立专利制度、保护知识产权的国家之一。法国大革命之前，在法国沿袭几个世纪的做法是以特权证书的形式对发明加以保护。1791年法国颁布了第一部发明专利法（《关于有用发明及保护有用人产权的手段》），对发明人的知识产权予以保护。此外，1791年和1793年法国还分别颁布了《表演权法》和《作者权法》，在一定程度上保护了作者的表演权利和精神权利。

使下，资本家需要越来越多的知识分子来不断进行新的发明创造、监督发明创造的应用以及指挥工业机器的运转。为了满足这种需求，资本家专门成立了设计学校、化学学校和物理学校，组织教育“工厂”来批量化地“生产”知识分子。拉法格指出，资本家对基础教育和高等教育的鼓励和发展绝非是出于对人类和科学的真正热爱，而是现代机械化工业的发展迫使其出于自身的经济利益而为之。因为只有这样做，才更有利于资产阶级将经营其工厂所需要的知识和智力财富一直以合理的数量控制在自己手里，从而使其有可能降低智力劳动的等级，甚至按比体力劳动更低的价格来雇用知识分子。他不无讽刺地总结道：“贬低知识和智慧，这就是资本主义所做的一切，为的是表示对脑力劳动者的尊敬和给予他们应得的奖励。”①

总之，无论是脑力劳动者还是体力劳动者，只要在资本主义制度下，他们“都得放弃自己的意志和个性而仅仅成为庞大机械的一个自动化不等和重要程度不同的齿轮，受这个机械支配，被这个机械带动”②，被自己所推动的社会进步所损害；同时，“只有当生产者阶级破除了生产资料的个体占有，并以集体占有或社会占有来代替它的时候，生产者阶级才能不分性别和种族获得自由，亦即掌握自己的命运并掌握现有的一切以及自己创造出来的一切”③。拉法格大声呼吁：“知识分子们应该为在由他们体力劳动者队伍的同志们所发起的社会斗争中落在了后面而感到羞耻”④；同时，“假如他们已经理解了他们自己的利益，……他们将把自己那种正在使其主人富足的智力能力，当作许多改良武器，来与资本主义战斗，征服他们阶级的自由，就像体力劳动者

① 《拉法格文选》（上），中央编译局国际共运史研究室编译，人民出版社1985年版，第376页。

② 《拉法格文选》（上），中央编译局国际共运史研究室编译，人民出版社1985年版，第129页。

③ 《拉法格文选》（上），中央编译局国际共运史研究室编译，人民出版社1985年版，第132页。

④ Paul Lafargue, "Socialism and the Intellectuals" (1900), in *Marxists' Internet Archive*: *Paul Lafargue Internet Archive*, http://www.marxists.org/archive/lafargue/index.htm.

阶级一样”①。

(三)无产阶级政党团结知识分子的相关策略

基于对知识分子在资本主义社会中的阶级属性和社会地位的分析,拉法格反对社会主义运动中歧视和排斥知识分子的那种错误倾向。他强调,社会化的生产“需要体力劳动者和脑力劳动者的集体”,只有依靠他们的团结和联合,才能“导致新的高级的集体所有制或社会所有制形式”②。与此同时,“一个阶级只有当它的内部有一切领导才能的人,才能成熟到可以担负领导全人类的重任。无产阶级已经达到了这样的程度,因为在手工业劳动者旁边,存在着有管理才能和有知识的无产阶级”③。为此,无产阶级政党应该在知识分子群体中加大社会主义宣传的力度,想方设法将更多的优秀知识分子吸引到社会主义运动中来。在这方面,以盖得和拉法格为首的法国工人党和以瓦扬为首的革命社会主义党当时已经作出了一些努力。例如,前面已经提及,拉法格在1900年所作“社会主义和知识分子”这篇报告中就讲述了他和盖得、瓦扬等人在巴黎拉丁区宣传社会主义思想以争取大学生等青年知识分子的相关情况。正是在上述实践的基础上,拉法格形成了关于无产阶级政党团结知识分子策略的一些认识。

一方面,拉法格认为,无产阶级政党应该根据知识分子的不同特点来制定不同策略。他指出,尽管知识分子在资本主义社会中总体上处于受剥削受压迫的地位,但并非所有知识分子的社会地位都完全一样。根据知识分子特点和表现的不同,拉法格将其分为两类:一类是被资本家收买,成为资产阶级代

① Paul Lafargue,“Socialism and the Intellectuals”(1900),in *Marxists' Internet Archive*:*Paul Lafargue Internet Archive*,http://www.marxists.org/archive/lafargue/index.htm.

② 《拉法格文选》(上),中央编译局国际共运史研究室编译,人民出版社1985年版,第130页。

③ 转引自李兴耕《拉法格传》,人民出版社1985年版,第202页。

理人的极少数知识分子。他们拿着资本家所给的较为丰厚的报酬待遇，或者在大工商企业里充当管理人员，代替资产阶级从事监督管理工作；或者成为资本家所指挥的御用文人，负责替资本家向工人阶级证明，生活在资本主义制度下，他们的生活在"日益改善"，幸福指数在"不断提升"。这部分知识分子是雇佣劳动者中的"特权分子"，他们自认为属于资产阶级中必不可少的一部分，但实际上只不过是资本家的奴仆而已。另一类是自 19 世纪以来人数不断增长、处于上述极少数"特权分子"之下的大量无产阶级知识分子。这部分知识分子包括工程师、农艺师、化学家、天文学家、文学家等，他们经常处于挨饿状态，同体力劳动者一样受到资本家的残酷剥削，其经济状况同后者相差无几，而且日益恶化。即便这些知识分子的工资水平高于体力劳动者，他们的生活也会比后者更为艰难。这是因为，体力工人们从小吃苦耐劳，流浪于街头和店铺间，已经习惯于忍受生活的烦恼，但贫穷所带来的精神和身体上的双重伤害却往往让知识分子难以承受。拉法格强调，针对这两类知识分子，无产阶级政党应该采取不同的态度和策略。他指出，对于那些作为雇佣劳动者中"特权分子"的知识分子而言，他们"绝不可能被引向社会主义"，因为"他们的利益与资产阶级的利益绑得太紧，从而不可能超然其上来反对资产阶级"①。他们与资本主义制度下其他的享受特权者（如资本家）一样，"一向表现出不可能为自己成员的真正、长远的利益而牺牲眼前的、表面的利益"，因此"必须不顾他们的反对，用革命的方式去解放他们"②。在这之后，他们才能像其他劳动者一样按照同工同酬的原则来分享共同生产的果实，并参与对全部生产资料和交换资料的公共财产的管理。与前者不同，无产阶级知识分子本身就属于社会主义阵营，他们本应自觉地加入社会主义运动的队伍，同时也具备解决

① 参见 Paul Lafargue，"Socialism and the Intellectuals"（1900）。原文为"Intellectuals of this description can never be led into socialism；their interests are too closely bound by with those of the capitalist class for them to detach themselves and turn against it"。

② 《拉法格文选》（上），中央编译局国际共运史研究室编译，人民出版社 1985 年版，第 133 页。

社会问题的必要智慧,然而,他们所受到的教育却阻塞了他们的听觉并使其远离社会主义。他们自以为通过教育所获得的知识和素养足以帮助自己独力应付残酷的资本主义世界,同时幻想自己的贫困只是暂时的,幻想在好运的眷顾下有朝一日终会跻身于资产阶级。针对知识分子们的这种心理,拉法格认为无产阶级政党应该着重加大社会主义宣传的力度,通过宣传来揭穿资产阶级设下的骗局,让知识分子们逐步明白,“无论是体力劳动者还是脑力劳动者,他们除了每天赚取生活费之外别无其他选择,除了被剥削之外别无其他希望;而且,资本主义越继续发展,个人改变自己阶级地位的机会就越渺茫”①。

另一方面,针对当时法国社会主义运动中出现的以饶勒斯为代表的少数知识分子宣扬的支持米勒兰入阁的所谓“新的行动方法”,拉法格提醒无产阶级政党在团结知识分子的同时,必须警惕部分知识分子将资产阶级和小资产阶级的残余思想带入党内,并应及时对其进行批判,与机会主义彻底划清界限。在这方面,拉法格不愧为法国无产阶级政党领导人中的典范。1899 年 6 月,米勒兰加入以瓦尔德克-卢梭为首的资产阶级内阁,拉法格从一开始就对此进行了明确谴责。他受法国工人党全国委员会的委托,同盖得等人一起起草了一个致法国工人的宣言,强调无产阶级政党不应该和资产阶级分享政权,而应该从资产阶级手中夺取政权并把它变成谋求解放和进行社会革命的工具,为此必须同饶勒斯、米勒兰等人实行的机会主义的妥协政策彻底决裂。在拉法格看来,机会主义、改良主义思潮在无产阶级政党内部的蔓延是有其社会根源的。他分析说,由于其所受的教育、生活环境等原因的影响,部分知识分子在思想上难免会残留一些资产阶级和小资产阶级的意识,他们有时甚至会为资本主义制度而摇旗呐喊,例如鼓吹股份制企业形式的出现会实现财产在所有公民中的公平分配,声称工人阶级的贫困不久之后将随着工资的增长而消失,等等;他们自己被资产阶级的种种偏见堵塞了大脑,但反过来却想用这

① Paul Lafargue,“Socialism and the Intellectuals”(1900), in *Marxists' Internet Archive*: *Paul Lafargue Internet Archive*, http://www.marxists.org/archive/lafargue/index.htm.

些思想来领导和指挥工人阶级的队伍。在这些知识分子加入社会主义政党之后，他们力图改变党的理论和策略，并希望施加给它一种“新的行动方法”，这种方法反对通过和平的或暴力的社会革命来夺取政权，而主张接受资产阶级给予的部长席位；反对社会主义政党与一切资产阶级政党相对立，而主张把社会主义政党变成资本主义政党的附庸；反对进行阶级斗争，而主张实行政治妥协。为了让这个所谓的“新的行动方法”顺利实施，他们甚至建议解散社会主义政党，打算破坏多年来一直给予工人们阶级利益感的组织机构。拉法格指出，这些知识分子所鼓吹的机会主义策略是不可能成功的。因为，包括工程师、化学家、管理者等在内的脑力劳动者的命运已经与体力劳动者紧紧地联系在了一起，他们必然会逐步走向联合，共同反抗资产阶级的压迫，创建可以全面发展自己个性的共产主义社会。他乐观地预言：“到那时，艺术家画画、唱歌、跳舞，作家创作，音乐家创作歌剧，哲学家建造理论体系，化学家分解物质都不再是为了赚钱或拿薪水，也不再是为了像奥林匹克竞赛的胜利者一样赢得喝彩或夺取桂冠，而是为了满足他们自己的艺术和科学热情。”①

总的说来，拉法格关于知识分子问题的见解具有重要的理论意义和实践意义。从理论上看，拉法格的论点无疑是受到了马克思、恩格斯相关思想的启发，但马、恩只谈到过资本主义社会中知识分子的情况，而未涉及社会主义社会，更没有明确把脑力劳动者作为一个整体划入工人阶级之中，显然在这方面拉法格发展了马、恩的思想，丰富了科学社会主义原理。从实践上看，拉法格的观点使人们认识到：脑力劳动者和体力劳动者同属于雇佣劳动大军，他们有着共同的利益和共同的革命要求，人为地把二者分割开来，歧视、敌视、排斥、摒弃脑力劳动者，甚至将其排挤出革命队伍，打入另册，是完全错误的。在资本主义社会中，脑力劳动者掌握着现代化生产的关键环节，在管理、技术指导、科研、产品更新等方面发挥着重要作用。因而他们一旦倒向革命，起来造反，

---

① Paul Lafargue, “Socialism and the Intellectuals” (1900), in *Marxists' Internet Archive*: *Paul Lafargue Internet Archive*, http://www.marxists.org/archive/lafargue/index.htm.

对资产阶级的威胁很大。无产阶级只有团结争取他们,并把他们当作自己人,才能给资产阶级以最直接、最沉重的打击。与资本主义一样,社会主义社会也是建立在社会化大生产的基础之上,同样需要一大批劳动者从事“发明、思考、管理”工作;如果没有脑力劳动者的积极参加,社会主义建设事业是不可能取得胜利的。因此,在无产阶级夺取政权之后,知识分子应同体力劳动者一样成为社会的主人和国家的领导力量,一旦人为地把他们划到资产阶级一边,当作“改造”对象,势必打击他们的革命积极性,削弱甚至分裂革命队伍,20世纪五六十年代我国对待知识分子的政策失误及其后果即为明证。

第六章　拉法格社会主义思想的主要特色与历史地位

第一节　拉法格社会主义思想的主要特色

通过前几章的分析与总结可以看出,拉法格对社会主义问题的研究和关注既坚持和继承了马克思主义的基本原理,又立足于实际的新变化和新需要运用马克思主义原理进行了大胆的探索和创新,这种继承与发展的结合构成了拉法格社会主义思想的主要特色。

(一)坚持科学实践观,从实践出发探究社会主义

坚持理论与实践相统一,是马克思主义的重要特征。马克思指出:“哲学家们只是用不同的方式解释世界,问题在于改变世界。”①这句话充分说明,马克思主义重在为改造世界提供精神武器;脱离改造世界的实践活动,马克思主义便没有存在的意义。马克思主义创始人从哲学的批判、政治学的分析再到经济学反思的不断理论探索,其目的就是寻找无产阶级革命的理由和条件,为无产阶级实现自身的解放提供精神武器。作为一个马克思主义者,拉法格深刻地领悟

① 《马克思恩格斯文集》第1卷,人民出版社2009年版,第502页。

到了理论与实践相统一的重要意义。他一生兼具革命家和理论家的身份，特别注重马克思主义理论与社会主义运动实践相结合，其理论探索始终保持着与法国工人运动和国际共产主义运动的紧密联系。终其一生，拉法格不仅把无产阶级解放事业确立为必须为之而努力奋斗的崇高历史使命，而且将马克思主义理论与革命斗争实践的紧密结合作为了自己行动的根本指导原则。

具体就拉法格的社会主义思想而言，理论与实践相统一的原则在其思想的形成过程和内容上均得到了充分体现。

一方面，正是在亲身参与国际共产主义运动和法国工人运动的实践过程中，拉法格对科学社会主义的基本原理进行了科学的阐释，从而促进了马克思主义在法国和其他国家的传播。在社会主义运动中坚持理论与实践相统一的原则，要求人们不仅要用科学的态度对待马克思主义理论，在同各种错误学说的斗争中自觉地捍卫马克思主义的科学理论体系；同时也要努力用这一科学的理论来武装工人群众，为工人运动提供科学的理论指导。拉法格在这方面堪称典范。自从接受马克思的教诲，转向马克思主义的立场之后，他便积极地学习、传播和捍卫马克思主义，既向工人阶级和先进知识分子广泛宣传和介绍科学社会主义的基本原理，同时也与非科学社会主义思潮的种种错误观点进行坚决斗争。作为法国社会主义运动的领导人，拉法格把实现马克思主义普遍原理与法国工人运动的结合当作毕生事业，努力为工人运动提供真正科学的理论指导。无论是在法国工人党为工人组织相关讲座时，还是在议会讲坛等场合与一些资产阶级学者辩论的过程中，他都不忘宣传科学社会主义的基本原理。事实上，他关于社会主义问题的诸多认识和见解都是在参加和领导工人运动的实践中得以阐发的。正如马克思所评价的那样，正是通过拉法格和法国其他马克思主义者的不懈努力，法国才出现了“第一次真正的工人运动”，而“在此以前，那里只有一些宗派”①。此外，在对待马克思主义和科学

① 《马克思恩格斯文集》第10卷，人民出版社2009年版，第453页。

社会主义基本原理的态度上，拉法格牢记恩格斯的教诲，为我们提供了科学的示范①。他不是像某些“马克思主义者”那样将马克思主义当作教条，而是强调它作为一种科学的方法，必须在实践中加以检验、运用和发展。

另一方面，以法国工人运动实践的客观需要和经验总结为基础，拉法格对社会主义问题进行了进一步探究，得出了一些颇具独创性的理论认识，从而丰富和发展了马克思主义。实践是理论创新的源泉和动力，而法国社会主义运动和国际共产主义运动的实践则既是拉法格探究社会主义问题的动力和基础，又构成了其思想的具体来源。在本书第二章中，已经对拉法格如何在领导法国工人党和法国工人运动以及参与国际共产主义运动的实践过程中丰富和发展自己关于社会主义问题认识的过程进行了简要总结，在此不再围绕其理论创新与实践关系的视角进行赘述。需要补充说明的是，坚持从工人运动实践的客观需要出发来进行理论探究和创新，努力为社会主义运动提供科学的理论指导，既是拉法格坚持理论与实践相统一的具体表现，也是我们今天将拉法格归属于马克思主义理论家队伍的重要原因之一。如前所述，马克思、恩格斯创立科学社会主义理论的根本目的就是为无产阶级的革命运动提供精神武器，因此，尽管他们的作品对于其同代或后世的读者来说略显深奥，但他们总是尽量把自己的思想通俗易懂地表述出来，让工人阶级能够理解。作为马、恩的学生，拉法格很好地承继了这一风格，其理论建构具有十分鲜明的实践取向，且主要作品大都通俗易懂。然而，二战结束之后，以卢卡奇、柯尔施、阿尔都塞等为代表的西方马克思主义者逐渐偏离了上述价值取向。他们不再关注底层劳动民众的生活和生产实践，而是转而着重关注那些远离经济基础的最

① 在1890年8月27日写给保尔·拉法格的信中，恩格斯对一些假马克思主义者进行了批评，他写道：“所有这些先生们都在搞马克思主义，然而是10年前你在法国就很熟悉的那一种马克思主义，关于这种马克思主义，马克思曾经说过：‘我只知道我自己不是马克思主义者。’马克思大概会把海涅对自己的模仿者说的话转送给这些先生们：‘我播下的是龙种，收获的却是跳蚤。’”参见《马克思恩格斯文集》第10卷，人民出版社2009年版，第590页。

高层次的文化现象去了。同时,他们剖析马克思著作的作品和理论越来越思辨和抽象,以致大量著作成为了冗长烦琐的方法论研究。例如,卢卡奇的《历史与阶级意识》强调正统的马克思主义专门指的是方法;柯尔施的《马克思主义与哲学》、阿尔都塞的《读〈资本论〉》均是如此。在他们那里,艰深的术语使其马克思主义研究成为一种深奥的学问,不要说武装一般群众,就连专业人士也不容易理解①。总之,由于理论与实践相脱离,理论批判对现实指导乏力,西方马克思主义者的思想逐渐脱离了民众视野,最终只能以与马克思主义渐行渐远作为结局。

(二)坚持唯物史观,从历史发展中发现社会主义

在马克思以前,“社会主义在乌托邦的荒野中徘徊了三百多年”②。社会主义者之所以长期沉湎于乌托邦的幻想中,主要是因为,“在这个时候,资本主义生产方式以及随之而来的资产阶级和无产阶级之间的对立还没有得到充分发展”;“新的社会制度所产生的冲突还只是开始形成”,“解决社会问题的办法还隐藏在不发达的经济关系中,所以只有从头脑中产生出来”③。与空想社会主义者从头脑中幻想社会主义不同,马克思、恩格斯强调应从客观实际出发来认识社会主义。他们认为,一切社会变迁和政治变革的终极原因,不应当在人们的头脑中、在人们对永恒真理和正义的认识中去寻找,而应当在生产方式和交换方式的变更中去寻找;社会主义代替资本主义的必然性也是如此,它只能从过去历史的整个过程出发、从资本主义生产方式的内在演变规律出发去得以说明。这种历史唯物主义态度和方法的应用,使得社会主义和共产主义不再被看成是某个天才人物的偶然发现,而是被看作是社会生产力和社会矛盾发展的必然结果,从而将社会主义的研究真正置于了现实的、科学的基础

① 参见段方乐:《总体性的终结:从卢卡奇到阿多诺》,中国社会科学出版社2009年版。
② 徐觉哉:《社会主义流派史》,上海人民出版社2007年版,第6页。
③ 《马克思恩格斯文集》第3卷,人民出版社2009年版,第528页。

之上。

拉法格显然是历史唯物主义方法的忠实继承者。他不仅在社会主义运动中广泛宣传和坚决捍卫唯物史观，而且正确地指出了唯物史观的方法论性质。在他看来，唯物史观为科学地认识人类历史过程和社会主义事业提供了重要的思想指导，它是“马克思交给社会主义者的新的工具，以便靠它的帮助在历史事件的混沌状态中确立某种秩序”①。他指出，资产阶级的历史学家和哲学家之所以认为“马克思的方法是魔鬼的邪恶产物”，主要是因为“它引导马克思去发现了阶级斗争这个历史的强大动力”——而这与他们自身的利益与需要显然是相悖的②。资产阶级学者们的这种阶级偏见使马克思主义者得以独占历史唯物主义这个“新的工具”，他们在这一新方法的指导下，绝不会重步空想社会主义之后尘去迷恋乌托邦，或者简单地从头脑中臆造共产主义这种新的社会形式，而是会从现实的资本主义经济环境中自然而然地引出它来，同时将在资本主义生产的物质条件中去发现实现共产主义的道路。应该说，拉法格在一生的理论创作与实践活动中，都始终坚持了这种历史唯物主义的基本立场。更难能可贵的是，他在坚决捍卫历史唯物主义的同时强调，即便马克思的方法也不是完美无缺和一成不变的，它更不可能成为解决一切历史问题的钥匙；它作为客观世界的规律的反映，必须在实践中加以检验、运用和发展。此外，拉法格还不止一次地指出，历史唯物主义不是旨在解释历史过程和人类社会发展的某些规律的经院式理论，而是工人阶级及其革命政党为争取社会进步和社会主义而进行斗争的有效理论武器。

综观拉法格的整个社会主义思想体系，无论就整体分析框架而言，还是就具体内容而言，都充满着浓厚的历史唯物主义色彩。例如，拉法格反复强调，

---

① 《拉法格文选》（下），中央编译局国际共运史研究室编译，人民出版社 1985 年版，第 296 页。

② 《拉法格文选》（下），中央编译局国际共运史研究室编译，人民出版社 1985 年版，第 297 页。

社会进化和革命的基本原因只能从经济环境中去寻找;在批判资本主义社会时,拉法格首先是对资本主义生产方式的内在矛盾及其发展趋势进行解析,然后再以此为基础来揭开资本主义国家制度和以宗教、道德为代表的资产阶级意识形态等资本主义上层建筑的本来面目;在认识作为目标形态的社会主义时,拉法格不仅将社会主义代替资本主义看作是经济环境变化和所有制形式历史演变的必然结果,而且从资本主义生产方式的发展对其必然性作出了进一步的说明;而关于社会主义的实现条件和实现途径问题,拉法格也是立足于社会生产力的现实水平以及资本主义生产方式的内在矛盾去进行探寻。总之,历史唯物主义既构成了拉法格社会主义思想中具有总体指导性意义的方法论原则,也在其思想的许多具体环节和具体层面中得以创造性地具体运用,是贯穿其思想体系和分析框架的一条不可或缺的红线。唯物史观对于拉法格社会主义思想和实践的这种理论基础地位,使得拉法格不是仅凭着自己的理性思维去追求、构筑社会主义理论的逻辑体系,而是力图像马克思一样,从社会的经济环境、生产方式中去探寻社会主义的踪迹。在运用历史唯物主义方法正确阐释社会主义产生之历史必然性的同时,拉法格也注意到了人民群众和个人的活动中在实现上述历史必然性中的重要作用。在他看来,历史发展的规律就是人本身活动的规律,历史必然性不是排斥而是要求人的活动,因此,离开千百万群众自觉的有目的的斗争和创造,社会主义的实现和建设都是不可能的。由此也可以看出,某些人说拉法格是一个不了解实践在人类社会发展中的地位和作用的机械唯物主义者,这种批评完全不符合事实。

(三)坚持科学批判方法,从现实批判中建构社会主义

法国当代著名哲学家安德烈·多塞尔指出:“我认为,今天我们进入了一个历史转折期。人们开始重新研究马克思主义,因为它所蕴含的批判精神依然适合解决我们现时代的难题”;“回到批判资本主义政治经济学的马克思,

回到思考人类不同发展方式的马克思那里,是大有裨益的。"①的确,批判精神构成了马克思主义的基本特征。马克思强调:"辩证法不崇拜任何东西,就其本质来说,它是批判的和革命的。"②因此,以唯物辩证法作为根本方法论的马克思主义从创始之初起即充分体现出了这种蕴含在辩证法内部的批判精神。马克思、恩格斯不仅运用唯物主义的世界观和历史唯物主义的历史观对以形而上学为代表的旧式思维方式进行了彻底的批判,而且也对他们所处时代的资本主义社会作出了充分的价值批判和科学批判,并最终以此为基础实现了社会主义由空想到科学的飞跃。

马克思主义的批判精神在拉法格那里得到了充分的承继,他的社会主义思想整体上充满着典型的批判风格。一方面,拉法格始终坚持从对其他非马克思主义思想的批判中阐发自己关于社会主义的认识。如前所述,从青年时期转向马克思主义立场开始,拉法格便通过对无政府社会主义的批判来积极宣传马克思主义的基本原理;中年拉法格则在领导法国社会主义运动的过程中坚决批判"可能派"的机会主义主张以及以伯恩斯坦、饶勒斯为代表的改良主义思潮,主张社会革命才是无产阶级彻底实现自身解放的唯一手段,并一直将这种批判和革命的立场坚持到了自己生命的最后。总之,对种种非马克思主义思想的批判构成了拉法格社会主义思想形成和发展全过程中的一条不可忽略的主线;正是通过这种批判,拉法格不仅捍卫了科学社会主义的基本原理,也阐发了自己关于社会主义的认识。另一方面,拉法格将批判现实资本主义社会当作社会主义者的根本任务,对资本主义的全面批判构成了其社会主义思想的重要组成部分。在拉法格看来,随着社会主义思想由空想到科学的转变,社会主义者们肩上的任务就由虚构理想社会变为了批判现实社会,而马克思主义者的根本任务就是批判资本主义。为此,从 19 世纪 60 年代起到 20

① 转引自禚明亮:《国外学者论马克思主义的当代价值》,《上海党史与党建》2012 年第 10 期,第 58 页。

② 《马克思恩格斯文集》第 5 卷,人民出版社 2009 年版,第 22 页。

世纪初，他花费许多精力撰写了大量论著，发表了许多演讲，对资本主义社会进行了全方位的、毫不留情的批判。正是通过对资本主义生产方式的深入剖析和批判，他形成了关于社会主义产生必然性的正确认识；基于对资本主义政治制度尤其是资产阶级国家的批判，他在无产阶级能否利用议会斗争等现实政治斗争手段这一社会主义运动策略问题上坚持了正确的立场；而他对资本主义意识形态的批判，则为他描述未来共产主义社会的基本特征提供了依据。

批判具有多重含义，而现实的、科学的、内在的批判，则是马克思主义批判精神的基本特征。拉法格为阐发社会主义而进行的批判也充分体现了上述基本特征。首先，拉法格对社会主义的阐发是在现实的批判中实现的。他强调，认识人类社会发展规律的钥匙归根结底必须到物质生活的生产方式中去寻找，因为“如马克思所说，物质生活的生产方式一般地规定社会生活、政治生活和精神生活的发展”①。与此相联系，他先是对资本主义生产方式及其最新发展趋势进行了总体性的批判和剖析，然后以此为基础全面批判资产阶级国家制度及意识形态，从而在现实性批判中发现了社会主义的实现条件及其基本特征。其次，拉法格为阐发社会主义而进行的批判具有科学性。这是因为，他的批判既与社会主义运动实践紧密相连，直接体现着无产阶级和广大劳动群众的利益立场，同时又包含着对社会现实的科学实证分析和考察，从而达到了对社会发展基本规律的科学认识。最后，与马克思的批判一样，拉法格为阐发社会主义而进行的批判也是一种内在的批判。他不是依据外在的、先验的道德观念和价值理性对资本主义社会现实进行批判，而是运用唯物辩证法，通过研究和考察人类社会特别是资本主义生产方式发生、发展的全部客观过程，揭示其内在矛盾和基本发展规律，然后以此为基础从其内部提炼出社会主义代替资本主义的历史必然性，并据此对未来社会的基本特征进行了预测。这

① 《拉法格文选》(下)，中央编译局国际共运史研究室编译，人民出版社 1985 年版，第 323 页。

种现实的、科学的、内在的批判使得拉法格的思想在研究方法、研究的具体对象和目标上均保持了鲜明的马克思主义色彩。

此外值得一提的是，在对现实社会进行批判时，拉法格坚持了批判与建构相统一的原则。一方面，通过在与资产阶级经济学家论战过程中阐述马克思的剩余价值学说，以及运用历史唯物主义原理剖析财产的起源及其进化过程，拉法格实现了对现实社会的科学批判。他既把握了资本主义社会发展的基本规律，论证了它的历史局限性、暂时性和阶段性，驳斥了资本主义永恒论的错误论调；与此同时也肯定了这种生产方式的历史进步性，说明资本主义的发展会不断为社会主义的产生准备必要的条件，并以此为基础正确预测了未来社会的前进方向。另一方面，拉法格对现实社会的批判还蕴含着建构性的特征。这种建构性首先体现在理论方面。运用马克思主义的科学批判方法，拉法格从理论上把握了资本主义生产方式从产生、发展到灭亡的基本规律，并进而在此基础上把握了社会主义的基本特征和实现路径，由此构建起了其社会主义思想理论框架的逻辑起点和重要内容。同时，建构性特征也体现在拉法格对未来社会制度的构想之中。他对于未来社会发展规律的认识构想不是建立在所谓的理性或空想基础上，而是建立在自己对资本主义生产方式内在矛盾和客观规律深入剖析的基础上；因此，其构想不是对未来社会的具体描述，而是对未来社会发展的基本方向、实现途径与依靠力量以及基本特征的一种科学预测。

（四）坚持阶级分析方法，从阶级剖析中阐发社会主义

关于阶级和阶级斗争的理论是马克思主义基本原理的重要组成部分，而阶级分析方法则不仅是辩证唯物主义和历史唯物主义在认识阶级社会历史中的重要体现，也是马克思主义认识阶级社会各种社会现象所不可缺少的根本方法。列宁在谈到社会历史运动时说：“马克思主义提供了一条指导性的线索，使我们能在这种看来扑朔迷离、一团混乱的状态中发现规律性。这条线索

就是阶级斗争的理论。”[①]他同时强调：“马克思主义者不应该离开分析阶级关系的正确立场。”[②]拉法格不愧为一位忠诚的马克思主义者，他十分重视马克思的阶级斗争理论，并正如列宁所说的那样始终坚持运用阶级分析方法来对社会主义问题进行理论阐释。

在拉法格社会主义思想的整个分析框架中，阶级分析方法的运用占有十分重要的地位，构成了其思想的一大特色。具体而言，主要体现在以下几个方面。

一是运用阶级分析法对资本主义社会中各种社会现象进行批判分析。例如，在批判资产阶级国家制度时，拉法格着重对资本主义国家的阶级性进行了揭露，强调它实质上是替资产阶级利益服务的机器，尽管它在国家政权的组成形式和组织原则上采取了民主的形态，那也只不过是资产阶级为了维护自身的统治而制造出的“自治的幻想”而已。为此，他反复提醒无产阶级千万不要相信仅仅通过议会斗争等所谓的合法手段就可以确立自己的权力、实现自身的解放，因为“只要不从根本上铲除资本主义，就不能限制资本的统治权”[③]。在对宗教和道德等资产阶级意识形态进行批判时，拉法格同样揭露了其阶级性。他一再强调，在资本主义社会里，宗教和道德都只不过是资产阶级麻痹群众的精神工具而已，只有到以生产资料公有制为基础的共产主义社会里，才能从人脑中消灭上帝的信仰，人类也才能洗掉私有制时代的维护统治阶级利益的道德。

二是从资本主义社会的阶级矛盾和阶级冲突中去探寻和把握社会主义代替资本主义的历史必然性。资本主义必然灭亡，社会主义必然胜利，社会主义代替资本主义是一个自然的历史过程，这是马克思运用唯物史观所阐述的科

---

① 《列宁全集》第 26 卷，人民出版社 2017 年版，第 60 页。

② 《列宁全集》第 29 卷，人民出版社 2017 年版，第 140 页。

③ 《拉法格文选》（下），中央编译局国际共运史研究室编译，人民出版社 1985 年版，第 358 页。

学社会主义的基本原理。对此,拉法格不是简单地加以继承,而是运用阶级分析方法进一步加以了论证。他既从资本主义生产方式内在基本矛盾的发展变化出发,同时又结合对资本主义财产形式动态发展过程的说明,对无产阶级和资产阶级的经济地位及其社会作用的变化进行了详细解析,并从而得出了“资本主义所有者在生产中已不再起作用”以及“资本主义文明必然会把人类引向共产主义”的结论。

三是将阶级问题与社会主义的实现规律结合起来予以考察。如前所述,马克思的阶级和阶级斗争理论是拉法格把握社会主义实现途径的重要理论基础。他不仅通过对资本主义社会的阶级矛盾和阶级冲突以及无产阶级利益立场的剖析说明了社会主义革命爆发的必然性,而且基于对资产阶级国家以及无产阶级与资产阶级之间阶级对抗本质的认识界定了社会主义革命的具体内容。此外,在阐述社会主义革命取得胜利的必要条件时,拉法格也运用了阶级分析方法。他在细致分析资本主义社会中各阶级的特点及其革命积极性的基础上强调,只有坚持无产阶级政党的领导,充分发动工人阶级以及其他一切支持社会主义的人民群众,才有可能取得社会主义革命的胜利。

四是对与社会主义革命相关联的各阶级及其互动关系进行深入考察,并在此基础上得出了关于社会主义运动策略的一些具有独创性的认识。马克思主义认为,只有分析社会各阶级的经济地位,准确而真实地划分阶级,才能了解各个阶级的政治立场和政治态度,把握各阶级的关系和斗争发展规律。拉法格深刻地领悟了这一点。他对资本主义社会中与社会主义革命相联系的各阶级(包括资产阶级、无产阶级、农民阶级、知识分子等)的经济地位均进行了详细的考察,然后据此分析了上述各阶级在社会主义革命运动中可能采取的政治态度和思想观点,最终在此基础上对无产阶级政党领导社会主义运动的相关策略提出了颇具独创性的指导性意见。特别值得一提的是,对于各阶级的经济地位和政治态度,拉法格并非简单地作整体性的分析,而是注意到了阶级内部不同群体的细微差别及其矛盾关系。例如,他分析了垄断的发展所造成的大金融资本家和中小工商业资产者阶层之间的矛盾冲突对资本主义命运的影响；对于农民阶级和知识分子，他也按照经济特点和生活状况的不同进行了细致的区分，并强调无产阶级政党应根据其不同特点来制定不同的策略①。

总的看来，对阶级斗争理论和阶级分析方法的坚持使得拉法格的社会主义思想充满了战斗性和不妥协性，他的确不愧为一位马克思主义的坚强斗士。但是，我们不能不注意到，拉法格对阶级分析方法的运用有时显得不够纯熟，甚至过于极端。例如，在批判资本主义时，拉法格有时竟用一种出于阶级义愤的谴责、痛斥来代替冷静的分析，从而导致了部分结论上的主观武断和简单化的失误②。马克思 1882 年在给劳拉的信中也曾评价说，拉法格的文章中“往往出现一些极端革命的词句，使我看了生气，因为我始终把它们看作‘夸夸其谈’”③。尽管这种做法整体上无损于拉法格的历史功绩，但不能不说是一种缺憾。

第二节　拉法格社会主义思想的历史地位

一、关于拉法格及其思想的历史评价

如何准确看待和评价拉法格及其社会主义思想，这是我们研究拉法格思想时必须思考的问题。在阐述本书的观点之前，有必要先对有关拉法格及其思想的历史评价作简单回顾，以便为客观地、实事求是地、科学地评价拉法格

---

① 有学者认为，拉法格在农民问题上缺乏阶级分析，往往把农民看作一个整体，这显然是一种误解。参见李淮春主编：《马克思主义哲学全书》，中国人民大学出版社 1996 年版，第 344 页。

② 拉法格对法国浪漫主义文学的代表人物维克多·雨果的简单否定即为典型例证。他不是从发展观点对雨果在复杂阶级斗争中的两重性表现进行具体的评析，而是以一种偏激的情绪把雨果描绘为一个野心勃勃的资产阶级政客，甚至连雨果浪漫主义的艺术风格也被他贬得一钱不值。参见林宝全：《马克思主义文艺审美论》，人民文学出版社 2003 年版。

③ 《马克思恩格斯全集》第 35 卷，人民出版社 2016 年版，第 406 页。

及其社会主义思想提供一些启发。

首先值得提及的是作为拉法格师长和朋友的马克思、恩格斯对他的看法和评价。他们既对拉法格在国际共产主义运动和法国工人运动中的活动及其理论作品赞赏有加，同时也对其理论观点上的某些错误绝不吝惜批评和指正。由于他们的评价在前文的论述中多有引用，在此不再重复。下面主要对拉法格逝世之后人们对他的评价进行回顾和总结。

总的来看，在拉法格逝世之后，对其政治活动和理论观点的评价以十分矛盾、意见相左为主要特征。在资产阶级学者、无政府主义者以及修正主义者那里，拉法格成了“政治暴力的拥护者”、“假左派”和“喜好奇谈怪论的人”，其理论著作的学术价值受到了质疑和批判，政治面貌和精神面貌也受到丑化①。而以列宁、梅林为代表的革命的马克思主义者则对拉法格一生的活动和功绩评价甚高。列宁代表俄国社会民主工党在拉法格和劳拉的葬礼上发表演说时指出，拉法格是“马克思主义思想的最有天才、最渊博的传播者之一”，受到亚洲式野蛮专制制度压迫的俄国社会民主党人“非常幸运地能从拉法格和他的朋友们的著作中直接汲取欧洲工人的革命经验和革命思想”②。梅林则评价说：“马克思不仅找到了拉法格这样一位给自己的女儿带来了生活幸福的女婿，而且还找到了一位有能力、有本领的助手和自己精神遗产的忠诚的维护者。”③但需要说明的是，即便是在马克思主义阵营内部，对拉法格及其思想的评价也并非完全一致。例如，在关于包括拉法格在内的第二国际理论家的整体评价方面，斯大林就与列宁存在着较大分歧。斯大林认为，在马克思恩格斯两人和列宁之间隔着第二国际机会主义独占统治的整个时代。他指出，尽管当时在形式上领导第二国际的是“正统的”马克思主义者，但“在事实上，第二

① 参见[苏]哈·尼·莫姆江：《拉法格与马克思主义哲学》，张大翔译，国际文化出版公司1987年版，第3页。

② 《列宁全集》第20卷，人民出版社2017年版，第386—387页。

③ 转引自[苏]哈·尼·莫姆江：《拉法格与马克思主义哲学》，张大翔译，国际文化出版公司1987年版，第4页。

国际的基本工作是按照机会主义的路线进行的。……因为资产阶级的政策和'正统派'的政策已经完全结合起来了"①。与斯大林一样,托洛茨基也将拉法格等第二国际时期领导人全部划归机会主义者的阵营。他指出:"我们知道,威廉·李卜克内西、倍倍尔、辛格尔、维克多·阿德勒、考茨基、拉法格、盖得等等都是马克思和恩格斯直接教导出来的学生。但是,我们知道,所有这些领袖——有些人是局部地,另一些人是全部地——都蜕化了,都在议会改革以及党和工会机关独立发展的情况下转到机会主义方面去了。"②

当代学者对于拉法格及其思想的看法也不尽相同。来自前社会主义阵营国家的学者们对拉法格不乏褒扬之词。例如南斯拉夫学者普·弗兰尼茨基评价说:"不论就哪一方面来说,拉法格都称得上是这一时期(指19世纪60年代至20世纪初马克思主义的传播时期,笔者注)马克思主义运动的十分重要和有独到见解的理论家";"拉法格对各种事件都反应敏锐,同时在理论上也跻于当时发展阶段上最强有力的马克思主义者之列";尽管存在种种缺点,但"这些缺点丝毫也遮盖不了这位理论家和革命家的伟大,他不仅毕生始终如一地、永远站在战斗岗位上,站在争取新人的斗争的第一线,而且也是为数不多能够创造性地应用和丰富马克思主义的人物之一"③。苏联学者哈·尼·莫姆江认为,作为在马克思和恩格斯直接指导下成长起来的革命家之一,拉法格"胸怀大志、知识渊博、文才出众、是马克思和恩格斯从事革命斗争的亲密助手",他不仅仅只是重复马克思的某些思想,而是"创造性地加以阐述,引用了新的材料,独立进行了思考,独立作出了结论"④。与此相反,一些西方学者对拉法格的评价则并不太高。例如英国学者莫里斯·布洛克在谈及拉法格所

---

① 《斯大林全集》第6卷,人民出版社1956年版,第71页。

② 戴隆斌:《斯大林传》,人民日报出版社2009年版,第139—140页。

③ [南]普·弗兰尼茨基:《马克思主义史》(上),徐致敬等译,生活·读书·新知三联书店1963年版,第161—169页。

④ [苏]哈·尼·莫姆江:《拉法格与马克思主义哲学》,张大翔译,国际文化出版公司1987年版,第19、58页。

写的《财产的起源和进化》一书时指出，拉法格虽然在某些方面具有良好的直觉，但却没有提出任何超越马克思、恩格斯的新观点；他的著作“仅仅反映了1917年以前马克思主义知识分子圈内的思想，而且是一种相当粗糙的反映”①。针对拉法格的同一著作，我国学者金隆德却认为，“运用唯物史观对财产的起源和进化作如此系统的考察，在拉法格之前，还是前无古人的”②；拉法格关于唯物史观诞生历史必然性的论述甚至“早于恩格斯的概述，其开创性不可忽视”③。

通过上述回顾我们不难发现，对拉法格及其思想的看法并不完全一致。应该说，这既与人们对马克思主义的态度和对第二国际的具体看法有关，同时也说明了拉法格及其思想本身即功绩与缺陷并存，具有一定的争议性。本书认为，要想对拉法格及其思想作出正确评价，我们必须坚持两大原则：一是坚持实事求是的原则。毋庸置疑，在第一代马克思主义信仰者传播和发展马克思主义的过程中，难免会犯一些错误，我们既不能忽略这些历史人物的缺点和错误，又决不能因此而抹杀他们在捍卫马克思主义基本原理，以及创造性地运用马克思主义方面的功绩。二是坚持历史分析与阶级分析相统一的原则。一方面，我们需要还原拉法格思想发生、发展的历史环境，从特定的历史背景出发来理解拉法格思想的历史地位；另一方面，从所属理论范畴来看，拉法格是一位典型的马克思主义理论家，其思想也毫无疑义地属于马克思主义的序列，因此对其思想价值与局限的审视必须站在马克思主义发展史和国际共产主义运动史的视角来进行。按照这两大原则，接下来对拉法格社会主义思想的评析将从两个层面来进行：一是从历史的视角总结其理论价值和实践价值；二是对其主要局限以及存在局限的原因进行剖析。

---

① ［英］莫里斯·布洛克：《马克思主义与人类学》，华夏出版社1988年版，第113页。

② 《金隆德文集》，当代中国出版社1995年版，第291页。

③ 《金隆德文集》，当代中国出版社1995年版，第281页。

二、拉法格社会主义思想的历史意义

总的来看,作为杰出的马克思主义理论家和工人运动活动家,拉法格及其社会主义思想不仅在科学社会主义思想发展史上占有相当突出的地位,而且在法国和国际工人运动史上的历史功绩和历史价值也不容忽视。与此相适应,拉法格社会主义思想的历史意义在宏观上可以从两个方面来把握:一是从其在社会主义思想史和马克思主义发展史上的地位来把握其理论价值;二是从其在工人运动实践中的指导作用的视角来定位其实践价值。

(一)拉法格社会主义思想的理论意义

就理论意义而言,拉法格的社会主义思想既传承了马克思主义的基本原理,又在一定程度上对马克思主义作出了丰富和发展。

一方面,它全面、忠实地继承了包括科学社会主义原理在内的马克思主义基本原理。继承马克思主义的基本原理,对马克思主义理论进行阐释和广泛传播,这本身就是马克思、恩格斯之后的第一代马克思主义理论家们所肩负的重大历史使命以及从事社会主义理论研究的主要任务。拉法格深刻认识到了自己肩上的这一重任。在他看来,无产阶级要获得彻底的解放,不仅需要有一个独立的无产阶级政党,而且必须用马克思主义这个强大的思想武器去武装全党和广大群众,以便为其提供科学的理论指导;因此,广泛传播马克思主义是社会主义者的一项十分重要的革命任务。他曾致信恩格斯说:"您和马克思已经制定了理论,现在需要的是宣传鼓动家来传播它。"①恰如其言,持之以恒地在工人运动中传播科学社会主义基本原理成为了拉法格一生的光荣使命。例如,他曾在十分困难的背景下不倦地在西班牙工人中传播科学社会主

① 《恩格斯与保尔·拉法格、劳拉·拉法格通信集》(第一卷),广州外语学院法语教研室译,人民出版社 1981 年版,第 273 页。

义，恩格斯称赞其理论作品“第一次把真正的科学奉献给西班牙人”①；而他所著的《卡尔·马克思的经济唯物主义》、《卡尔·马克思的剩余价值理论和保·勒卢阿-博利约的批判》、《卡尔·马克思的历史方法》等许多理论文章，均是为了在工人群众中宣传和普及马克思主义基本原理。更重要的是，作为马克思主义的忠实继承者，拉法格的社会主义思想里所体现的基本观点和基本理论都是马克思的著作里所明确坚持的。这一点在前面几章关于拉法格社会主义思想主要内容的阐述中已得到充分印证。他从生产力和生产关系矛盾运动的视角对社会主义产生的历史必然性及其本质特征的说明，从阶级冲突和阶级斗争的视角对社会主义实现途径以及运动策略的探索，以及关于无产阶级政党建设及其斗争方式的认识，等等，无不体现着对历史唯物主义和科学社会主义基本原理的阐发和捍卫。

值得强调的是，拉法格社会主义思想的这种“继承性”特征有着特定的历史背景。巴黎公社失败之后，西方资本主义逐渐进入一个以西方资产阶级社会学家所说的“和平发展”为特征的新发展阶段。在此背景下，以伯恩斯坦为代表的右派理论家试图修正马克思主义的基本理论和基本原理，最终从根本上背离了马克思主义；以考茨基为代表的中派理论家尽管不主张彻底放弃社会主义的最终目的，但却强调对其进行淡化，并充分利用议会斗争来争取无产阶级的权益；而拉法格等左派理论家则坚持以马克思主义基本理论和原理来指导社会主义运动，并在实践中坚持了马克思的社会批判和社会革命思想。因此，在名为“发展”、实为背弃的一片修正主义思潮中，拉法格对马克思主义的忠实继承不仅难能可贵，而且对于当时经受严峻考验的马克思主义的捍卫和传播来说具有着特殊的意义。

另一方面，在继承与传播马克思主义的同时，拉法格还运用马克思主义的

① 《恩格斯与保尔·拉法格、劳拉·拉法格通信集》（第一卷），北京第二外国语学院法语专业 73 级师生合译，人民出版社 1979 年版，第 51 页。

基本观点和方法对社会主义问题进行了全面而深入的研究,在许多方面对科学社会主义理论的发展作出了新贡献。

概括起来,拉法格的社会主义思想对于科学社会主义理论的发展主要体现在以下几个方面。一是对唯物史观作出了新的阐发和论证,从而进一步夯实了科学社会主义思想的理论基础。在多篇论著和多次演讲中,拉法格都对马克思创立的唯物史观进行过专门论述。尽管当时拉法格用"经济唯物主义"概念来指称马克思的唯物主义历史观的做法并不十分科学严谨,但他将唯物史观视作指导社会主义理论研究和实践活动的方法论和理论基石的态度,则是十分明确的。特别可贵的是,拉法格不仅联系从中世纪封建统治到近代资产阶级革命,再到现代无产阶级革命兴起的整个历史进程中世界观的演变,来对历史唯物主义的实质及其产生的必然性进行了通俗而生动的阐释,而且还在此基础上作了自己独立的发挥,从而为说明社会主义产生的历史必然性及其本质特征,以及探寻实现社会主义的途径奠定了坚实的理论基础。二是对垄断阶段资本主义发展的新特征进行了开创性的研究,为论证资本主义必将走向灭亡的历史趋势提供了新的证据。有学者认为,在恩格斯逝世以后,拉法格是第一个继承马克思恩格斯遗愿,以美国为典型对帝国主义经济进行深入剖析的理论家①。正是通过对资本主义发展新阶段的剖析,拉法格进一步说明了资本主义的发展为社会主义代替资本主义所准备的物质和精神条件,从而更加坚定了自己对社会主义理想的信心。三是对社会主义代替资本主义的必然性以及社会主义的实现规律进行了更为充分的科学论证。以历史唯物主义为方法论指导,拉法格从生产力与生产关系的矛盾运动、阶级冲突和阶级斗争、私有财产形式的起源和进化历史等多重视角对马克思关于人类社会发展规律的结论进行了印证,并在此基础上再次强调了资本主义必然灭亡,人类社会将实现向共产主义辩证复归的历史趋势。与此同时,他还以阶级斗

① 参见马建行:《拉法格对帝国主义理论的贡献》,《中国人民大学学报》1988 年第 1 期,第 18 页。

争理论为基础，立足于工人运动的实际，进一步论证了马克思关于无产阶级社会革命是无产阶级获得解放的根本道路的思想，并在总结法国以往革命经验教训的基础上对社会主义革命的内容与条件进行了详细分析。四是立足法国社会主义运动的实际对社会主义运动的策略进行了探索，并得出了一些创新性的认识。例如，他在恩格斯的直接指导下就无产阶级政党政治斗争策略问题提出了一些新见解；他还立足于法国工人运动实际和无产阶级政党领导策略的视野在农民和土地问题方面得出了一些新认识；而他关于知识分子阶级属性、社会地位以及无产阶级政党团结知识分子策略的相关论述在当时的背景下也颇具独创性。

上述方面充分说明，拉法格的确为科学社会主义思想乃至马克思主义的发展作出了不可忽视的重大贡献。事实上，他不仅提出了一些具有独创性的思想，而且其思想的某些方面甚至在一定程度上具有超前性。以其关于垄断阶段资本主义经济政治特征的论述为例，在拉法格发表《美国托拉斯及其经济、社会和政治意义》的 1903 年左右，欧美主要资本主义国家才刚刚进入帝国主义阶段，其固有的各种矛盾还没有像后来那样明显地暴露出来；在此背景下，拉法格就能对垄断资本主义的特征作出超前性和独创性的分析，并由此来进一步论证资本主义基本矛盾日益深化的发展趋势以及社会主义革命爆发的必然性，实属难能可贵。特别值得一提的是，尽管拉法格当时对于帝国主义基本特征的分析还不够完善，但几乎已涉及列宁十多年后在《帝国主义是资本主义的最高阶段》一文中所提出的帝国主义的主要特点，在马克思主义发展史上的开创性意义不容低估。众所周知，列宁后来正是基于对帝国主义基本特征的分析，指明了社会主义从一国到多国直至全世界胜利的光辉前景，并领导 1917 年俄国社会主义革命取得了胜利。当然，目前尚无直接证据说明列宁的帝国主义理论曾受到过拉法格相关思想的影响，但拉法格曾先于列宁十多年对此问题作出论述却是事实。另一个能有助于我们把握列宁与拉法格关系的事实是，从 19 世纪末到 20 世纪初，列宁曾与拉法格有过多次密切接触①;而 1911 年 12 月 3 日列宁代表俄国社会民主工党在拉法格葬礼上发表演说时,也曾强调应当从拉法格的著作中直接汲取欧洲工人的革命经验和革命思想。因此,拉法格的社会主义思想,尤其是他关于资本主义发展新阶段及其与社会主义革命关系的剖析,为我们进一步把握列宁主义的产生提供了更加充分的理论背景。

上述拉法格思想与列宁思想之间的关系,以及拉法格思想与马克思主义之间继承与发展的辩证统一关系证明,恰如本书绪论部分所言,拉法格在马克思、恩格斯和列宁之间的"中间环节作用"的确是客观存在的。以拉法格为代表的第一代马克思主义理论家们对马克思主义所作的较为全面的通俗解释,以及他们在特定时代背景下对马克思主义作出的力所能及的发展和创新,不仅对于马克思主义基本原理的传播来说意义重大,而且也为列宁主义的产生提供了一个重要的理论阶梯。这正是拉法格的思想在马克思主义思想史上的重要理论意义所在。

(二)拉法格社会主义思想的实践意义

拉法格能够坚持并丰富和发展马克思主义理论,这绝不是偶然的。除了具有崇高的理想和坚定不移的信念,十分注意运用马克思的历史唯物主义指导自己的言行和研究,从内心深处真正懂得"资本主义文明必然会把人类引向共产主义"等方面的原因之外,最根本的原因在于他立足现实,扎根群众,深入参加社会实践。综观拉法格的一生,我们不难发现他不只是理论家,而且首先是一位社会实践家;更何况,理论与实践的统一原本就是拉法格社会主义思想的一大特色。实质上,如果没有拉法格对国际共产主义运动和法国社会主义运动实践的积极参与,他不可能形成自己关于社会主义问题的独特认识,

---

① 据相关资料记载,在 1895 年 5 月底至 6 月访问巴黎期间,列宁曾专门到拉法格位于巴黎郊区勒-佩勒的家中进行拜访;1909 年夏天,列宁夫妇也曾到巴黎近郊德拉维里拜访拉法格夫妇。参见季正矩编著:《列宁传》,人民日报出版社 2009 年版,第 375—379 页。

更不可能丰富和发展马克思主义。因此,对拉法格社会主义思想的价值进行考察,决不能忽略其在实践方面所发挥的作用。

具体而言,从法国工人运动和国际共产主义运动的发展这一实践层面来说,拉法格社会主义思想的历史意义主要体现在以下两大方面。

一方面,作为国际共产主义运动的著名活动家,拉法格及其社会主义思想在促进科学社会主义基本原理在国际工人运动中的传播,粉碎巴枯宁派、可能派等无政府主义和机会主义派别篡夺国际工人运动领导权等方面发挥了重要作用。

早在第一国际时期,已与马克思、恩格斯建立联系、成为马克思主义者的拉法格即在传播马克思主义思想,揭露无政府主义派别的阴谋分裂活动等方面成为了马、恩的得力助手。当时,马克思主义在欧洲许多国家尚未得到广泛传播,因此,拉法格一边和夫人劳拉一起致力于把马、恩的著作译为法文,一边通过发表文章来宣传科学社会主义的基本原理。例如,在发表于 1872 年的《圣西门的寓言》、《劳动组织》、《资产阶级万灵良药》等多篇文章中,拉法格论证了无产阶级夺取政权、对资产阶级实行剥夺的必要性,而且还对生产资料公有制必将代替私有制这一历史发展趋势进行了说明。在积极宣传马克思主义的同时,拉法格与巴枯宁阴谋集团进行了坚决斗争。在巴黎公社革命失败后流亡西班牙期间,他发文公开揭露巴枯宁派秘密同盟的存在,同时还出版了详细揭露巴枯宁派破坏活动的小册子《致西班牙联合会国际会员们》,对秘密同盟所起的破坏作用及其所进行的分裂活动进行了解析,从而有力地打击了巴枯宁派的分裂活动。恩格斯对拉法格所作的贡献予以盛赞,他在给劳拉的信中说:“保尔正是在关键时刻来到马德里,对我们和整个协会具有不可估量的意义”;他为宣传科学社会主义思想所发表的文章“第一次把真正的科学奉献给西班牙人”①。在马、恩的直接领导和拉法格等人的努力下,第一国际反

① 《恩格斯与保尔·拉法格、劳拉·拉法格通信集》(第一卷),北京第二外国语学院法语专业 73 级师生合译,人民出版社 1979 年版,第 51 页。

对巴枯宁主义的斗争最终取得了全面胜利,科学社会主义的基本原理在国际工人运动组织中确立起来,从而为后来各国建立独立的工人阶级政党奠定了基础。

19世纪80年代,拉法格又积极参与了第二国际的创建工作。在马克思主义得以进一步传播、各国工人运动普遍高涨的基础上,新的国际"再也不会是一个宣传的团体,而只能是一个行动的团体了"①。但是,以法国可能派为代表的一些改良主义者力图把建立新国际的主动权掌握在自己手中,以便建立一个由他们控制的改良主义的国际组织。为了粉碎可能派篡夺国际工人运动领导权的阴谋,法国工人党领导人以及其他国家的社会主义政党领导人在恩格斯的具体领导下与其进行了坚决斗争。拉法格是这场斗争中的"排头兵"。早在1882年,他即已撰文阐明了可能派与革命派的根本对立,强调只有通过社会革命实现生产资料公有制才符合无产阶级的根本利益,从而为当时的法国工人党明确自己的行动目的和手段提供了理论指导。而面对可能派在创建新国际工人组织中的阴谋行动,拉法格也积极地行动起来。他参与了巴黎国际工人代表大会的筹备工作,并及时向恩格斯写信汇报工作的进展,按照恩格斯的指导和建议来调整工作安排和策略。1889年7月,巴黎国际代表大会顺利召开,这不仅挫败了可能派的阴谋,同时也给了否定政治斗争的无政府主义者十分沉重的打击,从而加强了无产阶级的国际团结和联系,为各国社会主义政党在马克思主义基础上的进一步发展扫清了道路。第二国际成立之后,拉法格始终坚持着无产阶级和马克思主义的立场。他既对伯恩斯坦主义及其在法国的具体实践——米勒兰主义进行了深刻批判,又自觉地同以工团主义为代表的无政府主义划清了界限。在上述过程中,拉法格进一步正面阐发了马克思主义的基本原理,同时在科学社会主义思想的发展方面也作出了有益的贡献。

---

① 《马克思恩格斯文集》第10卷,人民出版社2009年版,第478页。

另一方面，作为法国工人党的缔造者和工人运动的领袖，拉法格及其社会主义思想对促进科学社会主义基本原理与法国工人运动实践的结合作出了重要贡献，为法国无产阶级政党及其领导的社会主义运动提供了科学的理论指导。

在这方面，拉法格及其社会主义思想的首要贡献在于为法国无产阶级政党的建设提供了理论指导。在积极参加国际共产主义运动的同时，拉法格越来越认识到，无产阶级革命只有在无产阶级政党的领导下进行才能取得胜利，因此，在建立无产阶级运动的国际组织之前，首先必须建立各国的社会主义政党，并使之发展壮大。为此，他于 19 世纪 70 年代和盖得一起创立了法国历史上第一个独立的马克思主义政党——法国工人党，使法国无产阶级有了真正代表自己阶级利益的领导力量；随后，拉法格和盖得又在马克思的亲自指导下制定了法国无产阶级的第一个马克思主义纲领，从而为工人党奠定了科学的理论基础。在领导法国工人党的过程中，拉法格运用马克思主义的世界观和方法论不断进行理论探索，对法国乃至整个欧洲社会主义运动的一些基本的理论、纲领和策略问题进行了较为全面的阐述，这些探索成果构成了其社会主义思想的重要内容，也为法国工人党的思想建设和组织建设提供了重要的理论指导。正是通过拉法格和盖得等人的不断努力，法国工人党与走机会主义路线的可能派彻底决裂，坚持了科学社会主义的基本原则，并迅速地扩大了影响。到 19 世纪八九十年代，法国工人党党员人数已增至 1 万人左右，逐步发展成为法国第一个拥有地方组织、全国领导机构和全国性纲领的现代型政党和法国当时最强大的社会主义派别①。

通过法国工人党的不断宣传教育，法国工人群众对科学社会主义基本原理的认识和理解不断加深，识别真假社会主义的能力也不断增强。众所周知，以 19 世纪 30 年代的里昂丝织工人起义为标志，法国工人阶级开始登上政治

---

①［法］克洛德·维拉尔：《法国社会主义简史》，曹松豪译，中共中央党校出版社 1992 年版，第 49 页。

舞台为争取自己的切身利益而斗争,并在斗争中日益觉醒。工人阶级的斗争也促进了社会主义思想的发展和传播。然而,由于19世纪前半叶法国的社会主义“不是扎根在现实的、具体的、经济和社会的土壤之中”,而是在那些“好心而富有想象力的思想家的头脑中制定的”,因而总体上具有着“空想、混杂、不完善和封闭”的特征①。在此背景下,法国的工人运动尽管出现了以巴黎公社革命为代表的革命高潮,但却变成了一个既无指南又无船舵的运动。为此,迫切地需要批判工人运动中的种种错误思想,同时通俗易懂地向工人阶级阐述科学社会主义的基本原理,正确说明马克思主义和工人阶级的相互关系,以便为工人阶级及其政党的革命活动确立科学的指导思想。在这方面,以马克思主义为指导思想的法国工人党发挥了重要作用,而作为工人党领导人的拉法格在其中的贡献更是极为显著。前文已论述过,对资产阶级、小资产阶级思潮的批判,以及对科学社会主义基本原理的解读与运用,本身就是拉法格社会主义思想的表达路径与重要内容。法国历史学家克洛德·维拉尔甚至评价说,在法国工人党的领导人物中,只有拉法格才是“工人党唯一真正的理论家”;“除了拉法格以外,他们都不是马克思主义的理论家,甚至不是真正的马克思主义理论者。”②正是以上述努力为基础,法国工人运动不断发展和壮大。对此,恩格斯感到十分高兴,他写道:“在法国,一个了不起的运动又在飞速发展着,而最好不过的是,我们的人——盖得、拉法格、杰维尔——是这一运动的理论上的领导人。”③

三、拉法格社会主义思想的主要局限及其原因

通过上述关于拉法格社会主义思想历史意义的分析与总结,我们可以看

---

① [法]克洛德·维拉尔:《法国社会主义简史》,曹松豪译,中共中央党校出版社1992年版,第29页。

② [法]克洛德·维拉尔:《法国社会主义简史》,曹松豪译,中共中央党校出版社1992年版,第48—51页。

③ 《马克思恩格斯全集》第36卷,人民出版社2016年版,第471页。

出，不论就哪一方面来说，拉法格都称得上是他所处时代马克思主义运动的十分重要的理论家。但与此同时，我们也应当承认，其思想在一定程度上也存在着某些局限。本书认为，拉法格社会主义思想的局限性主要表现在：相较于对马克思主义基本原理的继承和捍卫而言，其思想整体上在发展性和创新性方面则略显不足。

从某种意义上说，正是由于这一局限性的存在，尽管拉法格作为马克思和恩格斯学说的第一代信仰者和传播者，对马克思主义基本原理的宣传和普及作出了重要贡献，但他在整个马克思主义发展史上的地位却显得颇具争议；人们在评价他时，更多的只是对其作为“马克思和恩格斯的观点的解释者”的一面予以肯定和承认。事实上，本书关于拉法格社会主义思想内容及框架的分析看起来好像也进一步佐证了这种观点。因为，就拉法格社会主义思想的整体框架而言，对马克思主义基本原理的继承与诠释性色彩明显地盖过了其独创性光芒；不仅如此，相较于马克思、恩格斯，拉法格思想所体现出的理论水平也与其师长之间存在着较为明显的差距。这或许正是当前马克思主义研究对拉法格及其思想关注不够的主要原因；因为对于部分研究者来说，从马、恩的经典文本出发来探寻马克思主义基本原理，显然更加具有说服力一些。

然而，如果我们仅仅是简单地关注拉法格思想局限本身的话，难免会得出一些有失偏颇的结论。例如，笔者所接触的一位学者就认为，研究马克思主义基本原理关键在于研读马克思、恩格斯原著，拉法格没有自己的思想，根本不具备研究价值。因此，在承认拉法格思想局限性的同时，更为关键的是对存在局限背后的原因进行深入考察。换一个视角来看，如果把过多地强调对马克思主义的继承，而创新性则略显不足当作拉法格社会主义思想的一种局限的话，那么这种状况其实并非全部是拉法格本人理论创新能力不够所造成的；实际上，它更主要地是因为受到了特定时代背景以及由其所决定的斗争需要的影响。

任何思想家都会受到时代条件的限制，拉法格也不例外。结合时代背景来进行考察，我们不难发现，拉法格的全部实践活动及其关于社会主义问题的研究和阐述，难免既会受到整个时代大环境的制约，也理所当然会受法国政治小气候的影响。

从宏观上看，我们可以将拉法格生活的时代划分为两个具体的时段：一是19世纪60年代至80年代末；二是19世纪与20世纪之交。其中，第一段时期是马克思主义创立后逐步传播并与国际工人运动相结合的时期。这一时期，随着欧洲各国革命形势的发展，在马克思和恩格斯的辛勤培育和具体指导下，欧洲各国自觉的无产阶级理论战士逐渐增多和成长起来。作为马克思恩格斯的追随者和战友，他们认真钻研马、恩的著作，结合本国的实际情况宣传马克思主义，同各种资产阶级唯心主义和工人运动中的机会主义派别进行了坚决的斗争，写下了许多文章和著作，对马克思主义的广泛传播和发展作出了重大的贡献。拉法格正是这个队伍中的一员。前面已提及，他在理论和实践两方面均有机会得到马、恩的亲自教诲，同时也为马克思主义在法国的传播作出了重大贡献。第二段时期是资本主义由自由竞争逐步过渡到垄断阶段的时期。随着资本主义由自由竞争向垄断过渡，不仅资本主义经济、社会、政治、文化等方面发生剧烈变化，出现了许多新情况和新特点，而且马克思主义自身也在这一时期面临着自其诞生以来最为严峻的挑战。对此，斯大林曾在《论列宁主义的基础》一文中这样总结道："这是资本主义比较和平发展的时期，即所谓战前的时期。当时帝国主义的那些毁灭性的矛盾还没有十分明显地暴露出来；当时工人的经济罢工和工会还比较'正常地'发展着；当时用选举斗争和议会党团还能收到'令人头晕目眩的'成效；当时人们把合法斗争形式捧到天上，并想用合法手段来'消灭'资本主义，——总而言之，当时第二国际各党养得肥肥胖胖，不愿意认真地想到革命，想到无产阶级专政，想到群众的革命教育。"①正是在此背景下，伯恩施坦对马克思主义的"修正"与伯恩斯坦修正主

① 《斯大林全集》第6卷，人民出版社1956年版，第71—72页。

义在欧洲各国的泛滥，以及以倍倍尔、李卜克内西、拉法格、拉布里奥拉等为代表的一批马克思主义理论家对修正主义、机会主义思潮的反击与对马克思主义的捍卫和发展，构成了世纪之交关于马克思主义历史命运论争的大格局。

结合上述时期马克思主义传播和发展的具体特征可以看出，拉法格的社会主义思想更多地体现为对马克思主义基本原理的继承性阐述，显然是与特定时代背景下的客观需要相吻合的。一方面，马克思主义创立之后，只有对它进行更为通俗易懂的理论阐述并把它灌输到无产阶级群众中去，使其与工人运动结合起来，才能真正使马克思主义学说成为一种伟大的改造力量；而这一任务仅靠马克思主义创始人自身的努力是无法完成的，由此它成为了拉法格等马、恩学说的第一代信仰者所肩负的神圣历史使命。另一方面，当无政府主义、机会主义等形形色色的错误思潮试图冲击和挑战马克思主义的科学性时，运用马克思主义的基本原理对其实质进行揭露和批判，通过批判来捍卫并进一步阐释、宣传马克思主义，也是拉法格等马克思主义理论家义不容辞的任务。因为只有这样，才能更好地将马克思主义传承下去。

以上对拉法格思想之所以以继承性为主的原因进行了挖掘。但值得进一步指出的是，拉法格较之其后的列宁显得光芒黯淡，且其思想在马克思主义思想史上的整体影响力远不如后来的列宁思想，还不仅仅是因为创新性不足，而是与当时法国社会的微观环境有着莫大的关联。

事实上，尽管拉法格基本上没有提出什么新的基本原理来丰富马克思主义理论，但是，在他运用马克思主义原理分析问题的过程中，还是闪现出了许多具有独创性的思想火花，只不过拉法格思想创造性的一面往往易为人所忽视罢了。以其对资本主义新时代的解读为例，前面已多次提及，作为列宁十分尊敬的马克思主义理论家，拉法格曾先于列宁十多年对资本主义发展新阶段的主要特征及历史趋势作过颇为独到的分析，列宁之后在《帝国主义是资本主义的最高阶段》一书中论述的帝国主义经济方面的五大特征在拉法格那里几乎已全部被涉及；然而拉法格这方面的思想后来却远没有列宁的帝国主义理论那样具有划时代性的深远影响。要想对这一现象进行解释，除了考察个人的理论素养、能力水平等主观条件之外，外在客观条件也是不可忽略的重要因素。众所周知，理论的根本价值在于其对实践的指导意义。以帝国主义理论、无产阶级革命理论为核心内容的列宁主义正是在俄国社会主义革命的伟大实践中得以产生，并通过十月革命的伟大胜利彰显出了自身的价值。进一步看，以列宁主义思想为指导的俄国社会主义革命之所以能够成功，不仅因为俄国当时是“帝国主义的各种矛盾的集合点”，它“当时孕育着革命的程度比其他任何国家都大”；而且“因为当时仅仅在俄国才有能够用革命方法来解决帝国主义矛盾的现实力量”①。反观环绕拉法格及其思想的社会环境，则没有为其思想转化为实践提供足够的现实支撑，而这必然会对其思想的价值产生影响。从 19 世纪 70 年代末期开始，法国逐步摆脱君主制的影响，步入了稳步发展的共和制时期，政治生活中的议会制传统在政体之争中逐渐形成。这种总体上和平稳定发展的社会环境为以米勒兰、饶勒斯为代表的改良主义社会主义派别的滋生和蔓延提供了土壤，他们不仅在知识分子等城市中间阶级中拥有较多的拥趸，而且也得到了众多工人阶级的支持，由此逐渐掌握了法国社会主义政党的实际领导权。在改良主义成为法国社会主义运动主流的背景下，甚至连盖得派也开始倾向于放弃革命的前景，转而赞成用议会斗争的方式去夺取政权；而始终坚持阶级斗争思想和无产阶级革命必要性的拉法格则与盖得在许多重要问题上发生了严重分歧，并在生命的最后几年中过上了深居简出的生活。

上述法国社会主义运动的状况对拉法格及其思想历史地位的影响在两位当代学者的评价中得到了印证。英国学者莫里斯·布洛克认为：“拉法格的影响并不很大，因为他在法国从事写作，第一次世界大战以前的法国，由于以非马克思主义者饶勒斯为首的左翼阵营占主要地位，马克思主义的思想并未

---

① 《斯大林全集》第 6 卷，人民出版社 1956 年版，第 67—68 页。

普遍深入人心。”①美国学者梅·所罗门也持类似的观点，他指出：“第一批法国马克思主义者——保尔·拉法格、茹尔·盖得、沙尔·龙格——他们本人的观点部分是布朗基、拉萨尔或巴枯宁的。在 19 世纪 80 和 90 年代，随同索列尔普及安东尼奥·拉布里奥拉的观点，德国马克思主义者的论文开始译成法文，但是，让·饶勒斯的费边式的马克思主义冲淡了他们的影响。”②

当然，除了上述客观原因之外，拉法格自身认识水平和能力方面的局限也不能完全忽略。一些专门研究第二国际时期理论家的理论成果指出，包括拉法格在内的第二国际理论家对帝国主义时代及其实践课题有所关注，但却没有在马克思主义创新方面做出较大成绩，主要是由于他们的知识水平和哲学素养参差不齐，没有准确理解马克思主义哲学和辩证法的意义所致③。尽管本文不太赞同这种仅仅从主观条件出发所作的分析，但其结论还是可以为我们进一步分析拉法格社会主义思想创新性不足的原因提供些许启示。

从拉法格的一些具体理论观点和实践活动来看，我们不难发现，其主观上的确存在着片面性、机械论、革命浪漫主义等一些不容忽视的错误。例如，他对历史唯物主义的理解和阐释不够系统和深刻，尽管其观点不同于庸俗的“经济决定论”，但对上层建筑、社会意识方面的反作用还是关注不够，由此导致对社会主义革命的爆发及其胜利采取了过于乐观的态度；他在阐述科学社会主义基本原理时有些用语不够确切，容易引起思想混乱，给对手的反驳留下了可乘之机；他在社会主义运动策略上有时表现出左右摇摆，对法国布朗热运动的性质作出了错误的判断，在制定土地纲领时对小农的私有心理作了无原则的让步，等等。对于这些错误和缺点，我们既不能简单地回避，也不能任意

---

① ［英］莫里斯·布洛克：《马克思主义与人类学》，冯利译，华夏出版社 1988 年版，第 113 页。

② ［美］梅·所罗门编：《马克思主义与艺术》，杜章智等译，文化艺术出版社 1989 年版，第 537 页。

③ 参见方章东：《第二国际理论家马克思主义观研究》，安徽大学出版社 2007 年版，第 117—118 页。

地夸大,而是应从中吸取有益的教训。同时,也正是由于这些缺陷的存在,使得拉法格在理论表现上没有列宁那么完美。南斯拉夫学者弗兰尼茨基在谈及列宁的历史影响时写道:"在第二国际的整个时期内几乎未曾有过真正的无产阶级革命领袖,特别是未曾有过这样的人物,他既有不同寻常的高深的理论,又能洞察每一个历史时机。倍倍尔和盖得缺少前一种因素,拉法格缺少后一种因素,而只有罗·卢森堡在天才方面与列宁有些近似,但是在这方面也还有很大的差别。"①应该说,这一评价在一定程度上较客观地说明了拉法格与列宁在历史地位上存在差异的主观原因。

不管怎样,上述局限的存在并不妨碍我们对拉法格的历史地位得出总体正面的认识。在此,让我们引用法国学者克洛德·维拉尔的一段话作为对拉法格及其思想历史地位评价的结尾:"盖得分子——其中首先是拉法格——虽然有犯有一些错误(鉴于他们的时代和战斗环境,这些可以理解的),他们基本上起了积极的作用。他们为法国工人运动和社会主义运动介绍了马克思主义,开辟了革命的前景,并培育了阶级政党的萌芽,即法国近代的第一个工人政党。"②

---

① [南]普·弗兰尼茨基:《马克思主义史》(上),徐致敬等译,生活·读书·新知三联书店1963年版,第291页。

② [法]克洛德·维拉尔:《保尔·拉法格和他对资产阶级社会的批判》,公直译,《国际共运史研究资料》1982年第2期,第155页。

第七章　拉法格社会主义思想的当代反思

第一节　新中国成立以来中国共产党关于社会主义认识的演进轨迹

通过对拉法格社会主义思想的系统梳理，不难发现其思想与马克思主义创始人思想体系之间的内在理论关联，这将有助于我们进一步实现对科学社会主义基本原则的整体性把握。可以说，在当代中国特色社会主义的发展进程中，只有完整地把握科学社会主义的基本原则并努力为其实现创造条件，既在实践中将社会主义的价值追求确立为中国特色社会主义发展的应有目标和基本原则，又立足于中国实际和当今时代的特点来合理地、创造性地进行制度设计，才有可能有效彰显社会主义的价值，使中国社会主义建设取得更大的成就。回首历史，从新中国成立开始，如何按照科学社会主义的基本原则在中国这样一个经济文化比较落后的东方大国建设和巩固社会主义，就成为了中国共产党所面临的崭新课题。围绕着“什么是社会主义”以及“怎样建设社会主义”等核心问题，中国共产党的几代领导集体努力把马克思主义基本原理同中国具体实际和时代特征相结合，提出了一系列基本观点和根本看法，由此逐渐构筑起了中国特色的社会主义观，以独创性的理论原则和经验总结极大地丰富和发展了科学社会主义理论。

一、社会主义建设初期:中国式发展道路的初步认识与探索

新中国成立后,以毛泽东为核心的中共第一代领导集体领导人民对在中国这样经济社会落后的国家如何建立社会主义制度以及开展社会主义建设进行了初步探索。在此阶段,中国共产党带领全国人民,把社会主义的构想变成了现实,正式开启了中国式社会主义的发展之路。尽管这一时期的探索在很大程度上借鉴了苏联社会主义的历史经验,而且在探索过程中出现了重大挫折,但仍为之后的中国特色社会主义建设积累了宝贵经验。

(一)中国共产党初步认识和探索社会主义的背景

以毛泽东为主要代表的中共第一代领导人的社会主义观是在特定的现实背景和实践基础之上形成的。众所周知,推翻"三座大山"的新民主主义革命任务完成后,紧接着中国面临的任务便是通过工业化、现代化来实现国家富强、人民富裕。然而,在当时的国际国内环境下,中国社会发展道路的选择受到了许多现实制约。

一方面,冷战格局的开启以及美苏的对华政策影响了中国共产党的现实抉择。二战结束后,由于意识形态等多种因素的影响,世界政治迅速形成美苏两极对峙的"冷战"格局。美国带领西方资本主义国家,对苏联等社会主义国家采取了除军事进攻之外一切手段的敌对行动,以"遏制"共产主义。杜鲁门主义以及北约与华约之间的对抗正是"冷战"在当时的具体表现。从20世纪40年代末开始,以美国为首的西方资本主义阵营对新中国在经济上实施"封锁"、"禁运",外交上采取"孤立"、"遏制",甚至在"协防"台湾的名义下公然以武力干涉中国内政,企图将新中国扼杀在摇篮里。相较而言,为了借助中国在亚洲牵制和打击美国的势力,加强社会主义阵营的力量,苏联与新中国签订《中苏友好同盟互助条约》,决定对中国开展政治经济援助。新中国成立初

期,苏联以设备、机器以及各种材料的商品形式向中国提供3亿美元贷款(利息1%,为期5年;按1950年汇率折算人民币约合9亿元,在三年恢复时期中央政府总投资中占比14.3%),并援建了新中国恢复经济急需的煤炭、电力、钢铁、有色金属、化工、机械和军工部门的50个重点项目(实际建设项目为47个),涵盖了能源工业、原材料工业、民用机械加工、国防军工等多个行业。由此,中国共产党在情感天平上倾斜向苏联,向苏联模式的社会主义发展道路学习并靠拢也就是顺其自然的事了。

另一方面,新中国成立初期社会发展所面临的严峻困境也直接制约着中国共产党的实践决策。新中国的成立标志着新民主主义革命的伟大胜利,但却并不意味着中国贫穷落后的面貌得到了彻底改变,中国依然是一个"一穷二白"的农业国。对于这一国情,中国共产党在革命胜利之前就有着清醒的认识。早在1949年3月的七届二中全会上,毛泽东就指出:夺取全国胜利还只是万里长征走完了第一步;在革命胜利以后,应该迅速地恢复和发展生产,使中国稳步地由农业国转变为工业国,把中国建设成一个伟大的社会主义国家。新中国成立后,毛泽东在谈到我国工业的情况时再次强调:"现在我们能造什么?能造桌子椅子,能造茶壶茶碗,能种粮食,还能磨成面粉,还能造纸,但是一辆汽车、一架飞机、一辆坦克、一辆拖拉机都不能造。"①不改变这种贫穷状况,我国就无法摆脱被动挨打的命运;而要从根本上改变中国贫穷落后的面貌,就必须尽快实现国家的工业化,把中国从一个落后的农业国变为一个先进的工业国。从历史上看,实现工业化主要有两条道路:一条是以英美为代表的资本主义工业化道路,另一条是苏联模式的社会主义工业化道路。近代以来的历史证明,中国社会经济状况不允许走资本主义道路,如果搞资本主义只能成为帝国主义的附庸;而且,欧美国家的工业化模式以海外掠夺和资本积累为基础,实现工业发展目标耗时较长,也不适合当时想迅速实现自强自立的中

① 《毛泽东文集》第六卷,人民出版社1999年版,第329页。

国。而苏联作为世界上第一个社会主义国家,在建设和发展社会主义事业方面形成了一套完整的模式,为其他国家展示了一条新的社会发展路径。尤其是在工业化方面,苏联采取了以优先发展重工业、高速度、资金积累靠国内的工业化模式,在短期内构建起门类比较齐全的工业体系,成为了当时仅次于美国的社会主义工业强国。显然,这种以"社会主义"为特征的社会发展道路对中国共产党更具吸引力。

正是在上述背景下,毛泽东指出,"苏联共产党就是我们的最好的先生,我们必须向他们学习"①。由此,中国共产党参照苏联经验,从我国实际出发制定并实施"一五"计划,与此同时逐步实现对个体农业、手工业和资本主义工商业的社会主义改造,初步确立起了社会主义基本制度。

社会主义改造完成后,由革命党变成执政党的中国共产党面临着一系列新情况和新考验。从国内来看,尽管我国的物质基础、生产力及科教水平有所提高,但仍相对低下;人民群众在思想上拥护社会主义,但真正适应新社会也仍需一个过程。从国际关系方面看,苏共"二十大"的召开以及赫鲁晓夫全盘否定斯大林的秘密报告,促使中国共产党人开始思考如何走中国自己的社会主义发展道路。1956 年 3 月 23 日,毛泽东在中央政治局扩大会议上指出,赫鲁晓夫"揭了盖子,又捅了娄子",他"破除了那种认为苏联、苏共和斯大林一切都是正确的迷信,有利于反对教条主义";我们"不要再硬搬苏联的一切了",而是"应该把马列主义的基本原理同中国革命和建设的具体实际结合起来,探索在我们国家里建设社会主义的道路"②。毛泽东强调,搞社会主义建设不一定完全按照苏联那一套公式,可以根据本国的具体情况,提出适合本国国情的方针、政策;我们要做的是从苏联的错误中吸取教训,力求不犯大错误。

20 世纪 50 年代中期国际形势和国内环境的新变化,迫使中国共产党思考一系列关于中国社会发展道路选择的重大理论和现实问题:什么是社会主

① 《毛泽东选集》第四卷,人民出版社 1991 年版,第 1481 页。

② 吴冷西:《忆毛主席》,新华出版社 1995 年版,第 5—7 页。

义？如何认识和处理社会主义社会的矛盾？对于经济文化十分落后且发展极不平衡的东方大国，应当选择什么样的发展道路来建设和巩固社会主义？正是在思考和回答上述问题的基础上，中国共产党立足中国实际开始了关于社会主义的初步认识和探索。

（二）社会主义建设初期中国共产党关于社会主义的认识

在社会主义建设道路的初步探索时期，中国共产党尚未具体阐明“什么是社会主义”以及“怎样建设社会主义”。然而，这并不代表以毛泽东为代表的中共第一代领导人不关心社会主义问题。澳大利亚著名学者罗斯·特里尔曾这样评价毛泽东：“虽然他热爱历史，并吟诗作赋，但他也希望创造历史并在中国这块画布上画出新的社会主义图案。”①事实的确如此。在中国这块崭新画布上绘制社会主义图案难度很大，难免会出现差错，然而，这一时期的相关探索仍值得我们深入研究和总结。

首先值得关注的是毛泽东等人对资本主义的认识及对待民族资产阶级态度的变化。作为“直接从资本主义里面长出来的社会”（列宁语），社会主义与资本主义有着十分紧密的关系。因此，要想科学地认识社会主义，必须正确认识和对待资本主义。

新民主主义革命时期，中国共产党将资本主义划分为官僚资本主义和民族资本主义，主张对与两类资本相联系的官僚资产阶级和民族资产阶级区别对待。其中，官僚资本控制国民经济命脉，压迫剥削工农大众，阻碍民族资本主义的发展，被视为国民党政权的经济基础；由此，消灭官僚资本并推翻官僚资产阶级的反动统治，相应成为中共政治动员和舆论宣传的有力武器。对于民族资本主义，毛泽东正确地认识到，“由于中国经济的落后性，广大的上层小资产阶级和中等资产阶级所代表的资本主义经济，即使革命在全国胜利以

① ［澳］罗斯·特里尔：《毛泽东传》，中国人民大学出版社2010年版，第4页。

后,在一个长时期内,还是必须允许它们存在;并且按照国民经济的分工,还需要它们中一切有益于国民经济的部分有一个发展;它们在整个国民经济中,是不可缺少的一部分”①。与此相对应,民族资产阶级中间的绝大多数被视为“人民大众的一部分”和中共需要团结的对象,“对这个阶级的经济地位必须慎重地加以处理,必须在原则上采取一律保护的政策”,以便“能够集中力量去反对主要敌人”②。基于上述认识,中国共产党在新民主主义革命时期对民族资产阶级实行既联合又斗争的策略,既在经济上实行保护民族工商业的政策,在政治上争取这一阶级参与和支持革命,又对其经济地位所决定的动摇性和妥协性的一面进行批评和斗争,最终将其绝大多数团结在了自己身边。

新中国成立后,毛泽东对资本主义的认识经历了肯定和否定交替反复的变化过程。起初,面对一穷二白的国情,毛泽东在认识资本主义方面坚持了辩证态度,他一方面声明“我们愿意向世界上所有国家学习……每个国家都有值得学习的长处”③,主张积极借鉴资本主义建设的先进文明成果,利用资本主义来发展社会主义;另一方面又认识到学习资本主义“必须有分析有批评地学,不能盲目地学,不能一切照抄,机械搬用”④,强调在学习借鉴西方先进经验时,一定要警惕西方资本主义的渗透和复辟。然而,随着我国社会主义改造的推进以及社会经济的发展,毛泽东的态度又从支持和利用资本主义变成了主张彻底消灭资本主义。社会主义改造完成后,出于对社会发展实际需要的考量,毛泽东对资本主义的态度曾趋向缓和,提出“可以消灭了资本主义,又搞资本主义”⑤的想法;但在1957年反右斗争扩大化以及之后中苏两党关系恶化的背景下,其态度又转变为坚决否定。晚年毛泽东不再把民族资产阶级当成对社会主义建设有一定积极作用的盟友,而是将一切资产阶级都视为

① 《毛泽东选集》第四卷,人民出版社1991年版,第1254—1255页。
② 《毛泽东选集》第四卷,人民出版社1991年版,第1288—1289页。
③ 《毛泽东外交文选》,中央文献出版社1994年版,第234页。
④ 《毛泽东文集》第七卷,人民出版社1999年版,第41页。
⑤ 《毛泽东文集》第七卷,人民出版社1999年版,第170页。

社会主义建设的敌人；他在如何处理社会主义与资本主义的关系、如何对待资产阶级等问题的认识上逐渐偏离马克思主义并脱离中国实际，在关于社会主义社会阶级斗争的理论和实践上的错误也发展得越来越严重。

毛泽东关于资本主义和资产阶级的认识受到了当时国际国内环境、苏联社会主义模式以及他个人对马列著作理解的限制，其造成的后果也是不容忽视的。作为中共中央第一代领导集体的核心，他的上述认识对当时国家政策的制定产生了重大影响。“文化大革命”正是毛泽东上述“左”倾错误认识的典型体现。

值得庆幸的是，即便是在“文革”时期，中国共产党内还是有部分人能做到辩证把握社会主义与资本主义的关系，认识到学习和利用资本主义文明成果的重要性和必要性。例如，20 世纪 70 年代，陈云提出了既要警惕资本主义，又要研究、利用资本主义的思想。他在深入研究和分析资本主义经济危机的根源和规律的基础上，指出要充分利用各主要资本主义国家急于摆脱危机，国际上游资充斥的情况，大胆引进外资和技术设备①。面对“四人帮”对中国引进外资以及从国外进口先进设备的阻挠，陈云立场鲜明地表示：“不要把实行自力更生的方针同利用资本主义信贷对立起来”；利用资本主义国家的原料、先进设备、技术和资金“归根到底是为了加快国家的工业建设”②。可以说，在当时“左”倾思想横行的情况下，正是由于陈云、周恩来等人的坚持，我国才能打破意识形态的束缚，求同存异，与资本主义国家谈成了几百个进口项目，从而有力地促进了国民经济的发展。

从根源上讲，我们党之所以会在对待资本主义、资产阶级的态度及相关政策上发生反复，主要是与这一时期中国共产党人较为复杂的社会主义观相关。以毛泽东为例来看，他关于什么是社会主义、怎样建设社会主义这一根本问题

---

① 参见沈传宝：《二十世纪七十年代初陈云对资本主义的研究及认识》，《中共党史研究》2005 年第 6 期，第 102 页。

② 《陈云文选》第三卷，人民出版社 1995 年版，第 223—224 页。

的认识就呈现出正确和失误相互交织的复杂状态①。

首先我们不难发现,马克思主义基本原理对毛泽东影响至深,在其社会主义观中占据着指导地位。毛泽东运用马克思主义矛盾观来分析和认识社会主义就是这方面的典型体现。马克思主义认为,对立统一的矛盾范畴不仅构成了表现事物内在联系的实质内容,而且揭示了事物发展的动力和实质。那么,构成社会主义实质内容和发展动力的矛盾是什么呢?在这一问题上,苏联在斯大林时期一开始侧重于从阶级矛盾的视角来看待社会主义社会的矛盾,后来又发展为否定社会主义社会的生产力与生产关系之间矛盾冲突的存在,从而导致了实践中的严重失误。以毛泽东为代表的中国共产党人深刻吸取苏联经验教训,在认真分析和研究中国社会主义建设新情况新问题的基础上,对作为矛盾统一体的社会主义进行了科学的分析。在毛泽东看来,矛盾是普遍存在的,它的"不断出现,又不断解决,就是事物发展的辩证规律"②。作为新生事物的社会主义社会也是一个普遍性与特殊性相统一的矛盾统一体。与其他社会一样,社会主义的基本矛盾仍然是生产关系和生产力、上层建筑和经济基础之间的矛盾;但它又与以往社会不同,其基本矛盾具有"又相适应又相矛盾"的特点,"可以经过社会主义制度本身,不断地得到解决"③。在把握社会基本矛盾的同时,毛泽东还从阶级关系的视角分析了社会主义社会的矛盾。他认为,社会主义社会存在着敌我矛盾和人民内部矛盾两类性质完全不同的矛盾,而社会主义社会的特殊性则体现在人民内部矛盾在其中居于主导地位;因此,运用讨论、批评、说服教育等民主方法来正确处理人民内部矛盾,对于发展社会主义事业具有极为重要的意义。此外,在毛泽东的主持和直接参与下,中共八大立足实际分析了社会主义改造完成后中国社会主要矛盾的变化,从

① 参见肖贵清:《毛泽东对社会主义建设道路的艰辛探索及历史地位》,《求索》2019 年第 5 期,第 18 页。

② 《毛泽东文集》第七卷,人民出版社 1999 年版,第 216 页。

③ 《毛泽东文集》第七卷,人民出版社 1999 年版,第 213—214 页。

而进一步对社会主义矛盾的特殊性作出了准确判断。显然，毛泽东关于社会主义的认识既肯定了矛盾的普遍性和一般性原理，又分析了社会主义社会矛盾运动的特点及其特殊解决方式，揭示了社会主义社会的特殊性和优越性，充分体现了对马克思主义立场、观点和方法的继承与运用。

其次，毛泽东关于社会主义的认识也有坚持实事求是、独立自主，注重马克思主义与中国实际相结合的一面。例如，在社会主义的建设和发展方面，毛泽东立足于中国国情，既认识到了发展生产力、实现国家工业化的重要性，又认识到中国不能简单照搬苏联社会主义模式，而是必须独立自主地探索本国发展道路。在《论十大关系》中，毛泽东对我国基本国情进行了非常透彻的分析。他指出："我们一为'穷'二为'白'。'穷'就是没有多少工业，农业也不发达。'白'，就是一张白纸，文化水平、科学水平都不高"；基于此，"我们一定要努力把党内党外、国内国外的一切积极的因素，直接的、间接的积极因素，全部调动起来，把我国建设成为一个强大的社会主义国家。"①正是从社会生产力落后、经济基础薄弱的实际出发，毛泽东指出，必须把实现工业化确定为新中国整个经济建设的主要任务，坚持以工业为主导，逐步建立独立的比较完整的基础工业体系和国防工业体系，这是维护民族独立和国家安全、实现国家富强和人民富裕的必由之路。为了弥补社会主义工业化建设经验的不足，中国在工业化建设之初学习和借鉴了苏联社会主义工业化建设的经验。但众所周知，毛泽东向来反对机械搬用外国经验，他多次强调要从中国是一个农业大国这一实际出发，以农业为基础，正确处理重工业同农业、轻工业的关系，走出一条适合我国国情的社会主义工业化道路。他也曾反复指出，学习别国经验时必须坚持实事求是的态度，苏联社会主义模式也存在一些缺点和错误，只能"学那些和我国情况相适合的东西"，"吸取对我们有益的经验"②。在社会主义发展阶段问题的认识上，毛泽东也同样既坚持了马克思主义基本原理，又结

---

① 《毛泽东文集》第七卷，人民出版社 1999 年版，第 44 页。

② 《毛泽东文集》第七卷，人民出版社 1999 年版，第 242 页

合中国实际发展了马克思、列宁关于未来社会发展阶段划分的思想。对于未来社会的发展阶段问题,马克思主义经典作家并未进行详细的分析。马克思在《哥达纲领批判》中把未来的共产主义社会划分为“第一”阶段和“高级”阶段,并从分配方式等方面进行了简单的区分;列宁则把“共产主义第一阶段”称为社会主义社会,并将社会主义社会分为“不完全、不发达的”和“完全、发达、完整的”两个阶段。与经典作家不同,毛泽东更多地着眼于中国实际对社会主义发展阶段问题进行了思考。1957 年,毛泽东在《关于正确处理人民内部矛盾的问题》中指出:“我国的社会主义制度还刚刚建立,还没有完全建成,还不完全巩固”;“我们的社会主义制度还需要有一个继续建立和巩固的过程”①。由此,他从发展过程的视角把社会主义社会区分成“建立和巩固社会主义制度”与“完全建成社会主义社会”两个不同的阶段。毛泽东强调,对我国来说,只有经过社会生产力比较充分的发展,“我们的社会主义的经济制度和政治制度,才算获得了自己的比较充分的物质基础(现在这个物质基础还很不充分),我们的国家(上层建筑)才算充分巩固,社会主义社会才算从根本上建成了”②。1959 年底至 1960 年初,毛泽东在读苏联《政治经济学》教科书时对社会主义的阶段性特征有了更明确的划分标准。根据生产力发展水平和人民富裕程度的不同,他把社会主义社会分为“不发达的社会主义”和“比较发达的社会主义”两个阶段,认为“后一阶段可能比前一阶段需要更长的时间。经过后一阶段,到了物质产品、精神财富都极为丰富和人们的共产主义觉悟极大提高的时候,就可以进入共产主义社会了”③。可以说,毛泽东的上述认识不仅丰富和发展了科学社会主义理论,为之后社会主义初级阶段理论的提出提供了理论指导;而且为中国共产党在实现马列主义基本原理同我国具体实际相结合,探索中国革命和建设的正确道路方面所做的努力提供了进一

① 《毛泽东文集》第七卷,人民出版社 1999 年版,第 214 页

② 《建国以来毛泽东文稿》第 6 册,中央文献出版社 1994 年版,第 549—550 页。

③ 《毛泽东文集》第八卷,人民出版社 1999 年版,第 116 页

步的确证。

最后，毛泽东的社会主义观还包含着一些不符合马克思列宁主义、脱离中国实际的思想因素，这是我们必须承认的事实。社会主义基本制度确立后，毛泽东继续坚持以马克思主义基本原理为指导，力求将马克思列宁主义和中国实际结合起来，走一条符合中国特殊国情、独立自主的社会主义建设道路，其总的方向和基本思路无疑是正确的。但囿于特定的社会历史背景，毛泽东关于社会主义的主观认识方面又呈现出许多局限，这导致以其为主导制定的部分政策甚至背离了他自己所倡导的实事求是原则，最终造成了社会主义建设实践的严重挫折。具体而言，这种认识上的偏差所导致的政策失误主要体现在两个方面。一是对中国社会主义发展的长期性缺乏足够的认识，同时过分夸大主观意志和主观努力在社会主义建设中的作用，导致经济发展政策脱离我国生产力实际，出现了急躁冒进、急于求成的倾向。1958 年 5 月，在北京召开的党的八大二次会议根据毛泽东的创意，通过了“鼓足干劲、力争上游、多快好省地建设社会主义”的总路线，此后没有经过认真的调查研究和试点，就在全国范围内轻率地发动了“大跃进”和人民公社化运动，试图用大搞群众运动的方法来“超英赶美”，通过“一大二公”、“政社合一”、“一平二调”的人民公社体制来“跑步进入共产主义”。这些做法使得以高指标、瞎指挥、浮夸风和“共产风”为主要标志的“左”倾错误严重地泛滥开来，严重违背了经济发展的客观规律，最终的结果只能是事与愿违，欲速不达。二是偏离了关于社会主义基本矛盾和主要矛盾的正确认识，在政治建设和思想文化运动方面以阶级斗争为纲，试图通过政治运动来促进经济建设和社会发展。1957 年反右派斗争后，毛泽东推翻了八大的正确结论，重新提出在社会主义社会建成以前，无产阶级同资产阶级的斗争、社会主义道路同资本主义道路的斗争始终是我国内部的主要矛盾。1962 年 9 月召开的八届十中全会上，毛泽东进一步把社会主义社会中一定范围内存在的阶级斗争扩大化和绝对化，断言在整个社会主义历史阶段资产阶级都将存在和企图复辟，并成为党内产生修正主义的根源。

在社会主义社会主要矛盾的认识上偏离正轨导致在对待知识分子问题、教育科学文化问题等若干方面发生了越来越严重的“左”的偏差，最终发展成为“文化大革命”的十年浩劫，使党、国家和人民遭到新中国成立以来最严重的挫折和损失。正如1981年中共十一届六中全会通过的《关于建国以来党的若干历史问题的决议》所指出的那样，上述认识偏差及政策失误与毛泽东个人相关，他晚年对关于社会主义的许多问题不仅未能加以正确分析，而且在“文革”中混淆是非和敌我，应当对中国社会主义建设事业出现重大挫折负主要领导责任；同时也有复杂的社会历史原因，反映了我们党过去长期处于战争和激烈阶级斗争的环境中，对于迅速到来的新生的社会主义社会和全国规模的社会主义建设事业，缺乏充分的思想准备和科学研究①。

总的来说，作为党的第一代中央领导集体的核心，毛泽东关于社会主义的认识所体现出的观点正误交织、复杂多变的特征，对这一时期我国的社会主义建设实践乃至世界社会主义运动均产生了正反多重影响。需要强调的是，我们决不能因为其部分观点存在错误就彻底否定毛泽东对社会主义建设道路探索实践的重大历史贡献，更不能由此而全面否定毛泽东和毛泽东思想。事实上，即便到今天，什么是社会主义、怎样建设社会主义也仍然是社会主义发展史上的一个没有完全得以解决、值得进一步深入探究的问题。马克思主义经典作家曾对社会主义社会的本质和特征进行过一些理论探讨，却不可能为不同国家的社会主义建设实践提供现成的具体方案；社会主义的发展模式和路径还需要各个国家的共产党人根据本国实际不断进行探索和总结，在此过程中所必然经历的种种困难和挫折实际上也是非常宝贵的财富。对此，习近平同志曾进行过非常精辟的概括，他指出：“在中国这样的社会历史条件下建设社会主义，没有先例，犹如攀登一座人迹未至的高山，一切攀登者都要披荆斩棘、开通道路”；“改革开放前的社会主义实践探索，是党和人民在历史新时期

① 参见《十一届三中全会以来重要文献选读》（上），人民出版社1987年版，第317页。

把握现实、创造未来的出发阵地,没有它提供的正反两方面的历史经验,没有它积累的思想成果、物质成果、制度成果,改革开放也难以顺利推进”①。可以说,正是在社会主义建设初期我们党所开辟的社会主义建设道路的基础上,改革开放以来我们党才有可能继续推进马克思主义与中国实际相结合,不断形成马克思主义中国化的创新理论成果,为中国特色社会主义的伟大实践提供正确的思想指引。

二、改革开放时期:中国特色社会主义道路与理论体系的开辟与建构

20 世纪 70 年代末到 21 世纪初,以邓小平、江泽民、胡锦涛为主要代表的中国共产党人在深刻总结中国自身及世界其他国家社会主义建设经验教训的基础上,不仅成功地开创了中国特色社会主义发展道路,把改革开放和社会主义现代化建设一步步推向前进,使中国的社会生产力、综合国力和人民生活水平跃升了一个大台阶,而且坚持解放思想、实事求是、与时俱进、求真务实,在新的实践基础上对“什么是社会主义、怎样建设社会主义”、“建设一个什么样的党、怎样建设党”、“实现什么样的发展、怎样发展”等重大理论问题和实践问题进行了深层次思考,提出了许多新思想、新观点,建构了中国特色社会主义理论体系的基本框架并不断加以丰富完善,从而把中国共产党关于社会主义的理论认识和实践探索推进到了一个全新阶段。

(一)中国特色社会主义观产生和形成的条件

恰如恩格斯所言,“一切划时代的体系的真正的内容都是由于产生这些体系的那个时期的需要而形成起来的”②。改革开放新时期中国特色社会主

① 习近平:《在纪念毛泽东同志诞辰 120 周年座谈会上的讲话》,《人民日报》2013 年 12 月 26 日。

② 《马克思恩格斯全集》第 3 卷,人民出版社 2017 年版,第 544 页。

义观的产生亦是如此。如果要探究这一时期中国共产党人社会主义观发生转变的原因,必须坚持内因与外因相互作用的辩证思维,既要弄清其产生的时代背景,又要重视其形成的历史依据和实践基础。

首先,时代的发展变化为中国共产党探索中国特色社会主义发展道路、构建中国特色社会主义理论体系创造了机遇。其中,有三点变化尤其值得关注。一是时代主题由“战争与革命”转变为“和平与发展”。20 世纪 70 年代起,整个世界局势发生了根本性变化,两大阵营的力量对比更趋平衡,国际交流合作日益密切,世界各国人民对和平和发展的渴望越来越强烈。邓小平敏锐地觉察到国际形势的重大变化,他明确指出:“现在世界上真正大的问题,带全球性的战略问题,一个是和平问题,一个是经济问题或者说是发展问题。和平问题是东西问题,发展问题是南北问题。概括起来,就是东西南北四个字。南北问题是核心问题。”①20 世纪 80 年代末期以来,尽管国际风云变幻,发生了东欧剧变、苏联解体等重大事件,一些国家和地区的矛盾纷争凸显,但“和平与发展仍然是当今世界两大主题”,“世界要和平,国家要发展,经济要繁荣,生活要提高,已成为各国人民的普遍要求”②。时代主题的转变对中国来说显然是有利的。相较于社会主义建设初期,生产力仍不发达的社会主义中国有了一个较好的外部发展环境,这使得作为执政党的中国共产党有条件重新把重心转向社会主义现代化建设,对中国式发展道路进行新的尝试与探索。二是经济全球化浪潮汹涌,世界经济日益成为紧密联系的整体。经济全球化是当今世界的生产力、世界市场和科学技术等共同作用的结果,也是历史发展不可阻挡的大趋势,积极参与经济全球化则是包括中国在内的发展中国家实现现代化的必由之路。对于作为发展中大国的中国而言,经济全球化既带来了发展机遇,同时也带来了严峻的挑战和风险,中国共产党必须在思考如何在利用全球化的机遇加快发展的同时,也关注如何进一步完善社会主义市场经济体

---

① 《邓小平文选》第三卷,人民出版社 1993 年版,第 105 页。

② 《江泽民论有中国特色社会主义(专题摘编)》,中央文献出版社 2002 年版,第 511 页。

制，维护经济安全等建设中国特色社会主义的新课题。三是新的科技革命蓬勃发展，各国之间的科技竞争空前激烈。20 世纪 80 年代以来，以电子、激光、航天技术为标志的新兴科技取得了重大突破，引发了第三次技术革命。90 年代至今，信息技术、生物技术等高新技术突飞猛进，世界步入了信息经济、科技先导型经济和可持续发展经济的时代。科技革命的迅猛发展极大地改变了各国经济发展状况，也使得世界范围内的竞争越来越集中在以经济和科技为核心的综合国力较量上，世界经济一体化趋势变得更加显著。新科技革命给中国特色社会主义提供了极为有利的发展契机，促使中国共产党重新思考新形势下中国特色社会主义事业的发展路径，关注如何利用科技革命创造的良好机遇抢占新兴产业的制高点，加速经济结构、产业结构和产品结构的换代升级和调整，实现社会生产力的跨越式发展。可以说，中国共产党强调“发展是硬道理”、“发展是党执政兴国的第一要务”、“实现以人为本、全面协调可持续的科学发展”，坚持以发展生产力作为社会主义的根本任务、以改革开放作为社会主义发展的根本动力，制定并实施“三步走”发展战略、科教兴国战略、可持续战略等一系列宏伟战略，实质上正是在时代发展变化背景下对中国人民发展经济、提高生活水平的“普遍要求”所作出的回应。

其次，国内外社会主义建设的经验教训为中国共产党纠正关于社会主义的错误认识、重塑实事求是的中国特色社会主义观提供了历史依据。中国共产党是一个善于总结历史经验教训的政党，中国特色社会主义观的形成离不开对社会主义建设历史经验教训的反思和总结。正如邓小平所说：“我们现在的路线、方针、政策是在总结了成功时期的经验、失败时期的经验和遭受挫折时期的经验后制定的。历史上成功的经验是宝贵财富，错误的经验、失败的经验也是宝贵财富。”①社会主义建设初期，中国共产党在实践探索中曾提出以苏为鉴，探索中国自己的社会主义建设道路，在此基础上也形成了一些正确

① 《邓小平文选》第三卷，人民出版社 1993 年版，第 234—235 页。

和比较正确的理论观点、方针政策和实践经验。但如前所述,这一时期党也犯了不少错误,走了不少弯路。究其原因,主要是因为党和国家偏离了实事求是的思想路线,对国际国内的形势以及中国的现实国情作出了错误的估量和判断,同时也是因为我们党没有完全搞清楚什么是社会主义、如何建设社会主义的问题,忽视了生产力的解放和发展。正是基于对历史经验教训的深刻总结,以邓小平为主要代表的中国共产党人得出了一系列重要的结论:“中国革命的成功,是毛泽东同志把马克思列宁主义同中国的实际相结合,走自己的路。现在中国搞建设,也要把马克思列宁主义同中国的实际相结合,走自己的路”①;“马克思主义必须是同中国实际相结合的马克思主义,社会主义必须是切合中国实际的有中国特色的社会主义”②;“搞社会主义,一定要使生产力发达,贫穷不是社会主义”③。这些认识构成了改革开放新时期中国共产党探索中国特色社会主义发展道路的重要理论基础。此外,苏联社会主义模式兴衰成败的历史经验教训也为中国共产党认识社会主义带来了重要启示。江泽民曾这样总结道:“东欧剧变、苏联解体,最重要的教训是:放弃了社会主义道路,放弃了无产阶级专政,放弃了共产党的领导地位,放弃了马克思列宁主义,结果使得已经相当严重的政治、经济、社会和民族矛盾进一步激化,最终酿成了制度剧变、国家解体的历史悲剧。”④对苏联社会主义发展历史的反思和总结促使中国共产党进一步认识到,坚持和发展中国特色社会主义关键在中国共产党,“在实行改革开放和发展社会主义市场经济的条件下,建设什么样的党、怎样建设党,是一个重大现实问题,直接关系到我们党和国家的前途命运”⑤;高举中国特色社会主义的伟大旗帜,必须坚持党的基本路线不动摇,同时也必须处理好社会主义建设与党的建设之间的关系。

---

① 《邓小平文选》第三卷,人民出版社 1993 年版,第 95 页。

② 《邓小平文选》第三卷,人民出版社 1993 年版,第 63 页。

③ 《邓小平文选》第三卷,人民出版社 1993 年版,第 225 页。

④ 《江泽民文选》第三卷,人民出版社 2006 年版,第 230 页。

⑤ 江泽民:《论“三个代表”》,中央文献出版社 2001 年版,第 32 页。

最后,中国共产党所领导的社会主义改革开放和现代化建设为中国特色社会主义观的产生与形成构筑了坚实的实践基础。习近平指出:“中国特色社会主义不是从天上掉下来的,是党和人民历尽千辛万苦、付出各种代价取得的根本成就。”①事实的确如此。实践是认识的来源和基础,没有中国共产党和中国人民关于建设中国特色社会主义的努力探索,就不可能有中国特色社会主义观的产生。从20世纪80年代、90年代到21世纪初期,关于中国特色社会主义发展道路的实践探索和理论总结一直在不断进行。党的十一届三中全会后,中国正式开启了改革开放和现代化建设的新时期。面对社会主义建设的全新局面,邓小平指出:“我们现在所干的事是一项新事业,马克思没有讲过,我们的前人没有做过,其他社会主义国家也没有干过,所以,没有现成的经验所学。我们只能在干中学,在实践中摸索。”②以邓小平为主要代表的中国共产党人响亮提出“走自己的路,建设有中国特色的社会主义”的伟大号召,科学回答了建设中国特色社会主义的一系列基本问题,从此中国特色社会主义成为了中国共产党全部理论和实践一以贯之的主题。党的十三届四中全会至世纪之交,伴随着改革开放和社会主义市场经济的发展进程,中国社会生活的方方面面都发生了极大变化,如何完善社会主义市场经济体制、推进政治体制改革、解决经济发展与资源环境的矛盾等重大实践问题亟待解决。以江泽民为主要代表的中国共产党人带领人民从容应对一系列国际突发事件以及在政治经济领域和自然界出现的困难和风险,顺利实现了现代化建设“三步走”战略前两步目标,使中国社会步入全面建设小康社会、加快推进社会主义现代化的新发展阶段。“三个代表”重要思想正是对上述发展变化及现实问题的回应,它把发展先进生产力、发展先进文化和实现最广大人民的根本利益统一起来,从深层次上揭示了社会主义制度不断完善和发展的途径。党的十

---

① 习近平:《在纪念毛泽东诞辰120周年座谈会上的讲话》,《人民日报》2013年12月26日。

② 《邓小平文选》第三卷,人民出版社1993年版,第258—259页。

六大以来,以胡锦涛为主要代表的中国共产党人领导人民紧紧抓住和用好 21 世纪初中国发展的重要战略机遇期,妥善处置一系列重大突发性事件,取得了深化改革开放、应对国际金融危机的严重冲击、战胜非典疫情、进行汶川特大地震灾后恢复重建等一系列重大胜利,奋力把坚持和发展中国特色社会主义推进到了又一个新发展阶段。在此过程中提出的科学发展观紧紧围绕建设中国特色社会主义这个主题,认真研究和回答了社会主义经济建设、政治建设、文化建设、生态文明建设和党的建设面临的一系列重大实践问题,进一步丰富和发展了中国共产党关于什么是社会主义、怎样建设社会主义的认识。总之,回首中国的改革开放发展史不难发现,改革开放新时期中国共产党关于社会主义的认识并非党的领导人坐在家里拍脑袋得出的奇思妙想,而是在党带领人民战胜各种风险挑战、坚持和发展中国特色社会主义的伟大实践探索过程中形成的,是对中国社会主义改革开放和现代化建设实践经验的总结。

(二)中国特色社会主义本质原则和发展思路的确立

改革开放以来,什么是社会主义、怎样建设社会主义成为了中国共产党在领导社会主义现代化建设过程中不断提出和反复思考的首要的基本的理论问题。作为改革开放的总设计师,邓小平曾多次强调搞清楚这一问题的重要性。他指出:“我们建立的社会主义制度是个好制度,必须坚持。……但问题是什么是社会主义,如何建设社会主义。我们的经验教训有许多条,最重要的一条,就是要搞清楚这个问题。”①面对着共同的时代课题和历史任务,几代中国共产党人紧紧抓住“什么是社会主义,怎样建设社会主义”这个基本问题,以“中国特色社会主义”作为党和国家全部理论和实践的主题,通过对马克思主义理论的运用和对中国实际问题的理论思考,形成了邓小平理论、“三个代表”重要思想、科学发展观等富有独创性的中国化马克思主义理论成果,从而

① 《邓小平文选》第三卷,人民出版社 1993 年版,第 116 页。

进一步深化了中国共产党对科学社会主义的认识,使社会主义在当代中国显现出勃勃生机。

这一时期,中国共产党深刻总结社会主义建设的历史经验教训,稳步推进社会主义改革开放和现代化建设,既坚持科学社会主义基本原则,又反映人民利益和时代要求,形成了关于社会主义的许多独创性观点和认识,同时也确立起了中国特色社会主义的理论框架和发展思路。

首先,以邓小平、江泽民、胡锦涛为主要代表的中国共产党人以实事求是的思维方式不断推动关于“什么是社会主义”认识的创新,为科学理解“中国特色社会主义”的内涵提供了更全面、更完备的视角。

“什么是社会主义”是邓小平理论、“三个代表”重要思想和科学发展观共同关注的理论问题之一。对于这一问题,中国共产党人过去曾在很长时期内未能形成科学认识。20世纪80年代,邓小平曾在不同场合多次指出:“什么叫社会主义,什么叫马克思主义？我们过去对这个问题的认识不是完全清醒的”①;“我们总结了几十年搞社会主义的经验。社会主义是什么,马克思主义是什么,过去我们并没有完全搞清楚”②。江泽民也认为,改革开放新时期的思想解放,关键就是在“什么是社会主义、怎样建设社会主义”这个根本问题上的思想解放;“我国社会主义在改革开放前所经历的曲折和失误,改革开放以来在前进中遇到的一些困惑,归根到底都在于对这个问题没有完全搞清楚”;他强调,改革开放几十年的历史性转变“就是逐渐搞清楚这个根本问题的进程”,这个进程“还将在今后的实践中继续下去”③。改革开放之初,搞清楚这一问题的首要关键是厘清“文革”时期关于社会主义的种种错误认识和谬论。为此,邓小平充分运用否定性思维,不断对社会主义认识上存在的各种曲解和错误观点进行否定和批判。他曾在不同的场合多次表达关于“什么不

① 《邓小平文选》第三卷,人民出版社1993年版,第63页。

② 《邓小平文选》第三卷,人民出版社1993年版,第137页。

③ 《江泽民论有中国特色社会主义(专题摘编)》,中央文献出版社2002年版,第7页。

是社会主义”的看法,例如:经济长期处于停滞状态不能叫社会主义,人民生活长期停止在很低的水平也不能叫社会主义;贫穷不是社会主义,两极分化也不是社会主义;僵化封闭不能发展社会主义,照搬外国也不能发展社会主义;计划经济不等于社会主义,市场经济不等于资本主义;等等。这些否定形式的论断和命题,具有典型的辩证思维特征,在否定中已然孕育了关于社会主义的正向思考和肯定式表达。这促使中国共产党的社会主义观重新回归实事求是的轨道,从以往吹捧“空中楼阁”式的贫穷落后的社会主义,逐渐转向关注走什么道路才能建设出真正能改善人民生活、实现人民共同富裕的社会主义。答案恰如邓小平所言,“马克思主义必须是同中国实际相结合的马克思主义,社会主义必须是切合中国实际的有中国特色的社会主义”①。由此,中国共产党力图从中国实际出发,将社会主义的共性与个性、普遍性与特殊性统一起来,既根据马克思主义的基本原则和方法,弄清社会主义区别于其他社会形态,尤其是区别于资本主义的普遍性特征和价值目标,又从中国实际出发,把握社会主义在中国特定社会历史条件下呈现出的阶段性特征和个性特点。

上述认识思路在这一时期中国共产党人关于“什么是社会主义”的回答中有着十分鲜明的体现。1992 年初,邓小平在南方谈话中将社会主义的本质明确地表述为“解放生产力,发展生产力,消灭剥削,消除两极分化,最终达到共同富裕”。从内容上看,这一论断包含三个层次。其中第一层次“解放生产力,发展生产力”强调了社会主义作为一种新社会形态得以产生和发展的物质基础,它实质上也点明了包括社会主义社会在内的一切社会形态赖以存在的一般性、普遍性特征。第二层次“消灭剥削,消除两极分化”侧重从生产关系的视角界定了社会主义的本质,指出了确保社会主义社会生产力持续不断发展及实现其根本价值目标的制度保证。第三层次“最终达到共同富裕”与马克思所说的“实现人的自由和全面发展”一脉相承,界定了社会主义的最高

① 《邓小平文选》第三卷,人民出版社 1993 年版,第 63 页。

价值取向和目标要求，呈现出社会主义相对于一切以私有制为基础的社会的优越性。显然，后两个层次既描述了一切社会主义社会均应具有的普遍性特征，同时也说明了社会主义社会与资本主义社会的本质区别，体现出除上述普遍性本质之外，在中国社会历史条件下生成的社会主义显然还具有不同于传统社会主义的个性或特殊性。

首先不难发现，本质论的社会主义与马克思主义经典作家所设想的社会主义有所区别。马克思恩格斯认为，只有当社会生产力发展到私有制和资产者远远不能驾驭的程度，废除私有制、建立以公有制为基础的新型社会制度才有可能和必要。在他们关于未来社会的设想中，资本主义条件下造就的高度发达的生产力本身就构成了社会主义赖以产生和存在的前提基础，因此，在描述未来社会的经济特征时，他们不再过多着墨于生产力的水平问题（这并不代表他们不重视生产力的发展），而是更关注公有制、按劳分配、计划管理等社会主义区别于资本主义的特征。然而，邓小平面对的现实与经典论著的描述全然不同。中国的社会主义并非如经典作家设想的一般在生产力发达的资本主义工业社会基础上产生，而是在各种机缘巧合下孕育于工业基础“一穷二白”、经济文化比较落后的农业社会之中。在此背景下，如果不特别注重生产力的发展，而是仅仅关注公有制、计划经济等社会主义异于资本主义的特征，社会主义制度的优越性将难以真正体现出来。中国在社会主义建设初期因推崇“一大二公”而落入贫穷式社会主义困境的惨痛教训即为明证。正是基于对历史教训的深刻反思，邓小平从中国实际出发将“解放生产力，发展生产力”这一所有社会形态赖以存在的共性特征列为社会主义本质的首要方面加以特别强调，由此凸显出生产力的不断解放和发展对于中国式社会主义的特殊意义。显然，这一做法并未背离马克思主义，相反，它是对历史唯物主义原理实事求是的遵循。可以说，在世界新科技革命推动生产力迅速发展、社会主义的发展面临着资本主义严峻挑战的条件下，这一关于社会主义的创新性认识不仅明确了中国社会主义整个历史阶段尤其是初级阶段的根本任务和战略决策,也为我们大胆学习和借鉴现代资本主义解放和发展生产力的一些普遍性规律和具体方法、手段提供了理论依据。

在中国社会历史条件下生成的社会主义的特殊性还表现在它与苏联时期、毛泽东时代的传统社会主义观的区别上。传统社会主义观将公有制、计划经济视为社会主义区别于资本主义的本质特征,认为社会主义公有化的程度越高越好,宣称“计划经济等于社会主义,市场经济等于资本主义”,因而在实践中无视生产力实际状况大办“一大二公”的人民公社,对一切与市场交换、商品经济相联系的经济成分和经济活动加以排斥和打击。这些脱离实际、超越发展阶段的政策和措施,导致社会主义建设道路的探索遭遇严重挫折。在邓小平那里,公有制、按劳分配等社会主义经济制度方面的特征不再直接出现在关于社会主义本质的判断中,计划、市场也不再被当成社会主义与资本主义的本质区别,而是被视为“经济手段”,这显然也是从中国实际出发深思熟虑的结果。因为,公有制并非越多越好,其所占的具体比重及实现形式,归根到底只能根据生产力解放和发展的实际要求,以及逐步实现共同富裕的实际进程来确定。而且,“计划经济不等于社会主义,资本主义也有计划;市场经济不等于资本主义,社会主义也有市场”①。值得指出的是,社会主义本质论将解放和发展生产力放在第一位,未直接提及公有制、按劳分配、人民民主等特征,并不意味着邓小平将上述社会主义异于资本主义的制度特征彻底剥离社会主义的本质。社会主义本质论三个层次的内容是一个相互贯通、不可分割的有机统一体,社会主义相较于资本主义的优越性不仅体现为它能不断推动生产力的解放和发展,而且也体现在其发展生产力的根本目的和价值目标上。邓小平反复强调,在改革中必须坚持两条根本原则,“一条是公有制经济始终占主体地位,一条是发展经济要走共同富裕的道路,始终避免两极分化”②。事实证明,只有毫不动摇地坚持公有制和按劳分配,维护公有制和按劳分配的

① 《邓小平文选》第三卷,人民出版社1993年版,第373页。
② 《邓小平文选》第三卷,人民出版社1993年版,第149页。

主体地位，才能真正健康、持续地解放和发展生产力，也才能为消灭剥削、消除两极分化创设条件，为实现共同富裕提供制度保证。

由上可知，基于现实社会主义产生和发展的特定环境，邓小平运用实事求是思维对社会主义的本质进行了“特殊”理解。这一理解既保留了一些社会主义区别于资本主义的普遍性本质，也关注到了现实社会主义不同于传统社会主义的一些特殊性本质，把对社会主义的认识提高到了新的科学水平。其重要意义就在于，“相对于传统的社会主义，邓小平对社会主义的‘特殊’认知与确定，由于更加真实全面占有了社会主义的本质而使这一特殊的社会主义本质现实地得以‘普遍’起来，从而在它成为中国社会发展较长时期相对稳定的前进方向之时，也成为其他一些社会主义国家学习的楷模”①。以邓小平社会主义本质观为理论指导，江泽民、胡锦涛等中国共产党人也坚持立足中国实际，更多地把思考和回答“什么是社会主义”的着眼点放在了“中国特色社会主义”上。以江泽民同志为核心的党的第三代中央领导集体，面对20世纪90年代以来现代科学技术日新月异、各国科技竞争空前激烈的新情况，提出了不断促进先进生产力解放和发展的新要求。众所周知，人是生产力中最活跃的因素，要想发展先进生产力，就必须加强人力资源能力建设，解决我国人口素质落后与先进生产力发展要求不相适应的现实矛盾。为此，江泽民强调：“我们建设有中国特色社会主义的各项事业，我们进行的一切工作，既要着眼于人民现实的物质文化需要，同时又要着眼于促进人民素质的提高，也就是要努力促进人的全面发展，这是马克思主义关于建设社会主义新社会的本质要求。”②这一观点将人的全面发展明确为社会主义的本质要求，体现了社会主义有别于资本主义的特定价值诉求，同时也进一步突出了人民群众在生产力

① 参见易小明：《中国特色社会主义的特殊与一般本质规定》，《求索》2017年第8期，第44页。

② 江泽民：《在庆祝中国共产党成立八十周年大会上的讲话》，人民出版社2001年版，第42—43页。

发展中的主体地位和积极作用，反映了中国特色社会主义现代化建设在开发人才资源方面的特殊需要。以胡锦涛同志为总书记的党中央着眼于21世纪我国经济社会发展面临的矛盾和问题，提出了“以人为本”的科学发展观。这一新思想强调应在经济社会全面协调可持续发展的基础上促进人的全面发展，由此中国共产党人将社会主义本质的关注视野拓展到了社会层面，提出了“社会和谐是中国特色社会主义的本质属性”①的新论断。这个重大判断从社会层面阐释了社会主义本质，强调应将促进经济社会发展与促进人的全面发展统一起来，凸显了现时代构建社会主义和谐社会对于最终实现共同富裕的重要意义，从而进一步深化了对社会主义价值目标及其实现途径的认识。

其次，以邓小平、江泽民、胡锦涛为主要代表的中国共产党人立足中国特色社会主义所处的历史方位推动关于“怎样建设社会主义”认识的创新，不断完善建设中国特色社会主义的方法与策略。

科学认识社会主义的本质是为了在中国更好地坚持社会主义，也是为了搞清楚在中国的特殊国情背景下如何建设社会主义。如果说经典作家关注的是社会主义产生和发展的一般性、普遍性问题，那么，对于中国这样一个脱胎于半殖民地半封建社会、经过新民主主义革命和时间不长的社会主义改造建立起来的社会主义社会，则更应当关注其个别性、特殊性。改革开放以来，中国共产党人总结历史经验教训，重新将社会主义的发展置于中国国情、中国现实的基础上，对中国社会主义所处的历史方位做出了精准判断。邓小平清醒地认识到，作为共产主义的初级阶段，“社会主义的优越性归根到底要体现在它的生产力比资本主义发展得更快一些、更高一些，并且在发展生产力的基础上不断改善人民的物质文化生活”②；然而现实情况却是，中国的生产力还十分不发达，仍未摆脱贫穷落后的状态，这表明“现在虽说我们也在搞社会主

① 《十六大以来重要文献选编》（下），中央文献出版社2011年版，第673页。

② 《邓小平文选》第三卷，人民出版社1993年版，第63页。

义，但事实上不够格”①，中国的社会主义实际上仍处在社会主义初级阶段（即中国在生产力落后、商品经济不发达条件下建设社会主义必然要经历的特定阶段），“一切都要从这个实际出发，根据这个实际来制定规划”②。江泽民高举邓小平理论的伟大旗帜，进一步强调了准确把握我国所处社会主义初级阶段这一基本国情的重大意义。他指出，社会主义初级阶段是“整个建设有中国特色社会主义的很长历史过程中的初始阶段”，这一历史进程“至少需要一百年时间”；近几十年来我国“改革开放和现代化建设取得成功的根本原因之一，就是克服了那些超越阶段的错误观念和政策”，“我们想问题、办事情、做决策，都必须从社会主义初级阶段的实际出发，而不能脱离这个实际”③。处于世纪之交的中国共产党反复重申应当对社会主义初级阶段的主要矛盾和根本任务做到统一把握，并在此基础上明确了社会主义初级阶段的主要特征，制定了党在这一特定历史阶段的基本纲领。党的十七大继续强调，“我国仍处于并将长期处于社会主义初级阶段的基本国情没有变，人民日益增长的物质文化需要同落后的社会生产之间的矛盾这一社会主要矛盾没有变”④。在这一认识的基础上，十七大报告从政治、文化、社会、外交等八个方面概括了中国特色社会主义在新世纪新阶段呈现的一系列阶段性特征，并把社会主义初级阶段的历史定位与我国参与经济全球化所遇到的新问题以及工业化、信息化、城镇化、市场化和国际化的新任务联系起来。这些都标志着中国共产党对中国特色社会主义历史方位的认识越来越广阔和深刻。

基于对中国特色社会主义所处发展阶段的准确把握，中国共产党人制定的路线、方针和政策越来越符合实际，在“怎样建设社会主义”、“怎样建设党”

① 《邓小平文选》第三卷，人民出版社1993年版，第225页。

② 《邓小平文选》第三卷，人民出版社1993年版，第252页。

③ 《江泽民论有中国特色社会主义（专题摘编）》，中央文献出版社2002年版，第27—29页。

④ 胡锦涛：《高举中国特色社会主义伟大旗帜　为夺取全面建设小康社会新胜利而奋斗》，《人民日报》2007年10月16日。

等方面作出了许多创新性的回答。改革开放初期,面对我国社会主义建设经历的曲折失误以及国内国际形势的新变化,以邓小平同志为核心的党的第二代中央领导集体重新确立了解放思想、实事求是的思想路线,明确了社会主义的根本任务是发展生产力,制定了以“一个中心,两个基本点”为核心内容的党在社会主义初级阶段的基本路线,提出了“三步走”的社会主义现代化发展战略……中国共产党作出的这一系列重大决策,把改革开放和社会主义现代化建设一步步推向前进,使我国社会生产力、综合国力和人民生活都上了一个大台阶。20 世纪 90 年代和世纪之交,伴随着改革开放的进程,中国特色社会主义取得了跨越式发展,社会生活发生了广泛而深刻的变化,然而世界社会主义出现严重曲折,多国共产党丢掉了执政地位,我国社会主义事业的发展也面临着空前巨大的困难和压力,国内经济结构亟须调整、部分国有企业发生较大困难、人口与资源环境紧张、发展经济与保护环境生态的矛盾日益突出等许多新问题层出不穷。在此背景下,以江泽民同志为核心的党的第三代中央领导集体在进一步回答什么是社会主义、怎样建设社会主义问题的同时,创造性地回答了“建设什么样的党、怎样建设党”的现实难题,提出了中国共产党必须始终做到“三个代表”、以发展作为党执政兴国的第一要务、坚持科教兴国和可持续发展战略等重要观点,作出了建立社会主义市场经济体制、全面建设小康社会、建设社会主义政治文明、推进党的建设的伟大工程等重大决策,从而正确处理了改革、发展和稳定的复杂关系,推动党的领导方式和执政方式发生了重大变革。进入 21 世纪后,世界处在大发展大变革大调整之中,而随着科学技术日新月异,我国发展也面临着更多压力和更严峻挑战。以胡锦涛同志为总书记的党中央继续围绕建设中国特色社会主义的主题,侧重关注了新形势下实现什么样的发展、怎样发展等重大问题,提出了坚持以人为本、全面协调可持续、统筹兼顾的科学发展观,在加快转变经济发展方式、发展社会主义民主政治、推进社会主义文化强国建设、构建社会主义和谐社会、推进生态文明建设等方面做出了巨大努力,不仅实现了党在指导思想上的又一次与时俱进，而且在完善社会主义市场经济体制、实现社会公平正义、促进经济政治文化社会共同发展等方面取得了重要成就。总之，新时期中国特色社会主义建设有了新举措，改革有了新突破，开放有了新思路，发展有了新局面。

可以说，正是通过认真研究中国语境下社会主义建设策略和路径，中国共产党对怎样建设中国特色社会主义有了越来越深的理解，不断使我国的综合国力、国际竞争力、国际影响力迈上了新台阶，彰显了中国特色社会主义的巨大优越性和强大生命力，也增强了中国人民和中华民族的自豪感和凝聚力。

最后，以邓小平、江泽民、胡锦涛为主要代表的中国共产党人以对时代主题和世界形势发展变化的准确研判为基础推动关于社会主义与资本主义关系认识的创新，为建设中国特色社会主义提供了更加开放的视野。

如前所述，社会主义思潮自产生伊始即与资本主义有着千丝万缕的联系；马克思的全部理论主要是通过对现代资本主义的批判性考察，来把握未来社会主义社会的发展规律。随着社会主义制度的确立，社会主义与资本主义成为当代世界长期并存的两种社会制度，两者之间产生了更为深刻的联系。如何认识和处理好两者的关系，既构成了科学社会主义的重要理论问题，也构成了中国共产党革命、建设和改革进程中必须慎重对待和解决的重大实践课题。社会主义建设初期，中国共产党在对待资本主义、资产阶级的态度上犯了偏离马克思主义以及中国实际的错误，从而致使党在社会主义主要矛盾和根本任务的把握上也出现了严重偏差，最终导致我国社会主义建设发生了重大挫折。改革开放以来，党的几代中央领导集体在总结历史经验教训和观察国际局势发展变化的基础上，既从社会制度和意识形态层面上坚持社会主义与资本主义对立与斗争的本质关系，又从国家关系层面揭示了两者的并存与合作关系，从而实现了对社会主义与资本主义关系的辩证把握①。

一方面，这一时期的中国共产党人继承和坚持了马克思主义关于资本主

① 参见宋海琼：《改革开放以来党在社会主义与资本主义关系上的理论创新》，《新视野》2014 年第 1 期，第 17 页。

义的内在矛盾不可克服以及资本主义终将被社会主义代替的论点,强调必须坚持中国特色社会主义与资本主义在根本制度上的本质区别。作为改革开放总设计师的邓小平认为,社会主义制度比资本主义制度更具有优越性,也更适合中国的发展。他指出:“社会主义制度和资本主义制度哪个好?当然是社会主义制度好。……资本主义无论如何不能摆脱百万富翁的超级利润,不能摆脱剥削和掠夺,不能摆脱经济危机,不能形成共同的理想和道德,不能避免各种极端严重的犯罪、堕落、绝望。……我们要有计划、有选择地引进资本主义国家的先进技术和其他对我们有益的东西,但是我们决不学习和引进资本主义制度,决不学习和引进各种丑恶颓废的东西”①;“道理很简单,中国十亿人口,现在还处于落后状态,如果走资本主义道路,可能在某些局部地区少数人更快地富起来,形成一个新的资产阶级,产生一批百万富翁,但顶多也不会达到人口的百分之一,而大量的人仍然摆脱不了贫穷,甚至连温饱问题都不可能解决。只有社会主义制度才能从根本上解决摆脱贫穷的问题”②。他坚信,“社会主义经历一个长过程发展后必然代替资本主义”是“社会历史发展不可逆转的总趋势”③。因此,在改革开放过程中,“过去行之有效的东西,我们必须坚持,特别是根本制度,社会主义制度,社会主义公有制,那是不能动摇的”④。邓小平反复强调实现中国式的现代化必须坚持四项基本原则,其实质就是要求我们坚持以公有制为基础,实行按劳分配原则的社会主义基本经济制度,坚持共产党领导、实行人民民主专政的社会主义基本政治制度,坚持以马克思主义为指导的社会主义意识形态。“每个共产党员,更不必说每个党的思想理论工作者,决不允许在这个根本立场上有丝毫动摇”,否则“就动摇了整个社会主义事业”⑤。江泽民也指出:“从人类社会的发展趋势看,社会主

① 《邓小平文选》第二卷,人民出版社 1994 年版,第 167—168 页。
② 《邓小平文选》第三卷,人民出版社 1993 年版,第 207—208 页。
③ 《邓小平文选》第三卷,人民出版社 1993 年版,第 382—383 页。
④ 《邓小平文选》第二卷,人民出版社 1994 年版,第 133 页。
⑤ 《邓小平文选》第二卷,人民出版社 1994 年版,第 173 页。

义是比资本主义更高更先进的社会形态，在世界范围内社会主义取代资本主义是人类进步的必然归宿。”①因此，“中国要强盛，中国人民要走向共同富裕，中华民族要实现伟大复兴，就必须始终坚持我们已经建立并正在不断完善的社会主义制度及其所决定的基本原则。……这些根本的东西任何时候都不能动摇。决不能搞私有化，决不能搞西方式的多党轮流执政、两院制、三权鼎立，决不能搞指导思想的多元化。”②胡锦涛则强调：“只有社会主义才能救中国”；“中国特色社会主义道路之所以完全正确、之所以能够引领中国发展进步，关键在于我们既坚持了科学社会主义的基本原则，又根据我国实际和时代特征赋予其鲜明的中国特色。在当代中国，坚持中国特色社会主义道路，就是真正坚持社会主义。”③这些论述进一步说明了社会主义必将代替资本主义的历史发展趋势，更加坚定了人民对社会主义制度和道路的信心。

另一方面，在批判资本主义制度的同时，这一时期的中国共产党人也注意到了资本主义文明成果对于社会主义的借鉴意义，强调应积极利用资本主义的先进技术、资金、管理方法和经验来建设中国特色社会主义，在一定范围内努力实现社会主义国家与资本主义国家的和平共处、合作双赢。20 世纪 70 年代末期以来，邓小平敏锐地把握住了国际形势的变化和时代主题的转换，认为社会主义和资本主义都不可能在短期内消灭对方，而是需要加强南南合作、南北对话，促进两种不同制度、不同发展水平的国家在经济、政治、文化、社会各领域广泛合作交流。他声明，中国“愿意在和平共处五项原则的基础上，同世界一切国家建立、发展外交关系和经济文化关系”④，这将既有利于发展社会主义的生产力，也有助于发达资本主义国家扩大世界市场，解决进一步发展的问题。邓小平强调，中国与发达国家之间存在巨大的发展差距，要实现四个

---

① 《江泽民文选》第二卷，人民出版社 2006 年版，第 200 页。

② 《江泽民论有中国特色社会主义（专题摘编）》，中央文献出版社 2002 年版，第 36 页。

③ 《十七大以来重要文献选编》上册，中央文献出版社 2009 年版，第 8—9 页。

④ 《邓小平文选》第三卷，人民出版社 1993 年版，第 70 页。

现代化,就必须大胆地继承和学习"在资本主义制度下所发展的科学和技术,所积累的各种有益的知识和经验"①;而"社会主义要赢得与资本主义相比较的优势",也"必须大胆吸收和借鉴人类社会创造的一切文明成果,吸收和借鉴当今世界各国包括资本主义发达国家的一切反映现代社会化生产规律的先进经营方式、管理方法"②。他同时指出,"学习资本主义国家的某些好东西,包括经营管理方法,也不等于实行资本主义。这是社会主义利用这种方法来发展社会生产力。把这当作方法,不会影响社会主义,不会重新回到资本主义"③;相反,只要"公有制经济始终还是主体",那么"得益处的大头是国家,是人民,不会是资本主义"④。以江泽民、胡锦涛为主要代表的中国共产党人坚持和继承了邓小平利用资本主义文明成果发展社会主义的思想,同时就如何实现社会主义与资本主义的共存合作提出了一系列创新性论述。例如,面对 20 世纪 90 年代以来政治多极化曲折发展和经济全球化浪潮澎湃的发展趋势,江泽民指出中国既应当继续积极参与国际政治经济合作,注重与西方国家的对话与合作,减少不必要的对抗和冲突,以便实现经济持续增长,在和平稳定中谋求发展;又应当谨慎应对,趋利避害,努力推动建立公正合理的国际经济新秩序,在扩大开放时根据本国的具体条件循序渐进,注重提高防范和抵御风险的能力。江泽民还着重强调了创新在学习和借鉴资本主义文明成果过程中的重要作用。他指出:"创新是一个民族进步的灵魂,是国家兴旺发达的不竭动力。如果自主创新能力上不去,一味靠技术引进,就永远难以摆脱技术落后的局面",因此"我们必须在学习、引进国外先进技术的同时,坚持不懈地着力提高国家的自主研究开发能力"⑤,以便减少对技术引进的依赖,为全面推

① 《邓小平文选》第二卷,人民出版社 1994 年版,第 167—168 页。

② 《邓小平文选》第三卷,人民出版社 1993 年版,第 373 页。

③ 《邓小平文选》第二卷,人民出版社 1994 年版,第 236 页。

④ 《邓小平文选》第三卷,人民出版社 1993 年版,第 91 页。

⑤ 《江泽民论有中国特色社会主义(专题摘编)》,中央文献出版社 2002 年版,第 243—244 页。

进中国特色社会主义建设事业提供更大的动力。胡锦涛则在21世纪新阶段各国相互依存逐步加深、中国发展对世界发展的作用和影响不断提高的背景下，以科学发展观为统领提出了建设和谐世界的思想。他强调"历史文化、社会制度和发展模式的差异不应成为各国交流的障碍，更不应成为相互对抗的理由"；呼吁尊重各国自主选择社会制度和发展道路的权利，相互借鉴而不是刻意排斥，取长补短而不是定于一尊，推动各国根据本国国情实现振兴和发展；同时倡导社会主义国家与资本主义国家携手合作，"以平等开放的精神，维护文明的多样性，促进国际关系民主化，协力构建各种文明兼容并蓄的和谐世界"①。上述观点说明，十一届三中全会以来，中国共产党对社会主义与资本主义关系的把握重新回到了马克思主义的轨道，这为推动中国特色社会主义理论和实践的发展奠定了重要基础。

正是基于对新时期社会主义与资本主义关系的重新审视，中国共产党人越来越认识到："对外开放具有重要意义，任何一个国家要发展，孤立起来，闭关自守是不可能的，不加强国际交往，不引进发达国家的先进经验、先进科学技术和资金，是不可能的"②；"实行对外开放，是符合当今时代特征和世界经济技术发展规律要求的、加快我国现代化建设的必然选择，是我们必须长期坚持的一项基本国策。"③由此，中国不再闭关自守、盲目排外，关起门来搞社会主义建设，而是在坚持独立自主、自力更生的基础上坚定不移地实行对外开放，既"始终把独立自主、自力更生作为自己发展的根本基点"，又"大胆吸收和利用国外的资金、先进技术和一切进步的东西，大胆吸收和借鉴当今世界各国包括资本主义发达国家的一切反映现代化社会化生产规律的先进经营方式、管理方法"④。这种对外开放与对内搞活的有机结合，为中国特色社会主

① 胡锦涛：《努力建设持久和平、共同繁荣的和谐世界——在联合国成立60周年首脑会议上的讲话》，2005年9月15日。

② 《邓小平文选》第三卷，人民出版社1993年版，第117页。

③ 《江泽民论有中国特色社会主义（专题摘编）》，中央文献出版社2002年版，第208页。

④ 《江泽民论有中国特色社会主义（专题摘编）》，中央文献出版社2002年版，第208页。

义现代化建设提供了强大的动力。今天的中国不仅实现了从封闭半封闭到全方位开放的伟大历史转折,而且通过实施“引进来”和“走出去”相结合的开放战略进一步提高了对外开放水平,在推动经济全球化朝着均衡、普惠、共赢方向发展,共同呵护人类赖以生存的地球家园,促进人类文明繁荣进步方面作出了巨大的贡献。

总之,改革开放以来一代代中国共产党人立足中国特色社会主义建设的艰辛探索和伟大实践,不断彰显新时期中国特色社会主义的本质,加深了我们对“什么是社会主义、怎样建设社会主义”的认识,为新时代中国特色社会主义的继续发展积累了宝贵的经验。

三、进入新时代:中国特色社会主义科学内涵与发展规律的深刻揭示

党的十八大以来,以习近平为主要代表的中国共产党人站在新时代的历史高度,对科学社会主义及其在中国的新发展作出了精辟论述,形成了着眼于21世纪中国的科学社会主义观,为新时代坚持和发展中国特色社会主义注入了崭新内涵。其中,党的十九大所提出并阐明的习近平新时代中国特色社会主义思想,将十八大以来党的理论创新成果统摄起来,对于新时代坚持和发展什么样的中国特色社会主义、怎样坚持和发展中国特色社会主义这个重大时代课题进行了系统回答,从而为新时代党团结带领全国各族人民实现中华民族伟大复兴中国梦确立了行动纲领和根本遵循。

(一)中国特色社会主义进入新时代

党的十九大报告指出:“经过长期努力,中国特色社会主义进入了新时代,这是我国发展新的历史方位。”①这一重大政治判断的作出是改革开放以

① 《习近平谈治国理政》第三卷,外文出版社2020年版,第8页。

来我国经济社会发展进步的必然结果，也是我们党团结带领人民开创光明未来的必然要求。可以说，这一科学判断是在准确把握我国社会矛盾运动和国情党情世情变化的基础上作出的，具有充分的历史、理论和实践依据①。

从国情来看，中国特色社会主义所处的发展阶段以及中国社会的主要矛盾出现了一些新变化新特征。一方面，党的十八大以来党和国家事业取得了历史性成就，发生了历史性变革，从而使中国特色社会主义的发展站上了新的历史起点，步入了新的发展阶段。十八大以来，面对世界经济复苏乏力、局部冲突和动荡频发、全球性问题加剧的外部环境以及我国经济发展进入新常态等一系列深刻变化，以习近平同志为核心的党中央以巨大的政治勇气和强烈的责任担当，提出了一系列新理念新思想新战略，迎难而上，开拓进取，解决了许多长期想解决而没有解决好的难题，办成了许多过去想办而没有办成的大事，推动党和国家事业取得了全方位、开创性的历史性成就，发生了深层次、根本性的历史性变革②。在此基础上，中国特色社会主义所处的发展阶段既同改革开放四十多年来的发展一脉相承，又有了很大的不同，党的执政方式和治国方略有重大创新，发展理念和发展方式有重大转变，发展环境和发展条件发生了深刻变化，发展水平和要求也比以往更高。新起点需要新气象新作为，就要求从新的历史方位、时代坐标出发来对中国特色社会主义的发展加以进一步思考和谋划。另一方面，我国社会主要矛盾发生了关系全局的历史性变化，这也对党和国家工作提出了许多新要求。如果说“历史性成就”和“历史性变革”是从我国社会发展的视角来描述国情的变化，那么“社会主要矛盾的变化”则是从社会实践主要问题的视角来解读国情的变化。读懂一个时代要读懂这个时代的问题，改变一个时代需要解决这个时代的主要问题。党的十九大把脉时代问题，对处于全新发展阶段的我国社会主要矛盾作出了新的重大

① 参见栗战书：《全面把握中国特色社会主义进入新时代》，《党的十九大报告学习辅导百问》，党建读物出版社 2017 年版，第 145—146 页。

② 参见党的十九大报告。《习近平谈治国理政》第三卷，外文出版社 2020 年版。

判断,提出我国社会主要矛盾已经由人民日益增长的物质文化需要同落后的社会生产之间的矛盾,转化为人民日益增长的美好生活需要和不平衡不充分的发展之间的矛盾。这一重大政治论断,反映了以习近平同志为核心的党中央对我国发展实际情况的准确把握。它揭示了制约我国发展的症结所在,也指明了解决当代中国发展问题的根本着力点。经过改革开放四十多年的发展,尽管我国仍处于并将长期处于社会主义初级阶段的基本国情没有变,但我国社会生产力水平总体上显著提高,满足人民需求的能力显著增强,具备更好满足人民美好生活需要的财力和制度体系,有条件去解决人民需求中的一些深层次和新的问题。与此同时,人民生活也显著改善,对美好生活的向往更加强烈,不仅对物质文化生活提出了更高要求,而且在民主、法治、公平、正义、安全、环境等方面的要求日益增长。影响满足人民美好生活需要的因素有很多,但主要是发展不平衡不充分问题。它是现阶段各种社会矛盾、社会问题交织的主要根源,其他问题归根结底都是由此造成或派生的。我国社会主要矛盾发生变化,势必对发展全局产生广泛而深刻的影响。要想厘清解决发展不平衡不充分问题的思路和对策,也必须立足新的历史方位和时代坐标加以谋划。

从党情来看,新时期中国共产党执政面临的社会环境和现实条件发生了深刻变化,与之相适应,党的奋斗目标也有了新内容和新要求。党的十一届三中全会之后,中国踏上了改革开放和社会主义现代化建设的征程。为了有计划、按步骤地向前推进,中国共产党对社会主义现代化建设作出了战略安排,提出了“三步走”战略目标。经过全党全国各族人民共同努力,我们在20世纪八九十年代先后提前实现了解决人民温饱问题、人民生活总体上达到小康水平这两个战略目标。在此基础上,中国共产党提出了“两个一百年”的奋斗目标,即到建党100周年时建成惠及十几亿人口的更高水平的小康社会,到新中国成立100年时基本实现现代化,建成社会主义现代化国家。从党的十九大到二十大,是“两个一百年”奋斗目标的历史交汇期。通过对国际国内形势和我国发展条件的综合分析,习近平提出,中国共产党既要带领人民全面建成小康社会、实现第一个百年奋斗目标，又要乘势而上开启全面建设社会主义现代化国家新征程，向第二个百年奋斗目标进军。其中，全面建设社会主义现代化国家的进程分两个阶段来安排：第一个阶段，从2020年到2035年，在全面建成小康社会的基础上，再奋斗15年，基本实现社会主义现代化；第二个阶段，从2035年到21世纪中叶，在基本实现现代化的基础上，再奋斗15年，把我国建设成富强民主文明和谐美丽的社会主义现代化强国。这一关于中国特色社会主义发展的全新战略安排，不仅使“两个一百年”奋斗目标的路线图、时间表更加清晰，而且意味着原定的我国基本实现现代化的目标将提前15年完成，意味着中国共产党的百年奋斗目标有了新内容新要求。为了顺利实现上述奋斗目标，党必须从新的历史方位和时代坐标出发，对实现奋斗目标的具体思路和实践路径进行新的设计。

从世情来看，党的十八大以来，中国特色社会主义发展的国际环境、当代中国发展的国际地位和世界影响也出现了许多新特征。党的十九大报告指出，当今世界正处于大发展大变革大调整时期，但和平与发展仍然是时代主题。从国际上看，世界格局正处在加快演变进程之中，经济全球化、社会信息化的深入发展极大地解放和发展了社会生产力，创造了前所未有的发展机遇；全球治理体系和国际秩序变革加速推进，各国日益相互联系、相互依存、相互合作、相互促进的程度空前加深，国际社会越来越成为你中有我、我中有你的命运共同体，国际力量对比更趋平衡，和平发展的大势不可逆转。与此同时，世界面临的不稳定性不确定性也更加突出，人类面临着越来越多的共同挑战。2008年全球金融危机爆发以来，世界经济增长动能不足，长期处于低迷状态，贫富分化日益严重，地区冲突频繁发生，恐怖主义、难民潮、网络安全、重大传染性疾病、气候变化等非传统安全威胁持续蔓延，各种社会政治思潮激荡交锋。2020年蔓延全球的新冠肺炎疫情更是加剧了世界各国面临的挑战。2020年一季度，世界上所有国家的经济增速几乎均为负增长；进入二季度后，多数主要经济体国家的经济增速有所好转，但是经济增速依然在负增长的国家占大多数。面对这个既充满希望,又充满挑战的世界,世界各国更需要以负责任的精神同舟共济、协调行动,共同维护和促进世界和平与发展。正如中国共产党所指出的那样,“没有哪个国家能够独自应对人类面临的各种挑战,也没有哪个国家能够退回到自我封闭的孤岛”,各国人民只有“同心协力,构建人类命运共同体,建设持久和平、普遍安全、共同繁荣、开放包容、清洁美丽的世界”,才能共同创造出人类的美好未来①。时代出现的新变化和提出的新要求召唤着作为世界上最大发展中国家和第二大经济体的中国走近世界舞台中央,为解决人类问题贡献更多的中国智慧和中国方案;也召唤着始终把为人类作出新的更大的贡献作为自身使命的中国共产党实现更多的理论创新和实践创新,不断增强中国特色社会主义对世界的塑造力和引领力。

正是基于这些新情况新变化,党的十九大作出了中国特色社会主义进入新时代的科学判断,指出这个新时代“是承前启后、继往开来、在新的历史条件下继续夺取中国特色社会主义伟大胜利的时代,是决胜全面建成小康社会、进而全面建设社会主义现代化强国的时代,是全国各族人民团结奋斗、不断创造美好生活、逐步实现全体人民共同富裕的时代,是全体中华儿女勠力同心、奋力实现中华民族伟大复兴中国梦的时代,是我国日益走近世界舞台中央、不断为人类作出更大贡献的时代”②,并强调中国特色社会主义进入新时代无论是在中华人民共和国发展史上和中华民族发展史上,还是在世界社会主义发展史上和人类发展史上,都具有十分重大的意义。

国内外形势的变化和中国特色社会主义建设各项事业的发展给中国共产党提出了一个重大时代课题,那就是必须从理论和实践结合上系统回答新时代坚持和发展什么样的中国特色社会主义、怎样坚持和发展中国特色社会主义,并根据新的实践对社会经济政治等各方面作出理论分析和政策指导,以利于更好地坚持和发展中国特色社会主义。习近平新时代中国特色社会主义思

---

① 《习近平谈治国理政》第三卷,外文出版社 2020 年版,第 46 页。

② 《习近平谈治国理政》第三卷,外文出版社 2020 年版,第 9 页。

想正是围绕对这些重大理论问题和实践问题的回答应运而生。作为马克思主义中国化的最新成果，这一新思想以坚持和发展中国特色社会主义为核心要义，深刻揭示了新时代中国特色社会主义的本质特征、发展规律和建设路径，以全新的视野深化了中国共产党关于社会主义的认识，为发展社会主义、发展马克思主义作出了中国的原创性贡献，在社会主义思想史上和马克思主义发展史上具有里程碑意义。

（二）新时代中国共产党人关于社会主义认识的发展与创新

实践和理论创新均无止境。习近平指出："马克思主义必定随着时代、实践和科学的发展而不断发展，不可能一成不变，社会主义从来都是在开拓中前进的。坚持和发展中国特色社会主义是一篇大文章，邓小平同志为它确定了基本思路和基本原则，以江泽民同志为核心的党的第三代中央领导集体、以胡锦涛同志为总书记的党中央在这篇大文章上都写下了精彩的篇章。现在，我们这一代共产党人的任务，就是继续把这篇大文章写下去。"①他强调，尽管中国共产党对社会主义的认识以及中国特色社会主义规律的把握已经达到了一个前所未有的新高度，但同时也应当看到，"我国社会主义还处在初级阶段，我们还面临很多没有弄清楚的问题和待解的难题，对许多重大问题的认识和处理都还处在不断深化的过程之中"；"对事物的认识是需要一个过程的，而对社会主义这个我们只搞了几十年的东西，我们的认识和把握也还是非常有限的，还需要在实践中不断深化和发展"②。

党的十八大以来，以习近平为主要代表的中国共产党人在我们党推进理论创新和实践创新的基础上，紧紧围绕"坚持和发展中国特色社会主义"这一主题继续进行理论探索，把中国特色社会主义和实现社会主义现代化、实现中

① 《习近平谈治国理政》第一卷，外文出版社 2018 年版，第 23 页。

② 习近平：《关于坚持和发展中国特色社会主义的几个问题》，《求是》2019 年第 7 期，第 1 页。

华民族伟大复兴有机贯通起来,深刻回答了新时代坚持和发展中国特色社会主义的一系列重大问题,为中国特色社会主义注入了新的科学内涵,开辟了中国特色社会主义的新境界①。概括起来,这一时期中国共产党关于社会主义认识的发展与创新主要体现在以下四个方面。

一是对中国特色社会主义所处的时代作出了新判断,明确科学认识社会主义必须始终坚持以马克思主义为指导思想和方法论原则。

马克思指出:“任何真正的哲学都是自己时代的精神上的精华。”②正是因为深刻理解了自己所处的时代,在解决时代课题的过程中创建了唯物史观、剩余价值学说和科学社会主义理论,时代才选择了马克思恩格斯作为自己的旗手。今天我们认识社会主义依然需要有直面时代课题的意识和勇气,只有科学分析和把握我们所处的时代,认清世界发展大势,跟上时代潮流,才能对什么是新时代的中国特色社会主义、怎样坚持和发展新时代的中国特色社会主义作出准确的回答。以习近平为主要代表的中国共产党人充分认识到,“为更好推进人类文明进步事业,我们必须登高望远,正确认识和把握世界大势和时代潮流”③,强调应树立世界眼光、把握时代脉搏,“把当今世界的风云变幻看准、看清、看透,从林林总总的表象中发现本质,尤其要认清长远趋势”④。

进入 21 世纪,时代已经发生且正在继续发生许多远远超出马克思主义经典作家想象的巨大而深刻的变化,世界正面临百年未有之大变局,处于大发展大变革大调整时期。“这是最好的时代,也是最坏的时代”——在世界经济论坛 2017 年年会开幕式上的主旨演讲中,习近平借用英国文学家狄更斯描述工业革命发生后的世界的这句名言来概括时代的总体特征。他指出:“今天,我们也生活在一个矛盾的世界之中。一方面,物质财富不断积累,科技进步日新

---

① 刘云山:《深入学习贯彻习近平新时代中国特色社会主义思想》,《党的十九大报告学习辅导百问》,党建读物出版社 2017 年版,第 71 页。

② 《马克思恩格斯全集》第 1 卷,人民出版社 2001 年版,第 91 页。

③ 《习近平谈治国理政》第三卷,外文出版社 2020 年版,第 440 页。

④ 《习近平谈治国理政》第二卷,外文出版社 2017 年版,第 442 页。

月异,人类文明发展到历史最高水平。另一方面,地区冲突频繁发生,恐怖主义、难民潮等全球性挑战此起彼伏,贫困、失业、收入差距拉大,世界面临的不确定性上升。”①这说明,与马克思主义经典作家所处的时代一样,今天的时代仍充斥着工业化起步初期业已孕育的种种矛盾,中国共产党人回应和解决21世纪出现的新问题、新挑战,坚持和发展中国特色社会主义,依然需要创立于工业革命时代、以思考和解决时代课题为己任的马克思主义为我们提供科学方法和总体思路。在2018年7月举办的金砖国家工商论坛上,习近平对未来十年中世界将发生的飞跃性变化作出了三方面的预测性概括。一是世界经济将实现新旧动能转换。随着以人工智能、大数据、量子信息、生物技术为核心内容的新一轮科技革命迅猛发展,产业变革正在积聚力量,这将催生出大量新产业、新业态和新模式,给全球发展和人类生产生活带来翻天覆地的变化,推动新兴市场国家和发展中国家实现跨越式发展。二是国际格局和力量对比会发生加速演变。目前,新兴市场国家和发展中国家对世界经济增长的贡献率已经达到80%。新兴市场国家和发展中国家群体性崛起势不可当,这将使全球发展的版图更加全面均衡,使世界和平的基础更加坚持稳固。三是全球治理体系将进行深刻重塑。20世纪90年代以来,世界多极化、经济全球化在曲折中前行,地缘政治热点此起彼伏,恐怖主义、武装冲突的阴霾挥之不去;单边主义、保护主义愈演愈烈,多边主义和多边贸易体制受到了严重冲击。因此,国际社会必须共同讨论并建立合适的全球治理体系,这不仅关乎各国特别是新兴市场国家和发展中国家的发展空间,也关乎全世界的繁荣稳定②。时代的这些发展变化既为中国特色社会主义创造了前所未有的发展机遇,同时也带来了许多需要认真对待的新威胁新挑战。2020年,新冠肺炎疫情全球大流行和世界百年未有之大变局相互影响,更是极大地干扰了中国的正常发展进程,而一些国家不遵守国际规范和道德底线,则进一步恶化了中国特色社会主

① 《习近平谈治国理政》第二卷,外文出版社2017年版,第476页。

② 《习近平谈治国理政》第三卷,外文出版社2020年版,第444—445页。

义的外部发展环境。面对层出不穷的新挑战，中国共产党并未失去坚持和发展中国特色社会主义的信心，而是理智地强调"和平与发展的时代主题没有变"，"新冠肺炎疫情不会是人类面临的最后一次危机"；呼吁世界各国团结起来，做好携手迎接更多全球性挑战的准备，"坚守和平、发展、公平、正义、民主、自由的全人类共同价值，推动构建新型国际关系，推动构建人类命运共同体，共同创造世界更加美好的未来"①。总之，中国共产党清醒地认识到，中国特色社会主义正处于"一个风云变幻的时代"，时刻面对着"一个日新月异的世界"②；为此，必须结合当今世界所具有的"地球村"的时代特质，顺应社会主义与资本主义日益利益交融、命运与共的时代大势来把握中国特色社会主义的本质内涵和发展思路。

值得指出的是，在密切关注时代风云变幻，紧跟时代潮流的同时，中国共产党反复强调，时代的变化和社会的发展并未削弱马克思主义基本原理的真理价值。今天，时代变化和我国发展的广度和深度远远超出了马克思主义经典作家当时的想象，但中国特色社会主义所处的时代仍充分体现着科学社会主义创始人所指明的作为人类社会发展方向的"社会主义时代"的发展趋势。正如习近平所说："尽管我们所处的时代同马克思所处的时代相比发生了巨大而深刻的变化，但从世界社会主义 500 年的大视野来看，我们依然处在马克思主义所指明的历史时代。"③事实证明了这一论断。虽然社会主义在 20 世纪后期遭遇重大曲折，但中国特色社会主义的兴起、资本主义面临的系统性危机、当今世界所发生的巨大而深刻的变化，都说明时代性质和人类社会的总体发展趋势并没有改变，我们依然处于科学社会主义创始人所判定的历史时代④。可以说，中国共产党所秉持的这种大时代观为党和人民对马克思主义

---

① 习近平：《在第七十五届联合国大会一般性辩论上的讲话》，《人民日报》2020 年 9 月 23 日。

② 《习近平谈治国理政》第一卷，外文出版社 2018 年版，第 272 页。

③ 《习近平谈治国理政》第二卷，外文出版社 2017 年版，第 66 页。

④ 参见何海根等：《21 世纪科学社会主义的新发展——论习近平的科学社会主义观》，《当代世界与社会主义》2019 年第 6 期，第 75 页。

保持坚定信心、对社会主义保持必胜信念提供了科学根据。只要人类社会仍然处于从资本主义向社会主义过渡的“大时代”，马克思主义就不会过时，它不仅是中国共产党人回答和解决时代发展提出的一系列新课题和新挑战必须遵循的科学方法和理论力量，也是其认识中国特色社会主义内涵本质的指导思想和方法论基础。

二是对中国特色社会主义的内涵和本质提出了新认识，把中国共产党关于“什么是社会主义”的认识提高到了新的科学水平。

习近平指出：“科学社会主义和空想社会主义的一大区别，就在于它不是一成不变的教条，而是把社会主义看作一个不断完善和发展的实践过程。”① 习近平新时代中国特色社会主义思想正是源于实践又指导实践，在实践中不断丰富和发展着关于社会主义的认识，为中国特色社会主义不断注入新的科学内涵。对于坚持和发展什么样的中国特色社会主义，以习近平为主要代表的中国共产党人从多方位多角度作出了深刻回答。

首先，中国特色社会主义最本质的特征是中国共产党的领导。中国特色社会主义有很多特点和特征，但最本质的特征是坚持中国共产党领导。中国近代史、现代史、革命史均证明，“如果没有中国共产党领导，我们的国家、我们的民族不可能取得今天这样的成就，也不可能具有今天这样的国际地位”②；而改革开放 40 年的实践也启示着我们，“中国共产党领导是中国特色社会主义最本质的特征，是中国特色社会主义制度的最大优势”③。正是因为始终坚持党的集中统一领导，中国共产党才能带领人民实现伟大历史转折、开启改革开放新时期和中华民族伟大复兴新征程，成功应对一系列重大风险挑战、克服无数艰难险阻，才能既不走封闭僵化的老路也不走改旗易帜的邪路，而是坚定不移走中国特色社会主义道路。习近平把坚持党对一切工作的领导

① 《习近平谈治国理政》第三卷，外文出版社 2020 年版，第 123 页。

② 《习近平谈治国理政》第二卷，外文出版社 2017 年版，第 20 页。

③ 《习近平谈治国理政》第三卷，外文出版社 2020 年版，第 181 页。

视为中国改革开放积累的最重要的经验之一,强调坚持党的领导就必须增强“四个意识”、坚定“四个自信”①,坚决维护党中央权威和集中统一领导,把党的领导贯彻和体现到改革发展稳定、内政外交国防、治党治国治军等各个领域;必须不断改善党的领导,让党的领导更加适应实践、时代、人民的要求,提高党把方向、谋大局、定政策、促改革的能力和定力,确保党始终总揽全局、协调各方;必须坚持全面从严治党,不断提高党的执政能力和领导水平,把党建设成为始终走在时代前列、人民衷心拥护、勇于自我革命、经得起各种风浪考验、朝气蓬勃的马克思主义执政党。可以说,习近平关于中国特色社会主义最本质的特征是中国共产党领导的思想,是对科学社会主义政党理论作出的原创性贡献②。

其次,中国特色社会主义最根本的属性是社会主义。习近平指出:“中国特色社会主义是社会主义而不是其他什么主义,科学社会主义基本原则不能丢,丢了就不是社会主义。”③坚持中国社会发展道路和社会制度的社会主义属性是历史的结论和人民的选择。历史和现实都告诉我们,只有社会主义才能救中国,只有中国特色社会主义才能发展中国。因此,中国特色社会主义在内涵上必须坚持科学社会主义基本原则,体现社会主义的根本属性。立足于这一视角,习近平将中国特色社会主义的内涵概括为:在中国共产党领导下,立足基本国情,以经济建设为中心,坚持四项基本原则,坚持改革开放,解放和发展社会生产力,建设社会主义市场经济、社会主义民主政治、社会主义先进文化、社会主义和谐社会、社会主义生态文明,促进人的全面发展,逐步实现全

---

① “四个意识”是指政治意识、大局意识、核心意识、看齐意识;“四个自信”即中国特色社会主义道路自信、理论自信、制度自信、文化自信。2016 年 7 月 1 日,习近平总书记在庆祝中国共产党成立 95 周年大会上的讲话强调,全党同志要增强“四个意识”,切实做到对党忠诚、为党分忧、为党担责、为党尽责。他同时明确提出,中国共产党人坚持不忘初心、继续前进,就要坚持“四个自信”,坚持党的基本路线不动摇,不断把中国特色社会主义伟大事业推向前进。

② 参见严书瀚:《科学社会主义中国化的重大成果:习近平的科学社会主义观》,《当代世界与社会主义》2018 年第 5 期,第 102 页。

③ 《习近平谈治国理政》第一卷,外文出版社 2018 年版,第 22 页。

体人民共同富裕，建设富强民主文明和谐的社会主义现代化国家；坚持人民代表大会制度的根本政治制度，中国共产党领导的多党合作和政治协商制度、民族区域自治制度以及基层群众自治制度等基本政治制度，中国特色社会主义法律体系，公有制为主体、多种所有制经济共同发展的基本经济制度。他强调："这些都是在新的历史条件下体现科学社会主义基本原则的内容，如果丢掉了这些，那就不成其为社会主义了。"①值得指出的是，在强调科学社会主义基本原则不能丢的同时，中国共产党也认识到，科学社会主义绝非一成不变的教条，"社会主义并没有定于一尊、一成不变的套路，只有把科学社会主义基本原则同本国具体实际、历史文化传统、时代要求紧密结合起来，在实践中不断探索总结，才能把蓝图变为美好现实"②。因此，在中国坚持科学社会主义基本原则，绝不意味着简单套用马克思主义经典作家设想的模板或者照搬其他国家社会主义的实践模板，而是要用既体现科学社会主义基本原则精神、又符合中国具体实际和历史条件的具体内容来改造中国。

再次，中国特色社会主义最鲜明的特色在于它是道路、理论、制度、文化四位一体，统揽伟大斗争、伟大工程、伟大事业、伟大梦想的社会主义。完整把握中国特色社会主义的内涵，又必须把握中国特色社会主义所具有的鲜明"中国特色"。党的十八大指出，中国特色社会主义道路、中国特色社会主义理论体系和中国特色社会主义制度三者融为一体，统一于中国特色社会主义伟大实践，这构成了中国特色社会主义的最鲜明特色。因此，"中国特色社会主义特就特在其道路、理论体系、制度上，特就特在其实现途径、行动指南、根本保障的内在联系上，特就特在这三者统一于中国特色社会主义伟大实践上"③。在此基础上，党的十九大又把作为激励全党全国各族人民奋勇前进精神力量

① 习近平：《关于坚持和发展中国特色社会主义的几个问题》，《求是》2019 年第 7 期，第 1 页。

② 《习近平谈治国理政》第三卷，外文出版社 2020 年版，第 76 页。

③ 《习近平谈治国理政》第一卷，外文出版社 2018 年版，第 9 页。

的中国特色社会主义文化补充了进去,从而将"三位一体"进一步拓展为"四位一体"。十九大报告指出,中国特色社会主义道路、理论、制度、文化的不断发展拓展了发展中国家走向现代化的途径,给世界上那些既希望加快发展又希望保持自身独立性的国家和民族提供了"全新选择",为解决人类问题贡献了"中国智慧和中国方案"。因此,新时代坚持和发展中国特色社会主义,就必须更加自觉地"增强道路自信、理论自信、制度自信、文化自信,既不走封闭僵化的老路,也不走改旗易帜的邪路"①。十九大同时强调,中国特色社会主义这一伟大事业,与实现中华民族复兴的伟大梦想、具有许多崭新历史特点的伟大斗争,以及党的建设新的伟大工程一起,构成了一个紧密联系、相互贯通、相互作用、有机统一的整体,统一于新时代坚持和发展中国特色社会主义伟大实践。在"四个伟大"的相互关系中,党的建设新的伟大工程发挥着决定性作用。只有全面加强党的领导,确保党在世界形势深刻变化的历史进程中始终走在时代前列,在应对国内外各种风险和考验的历史进程中始终成为全国人民的主心骨,在坚持和发展中国特色社会主义的历史进程中始终成为坚强领导核心,才能团结带领人民夺取新时代中国特色社会主义伟大胜利,不断迈向实现中华民族伟大复兴的宏伟目标。

最后,中国特色社会主义最突出的优势在于中国特色社会主义制度和国家治理体系。习近平指出:"制度优势是一个国家的最大优势,制度竞争是国家间最根本的竞争。"②新中国成立70多年来,中华民族之所以能迎来从站起来、富起来到强起来的伟大飞跃,最根本的是因为中国共产党领导人民经过革命、建设、改革的长期实践,把马克思主义基本原理与中国具体实际结合起来,建立和完善了以马克思主义指导、植根中国大地、具有深厚中华文化根基、深得人民拥护的中国特色社会主义制度和治理体系。这一制度和治理体系以党的领导制度为统领,以根本制度、基本制度、重要制度为"四梁八柱",具有强

① 《习近平谈治国理政》第三卷,外文出版社2020年版,第14页。

② 《习近平谈治国理政》第三卷,外文出版社2020年版,第119页。

大生命力和巨大优越性。其显著优势主要体现在:坚持党的集中统一领导,保持政治稳定和社会主义发展方向;坚持人民当家作主,依靠人民推动国家发展;坚持全面依法治国,保障社会公平正义和人民权利;坚持全国一盘棋,集中力量办大事;坚持各民族一律平等,实现共同团结奋斗、繁荣发展;坚持社会主义制度和市场经济的有机结合,不断解放和发展生产力;坚持共同的理想信念、价值理念、道德观念,促进全体人民在思想上紧密团结;坚持以人民为中心,走共同富裕道路;坚持改革创新、与时俱进,使社会始终充满生机活力;坚持德才兼备、选贤任能,培养造就更多优秀人才;坚持党指挥枪,保障国家主权、安全、发展利益;坚持"一国两制",促进祖国和平统一;坚持独立自主和对外开放相统一,积极参与全球治理,为构建人类命运共同体不断作出贡献①。上述十三个方面的显著优势是党和人民坚定中国特色社会主义道路自信、理论自信、制度自信、文化自信的基本依据。正是依靠其制度优势,新时代的中国特色社会主义才能持续推动拥有14亿人口大国的进步和发展,确保中华民族实现"两个一百年"奋斗目标进而实现伟大复兴。

三是对新时代怎样坚持和发展中国特色社会主义提出了新思路,把中国共产党关于社会主义发展规律的认识提高到了新水平。

以新时代坚持和发展什么样的中国特色社会主义的认识为基础,中国共产党不仅提出了新时代坚持和发展中国特色社会主义的基本方略,而且作出了坚持和完善中国特色社会主义制度、推进国家治理体系和治理能力现代化的重要决定,从而回答了新时代怎样坚持和发展中国特色社会主义的问题,为决胜全面建设小康社会、全面建设社会主义现代化强国提供了有力指引。

党的十九大提出了新时代坚持和发展中国特色社会主义的基本方略,并将其概括为"十四个坚持"。其中,坚持党对一切工作的领导、坚持以人民为

---

①　关于中国特色社会主义制度和国家治理体系显著优势的具体论述参见《中共中央关于坚持和完善中国特色社会主义制度、推进国家治理体系和治理能力现代化若干重大问题的决定》。

中心、坚持全面深化改革这三条从总体上规定了新时代坚持和发展中国特色社会主义的领导核心、依靠力量和根本路径，明确了坚持和发展中国特色社会主义的总体策略；而其他十一条则从经济、政治、法治、文化、社会、生态文明、国家安全、军队建设、祖国统一、对外战略、党的建设等多个方面明确了新时代发展中国特色社会主义的具体方略。这“十四个坚持”具有鲜明的特点。第一，它以坚持党对一切工作的领导牵头、以坚持全面从严治党收尾，强调了党的领导在各项“坚持”中的统帅地位。党政军民学，东西南北中，党是领导一切的。中国共产党的领导既是中国特色社会主义最本质的特征，又是中国特色社会主义制度的最大优势。将坚持党对一切工作的领导放在全部方略的第一位，体现了对上述思想的坚持与落实。第二，它阐明人民是决定党和国家前途命运的根本力量，强调必须坚持人民的主体地位，依靠人民创造历史伟业。这明确了中国共产党治国理政的政治立场、依靠力量和发展目的，表明我们党将始终坚持立党为公、执政为民，践行全心全意为人民服务的根本宗旨，把人民对美好生活的向往作为奋斗目标。第三，它把有效维护国家总体安全作为定国安邦的重要基石，强调统筹好发展和安全，坚持国家利益至上，以人民安全为宗旨，以政治安全为根本，坚决维护国家主权、安全和发展利益；同时还强调坚持党对人民军队的绝对领导，更加注重军民融合，通过全面推进国防和军队现代化来为维护国家安全提供保障。第四，它体现了中国作为负责任大国的使命担当。基本方略强调实现中国梦离不开和平的国际环境和稳定的国际秩序。因此，必须坚持人与自然和谐共生、坚持推动构建人类命运共同体，始终不渝走和平发展道路、奉行互利共赢的开放战略，构筑尊崇自然、绿色发展的生态体系，始终做世界和平的建设者、全球发展的贡献者、国际秩序的维护者。可见，中国共产党既是为中国人民谋幸福的党，也是为人类进步事业而奋斗的党，它始终把为人类作出新的更大的贡献作为自己的使命①。总的来看，

① 参见施芝鸿：《新实践：“十四个坚持”基本方略的六大鲜明特点》，《瞭望》2018 年第 9 期。

这“十四个坚持”是新时代党领导人民实现“两个一百年”奋斗目标和中华民族伟大复兴中国梦的“路线图”和“方法论”。它不仅对党的领导核心地位、党的自身建设以及提高党的执政能力和水平有了更高的要求和更深刻的认识，而且根据世情、国情、党情的新变化，用一系列新理念、新思想、新论断对新时代的中国特色社会主义建设作出了新的布局和规划，同时还以历史唯物主义关于人类社会发展规律的观点为指导，根据世界历史和全球化发展趋势，提出了推动构建人类命运共同体的全新主张。

党的十九届四中全会从十九大确立的战略目标和重大任务出发，重点研究和讨论了关于坚持和完善中国特色社会主义制度、推进国家治理体系和治理能力现代化的若干重大问题。对于中国共产党在这一时期重点关注怎样坚持和完善国家制度和国家治理体系的背景和原因，中共中央总书记习近平进行了专门解释。他指出：第一，这是实现“两个一百年”奋斗目标的重大任务。“两个一百年”奋斗目标的实现必须以更加成熟、更加定型的中国特色社会主义制度为保障，为此，中国共产党有必要对坚持和完善中国特色社会主义制度的基本经验进行系统总结，同时提出与时俱进完善和发展的前进方向和工作要求。第二，这是把新时代改革开放推向前进的根本要求。相比过去，新时代改革开放最重要的内涵和特点就是制度建设分量更重，建章立制、构建体系的任务也更重。新时代谋划全面深化改革，就必须把制度建设和治理能力建设摆到更加突出的位置。第三，这也是应对风险挑战、赢得主动的有力保证。当今世界正经历百年未有之大变局，我们面临的风险挑战之严峻前所未有。要想打赢防范化解重大风险攻坚战，就必须坚持和完善中国特色社会主义制度，运用制度威力来应对风险挑战的冲击①。正是基于上述考虑，党的十九届四中全会经过专题研讨，审议通过了《中共中央关于坚持和完善中国特色社会主义制度、推进国家治理体系和治理能力现代化若干重大问题的决定》（以下

① 《习近平谈治国理政》第三卷，外文出版社 2020 年版，第 110—113 页。

简称《决定》)。《决定》首先阐述了中国特色社会主义制度和国家治理体系发展的历史性成就、显著优势,提出了新时代坚持和完善中国特色社会主义制度、推进国家治理体系和治理能力现代化的重大意义和总体要求;在此基础上,聚焦坚持和完善支撑中国特色社会主义制度的根本制度、基本制度、重要制度,明确了党的领导制度体系、人民当家作主制度体系、中国特色社会主义法治体系、中国特色社会主义行政体制、社会主义基本经济制度、社会主义先进文化制度、统筹城乡的民生保障制度、共建共治共享的社会治理制度、生态文明制度体系、党对人民军队的绝对领导制度、"一国两制"制度体系、独立自主的和平外交政策、党和国家监督体系等各项制度必须坚持和巩固的根本点、完善和发展方向,并作出了相应工作部署;最后就加强党对坚持和完善中国特色社会主义制度、推进国家治理体系和治理能力现代化的领导提出了要求。可以说,《决定》第一次全面总结、系统展示了"中国共产党为什么能""中国特色社会主义为什么好"的制度奥秘和治理奥秘;第一次完整深刻论述了坚持和完善中国特色社会主义制度在各方面必须坚持的根本制度、基本制度、重要制度;第一次对于把我国制度优势更好转化为国家治理效能作出了顶层设计、全面部署;同时也第一次明确提出了做好此项工作的总体要求和总体目标①。

由上述方面可知,作为马克思主义中国化的最新成果,习近平新时代中国特色社会主义思想直面中国社会发展道路上的各种困难和矛盾、风险和挑战,对新时代坚持和发展什么样的中国特色社会主义、怎样坚持和发展新时代的中国特色社会主义进行了系统回答。它以一系列具有原创性的新思想新观点新论断,写出了科学社会主义的新篇章,实现了对共产党执政规律、社会主义

① 参见施芝鸿:《坚持和完善中国特色社会主义制度、推进国家治理体系和治理能力现代化必须坚持的总体要求和总体目标》,《〈中共中央关于坚持和完善中国特色社会主义制度、推进国家治理体系和治理能力现代化若干重大问题的决定〉辅导读本》,人民出版社 2019 年版,第 170 页。

建设规律和人类社会发展规律认识的深化，从而集中体现了新时代中国共产党人的社会主义观。

第二节　新时代认识和发展社会主义的若干思考

回溯新中国成立以来中国共产党人社会主义观的演进历程，不难发现一个简明的真理——创新是实践和理论发展的永恒主题，实践创新和理论创新永无止境。新时代坚持和发展中国特色社会主义，必须继续不断拓展和深化关于“社会主义”的认识，以便进一步厘清科学社会主义的内在理论逻辑，不断更新和完善对“什么是社会主义”以及“如何真正实现社会主义的内在价值”等历久弥新的重大理论问题的回答。而面对新的现实，我们应当开启思想研究的现实维度——因为，历史是现实的镜子，思想史的维度也是另一种现实的维度，每一种思想史研究实质上都是一种特殊的现实研究①。这就要求我们在密切关注时代与实践发展、继续挖掘马克思恩格斯思想宝藏的同时，不断回望社会主义思想史和马克思主义发展史，从新的现实出发重新审视马恩同时代主流理论家的社会主义思想与实践活动，以实现思想史维度与实践视野的有效耦合。

20世纪以来，经历了近百年的论争、对峙、对立和合作、交流的发展历程之后，当今世界逐渐形成了科学社会主义、民主社会主义以及民主资本主义（又称自由主义或者新自由主义）三种政治社会思潮鼎足三分，社会主义与资本主义两种社会制度共存发展的格局。在此背景下，如何辩证地看待当代资本主义，如何进一步挖掘社会主义的本质特征与实现路径，以及如何科学地对待作为社会主义实践指导思想的马克思主义，依然是影响社会主义发展前途和命运的重大问题。由此意义上讲，拉法格作为马克思主义发展史上十分重

① 参见徐觉哉：《思想史研究是一种特殊的现实研究——社会主义思想史若干问题新探》，《社会科学报》2013年4月18日。

要的理论家和革命活动家，他关于社会主义问题的理论探索不仅在其所处的时代具有一定的历史合理性，而且对我们今天的马克思主义理论研究和中国特色社会主义建设实践也有着重要的理论借鉴意义。

当然，任何理论都不能放之四海而皆准，即便马克思、恩格斯原创的理论观点也是如此，而拉法格的思想更不例外。在拉法格所生活的时代，其思想的局限性就已然显出；更何况，其中有许多的观点完全是针对当时斗争需要而提出的。因而，当人类历经变化后发展到我们今天身处其中的时代后，我们当然不能不加反思地将其中的具体观点当作可供直接运用的指导工具。基于上述认识，本书将立足于当代马克思主义研究和新时代中国特色社会主义实践发展的视野，通过反思拉法格社会主义思想的得失，来探讨其现实借鉴意义。

一、科学认识和对待马克思主义方法论

2008 年，胡锦涛在总结改革开放 30 年来的历史经验时指出，中国共产党自改革开放以来的全部理论和全部实践，归结起来就是创造性地探索和回答了什么是马克思主义、怎样对待马克思主义，什么是社会主义、怎样建设社会主义，建设什么样的党、怎样建设党，实现什么样的发展、怎样发展等重大理论和实际问题①。这段话将“什么是马克思主义，怎样对待马克思主义”这一基本问题放在了其他三大问题之前，充分说明它是科学认识社会主义基本问题的前提和基础②。在时代风云变幻、世界日新月异的背景下，只有树立科学的马克思主义观，方能树立科学的社会主义观；只有科学地认识和对待马克思主义，才能使实践中的社会主义永葆生机和活力。从拉法格的社会主义思想与实践发展历程来看，他大体上对马克思主义采取了科学的态度，这也可以为我

---

① 胡锦涛：《在纪念党的十一届三中全会 30 周年大会上的讲话》，《人民日报》2008 年 12 月 19 日。

② 注：党的建设问题和科学发展问题，实质上都是中国特色社会主义建设总问题的题中之义和固有内涵，因此总体上可以将后三个基本问题一起归并为社会主义的基本问题。

们思考当前应怎样对待马克思主义提供启示。

在拉法格那里，马克思主义首先被当作一种新的分析方法或认识工具；在他看来，马克思主义方法不仅有助于人们对经济现象作出细致、透彻的分析，而且有助于社会主义者认清社会历史发展进程中的秩序或规律。这一认识直接体现于拉法格社会主义思想的基本框架和主要内容中，构成了其思想的一大特色。可以说，拉法格对于马克思主义方法论意义的强调，尤其是强调历史唯物主义对于认识社会主义的方法论意义，充分体现出了他对于科学社会主义精神实质的充分把握。正如恩格斯将唯物史观理解为《共产党宣言》的核心思想一样，拉法格对马克思主义的这一认识无疑是科学的。因为，马克思主义所提供的不是现成的"教条"，"如果不把唯物主义方法当作研究历史的指南，而把它当作现成的公式，按照它来剪裁各种历史事实，那它就会转变为自己的对立物"①。

追溯社会主义运动的历史，"左"和右两种错误倾向长期存在，实质上都是因为没有认清马克思主义的方法论特征，或者未能准确把握马克思主义方法的内核所致。"左"倾教条主义者们"不能理解活的行动理论，即同工人阶级在每个可能的发展阶段一道工作的理论，而只把理论当作一堆应当熟记和背诵的教条，像魔术师的咒语或天主教的祷词一样"②，一切从定义、公式出发，而不从实际出发，从而割裂了理论与实践、主观与客观的统一，背离了实践的唯物主义的根本观点。右倾机会主义则认为资本主义可以和平"长入"社会主义，最终目的微不足道，运动才是一切，从而同样犯了主观与客观相分离、认识与实践相分离的错误，完全背离了作为历史发展必然趋势的社会主义目标，违反了马克思主义的根本原则。如果我们不从根源上清除上述两种错误思想倾向，正确对待和全面理解马克思主义，势必就会在实践中造成十分恶劣

① 《马克思恩格斯文集》第 10 卷，人民出版社 2009 年版，第 583 页。

② 《恩格斯与保尔·拉法格、劳拉·拉法格通信集》（第三卷），冯汉津等译，人民出版社 1981 年版，第 42 页。

的影响和严重的后果。20世纪六七十年代中国的十年“文革”浩劫,以及80年代末90年代初的苏东剧变即为明证。相反,在当代中国特色社会主义的探索历程中,当中国共产党人充分认识到马克思主义的方法论性质,强调“马克思主义理论从来不是教条,而是行动的指南”,要求人们“根据它的基本原则和基本方法,不断结合变化着的实际,探索解决新问题的答案,从而也发展马克思主义理论本身”①时,社会主义才重新焕发出生机和活力。

当前,一些人参照当今世界的新变化来评判马克思主义经典作家的个别结论和观点,然后得出了马克思主义已经“过时”的错误结论。这种观点的存在充分说明,在认识“什么是社会主义,怎样建设社会主义”时强调正确把握马克思主义的方法论性质,以及强调始终坚持历史唯物主义的方法论原则,仍然十分必要和紧迫。马克思不是预言家,他不可能预见到一百多年后的今天发生的问题,而且其理论中也的确包含着一些需要随着实践发展进行调整的具体结论,但这些决不能成为我们完全否定或放弃马克思主义的理由。事实上,马克思主义基本原理对现实仍具有相当普遍的指导意义,只要我们从方法论的视角出发,认真把握和运用马克思主义,就能对不断发展变化的社会主义实践作出新的理论概括,从而在发展马克思主义的过程中更好地坚持马克思主义。正如习近平同志所说:“在人类思想史上,就科学性、真理性、影响力、传播面而言,没有一种思想理论能达到马克思主义的高度,也没有一种学说能像马克思主义那样对世界产生了如此巨大的影响。这体现了马克思主义的巨大真理威力和强大生命力,表明马克思主义对人类认识世界、改造世界、推动社会进步仍然具有不可替代的作用”;因此,“马克思主义就是我们党和人民事业不断发展的参天大树之根本,就是我们党和人民不断奋进的万里长河之泉源。背离或放弃马克思主义,我们党就会失去灵魂、迷失方向。在坚持以马克思主义为指导这一根本问题上,我们必须坚定不移,任何时候任何情况下都

① 《邓小平文选》第三卷,人民出版社1993年版,第146页。

不能动摇”①。

其次，在把握马克思主义方法论性质的同时，拉法格还清楚地意识到了马克思主义的实践性特点，并将其内化为自己的思想特色。众所周知，马克思主义理论本身就是人类优秀文化成果与工人运动实践相结合的产物。它不是一般的理论，而是唤醒工人群众、指导工人阶级认识世界和改造世界，以及争取自身解放和人类解放的重要理论武器。对于马克思主义所具有的实践性，拉法格曾在《忆马克思》一文中强调说，马克思研究人类社会的政治经济发展有着明确的目标，即“坚决地为还在空想的迷雾中徘徊的社会主义运动奠定科学的基础”②。这与恩格斯关于马克思主义是“活的行动理论，即同工人阶级在其每个可能的发展阶段一道工作的理论”的观点显然是完全一致的③。与此同时，既然马克思主义以实践作为自身的来源和归宿，那么它就必然不会是一个僵化、封闭的理论体系，而应该是一个能对时代和实践的发展不断作出积极回应的开放的理论体系。这一点在作为马克思主义者的拉法格身上也得到了充分的体现。尽管在特定的历史背景下，拉法格等马克思主义者的主要任务是传播和捍卫马克思主义，但难能可贵的是，他没有简单地重复马克思、恩格斯的观点，而是结合法国工人运动和国际共产主义运动的实践对马克思主义进行阐释，同时及时捕捉时代的变化和实践的发展带来的新信息，在此基础上进行力所能及的理论探究和创新，从而使自己真正站在了时代的前列。这种对待马克思主义的实事求是、与时俱进的科学态度的确值得我们学习。

站在社会主义与资本主义共同发展的视野来关注现时代，不难发现它与拉法格所生活的时代具有一定程度的类似性。一方面，就宏观背景而言，尽管

---

① 《习近平谈治国理政》第二卷，外文出版社 2017 年版，第 65—66 页。

② 中共中央马克思恩格斯列宁斯大林著作编译局编：《回忆马克思》，人民出版社 2005 年版，第 187 页。

③ 《恩格斯与保尔·拉法格、劳拉·拉法格通信集》（第三卷），冯汉津等译，人民出版社 1981 年版，第 42 页。

当代资本主义通过技术革命和制度调整取得了一些显著的发展成就,而国际共产主义运动仍然面临着诸多难题和严峻考验,但资本主义的内在矛盾并未改变,马克思主义的基本原理也并未过时。当前资本主义世界所爆发的包括金融危机、政治危机、价值危机在内的系统性危机,实质上正是资本主义社会内在基本矛盾的必然结果。而目前资本主义所呈现的所有特征、背后原因及其未来走向,基本上没有超出马克思主义经典作家在一百多年前对资本主义经济危机的理论判断和精辟分析。当代资本主义的危机无疑再次证明,资本主义其实并没有能力"终结"什么,纵使依靠自身的组织、结构与品质也无法消化其与生俱来的弊病;而马克思主义解剖资本主义的立场、观点和方法,因其理论的洞见,至今仍有其正确认识资本主义危机的无可取代的价值。另一方面,就具体发展阶段而言,无论是资本主义还是社会主义都在新的时代背景下呈现出了许多新特点。例如,中国特色社会主义经过不断地变革和发展,在实践中就呈现出了许多不同于经典社会主义理论与实践的特点;至于资本主义,早有学者指出,它已经由封建资本主义、自由资本主义、垄断资本主义逐步发展到了社会资本主义的全新阶段①。上述时代特点说明,与拉法格等第二国际时期的理论家一样,在实践中既坚持又发展马克思主义,以便在动态发展中实现马克思主义理论与实践的统一,依然是我们对待马克思主义所必须采取的基本原则。"马克思主义具有强大生命力的奥秘,就在于它具有与时俱进的理论品质"②;只有在坚持马克思主义基本原理的前提下,在实践中不断以开放的态势和新的形态丰富和发展马克思主义,才能使马克思主义所固有的强大生命力得以充分展示。

最后,作为一个马克思主义的传播者,拉法格重视的是对马克思主义基本原理的传承,而并非简单强调和继承马、恩得出的个别结论。因为,如列宁所

① 参见高放:《从传统社会主义到现代社会主义》,《高放文集(2):社会主义在世界和中国》,云南人民出版社 1998 年版,第 175—194 页。

② 《江泽民文选》第三卷,人民出版社 2006 年版,第 87 页。

说:“只有不可救药的书呆子,才会单靠引证马克思关于另一历史时代的某一论述,来解决当前发生的独特而复杂的问题。”①概括起来,马克思主义基本原理大体可以分为两个层次:第一个层次是世界观和方法论的层次,即对自然、社会和人类思维之最一般发展规律作出科学概括的辩证唯物主义和历史唯物主义;第二个层次是运用第一层次研究社会变革而导出的关于批判资本主义旧社会、建设未来新社会的一些基本原理,主要包括剩余价值学说与资本主义社会基本矛盾和主要矛盾学说、社会主义历史必然性和工人阶级历史使命学说、科学社会主义本质特征和发展规律的学说、社会主义革命理论、人的全面发展和共产主义原理等方面的内容。结合拉法格的社会主义思想来看,他不是教条式地照搬马、恩的个别观点,而是从整体上对上述有机统一的两大层次进行了重点关注和阐释,并将其作为引领自己关注社会主义问题、进行思想创新的重要理论基础。这种对待马克思主义的科学态度显然同样值得我们借鉴。对中国特色社会主义建设实践而言,马克思主义基本原理是我们指导思想的理论基础,对于这些基本原理必须坚持,这样才能体现出我们党和国家的马克思主义性质和社会主义性质。实践已充分证明,“马克思主义为中国革命、建设、改革提供了强大思想武器,使中国这个古老的东方大国创造了人类历史上前所未有的发展奇迹”;“它的科学性和真理性在中国得到了充分检验,它的人民性和实践性在中国得到了充分贯彻,它的开放性和时代性在中国得到了充分彰显”;因此,“历史和人民选择马克思主义是完全正确的,中国共产党把马克思主义写在自己的旗帜上是完全正确的,坚持马克思主义基本原理同中国具体实际相结合、不断推进马克思主义中国化时代化是完全正确的”②。至于马克思主义经典作家在特定历史条件下所作出的个别结论,则应当根据具体情况作出判断,错误的加以纠正,正确的则根据新的条件创造性地加以运用;那种把马克思主义个别结论神圣化的教条主义态度,不但不符合马

① 《列宁全集》第 3 卷,人民出版社 2017 年版,第 13 页。

② 习近平:《在纪念马克思诞辰 200 周年大会上的讲话》,《人民日报》2018 年 5 月 5 日。

克思主义,相反恰恰是马克思主义的大敌。

总的看来,拉法格不仅坚持不懈地向法国劳动群众宣传马克思主义基本原理,使之真正融入法国的社会主义实践,以便为其提供科学的理论指导,而且在马克思主义指导下对政治斗争手段问题、农民和土地问题、知识分子问题等法国社会主义运动中的一些具体问题进行了思考和探索;不仅努力把握和还原马克思恩格斯思想的本来面目,对马克思主义进行通俗性的解读和选读,而且立足于时代发展的新特征、新问题对马克思主义作出了丰富和发展。由此可见,拉法格可谓坚持马克思主义民族化、大众化和时代化的典范,他的理论与实践活动均具有这方面的显著特点。这些推动马克思主义大众化、民族化和时代化的重要贡献,正是基于前面所总结的对待马克思主义的科学态度而作出的。包括一些中国读者在内的许多人也正是通过阅读拉法格的著作,以及了解其生平活动,不仅在一定程度上掌握了马克思主义基本原理,而且在如何科学地将马克思主义运用于实际等方面获得了重要的理论启示。

总之,究竟该怎样对待马克思主义?怎样才能真正坚持马克思主义?拉法格的思想及实践无疑进一步印证了中国共产党十七大报告的科学结论:"马克思主义只有与本国国情相结合、与时代发展同进步、与人民群众共命运,才能焕发出强大的生命力、创造力、感召力"。事实证明,理论的生命力在于不断创新。只有"坚持用马克思主义观察时代、解读时代、引领时代,用鲜活丰富的当代中国实践来推动马克思主义发展,用宽广视野吸收人类创造的一切优秀文明成果,坚持在改革中守正出新、不断超越自己,在开放中博采众长、不断完善自己"①,中国共产党才有可能不断深化对共产党执政规律、社会主义建设规律、人类社会发展规律的认识,开辟21世纪马克思主义的新境界,党领导的中国特色社会主义实践也才有可能焕发出更多的生机和活力。

---

① 《习近平谈治国理政》第三卷,外文出版社2020年版,第76页。

二、在动态发展中把握社会主义的本质

什么是社会主义，如何认识社会主义，是坚持和发展马克思主义与中国特色社会主义所必须关注的重要问题。20 世纪以来，社会主义制度的建立彻底改变了资本主义一统天下的世界格局，形成了社会主义与资本主义在意识形态以及由此形成的制度实体上的对峙，从而为人们认识、探讨社会主义的本质特征及其实现途径提供了实践基础。其中，在既坚持科学社会主义的基本原则，又根据本国实际和时代特征不断开拓创新的过程中逐步确立起来的中国特色社会主义所进行的成功实践，更是将人们对社会主义的认知推进到了新的发展阶段。然而，这并不意味着关于什么是社会主义的认识已经具有了现成的答案①。为此，在研究和关注拉法格社会主义思想的过程中，我们有必要联系拉法格认识社会主义的方法和特点对"如何认识社会主义"作一些反思，以便为进一步推进关于"社会主义"的认识提供些许启示。

通过前面对于拉法格社会主义思想内容的分析，我们不难发现，在拉法格那里，社会主义不仅被理解为一种即将取代资本主义的社会制度或社会状态，而且被理解为一种以通过阶级斗争来推翻资本主义为目的的思想理论和政治运动。就前者而言，拉法格更多地关注了社会主义作为人类社会历史发展进程的逻辑结果，以及作为必然取代资本主义的新型社会制度的一面。与此相适应，拉法格关于社会主义的认识自然而然地偏重于静态描述，并对社会主义异于资本主义的制度设计或特征加以强调。例如，生产资料公有制、按劳分配、计划管理以及分工的消灭、国家的逐渐消亡、人的个性发展均是拉法格解读"什么是社会主义"这一问题的重心。在后一层次上，拉法格视野里的"社会主义"既是为无产阶级革命运动提供科学指导的理论，也成为以推翻罪恶的资本统治为目标的革命运动的代名词。作为一个坚定的革命的社会主义

① 参见周莉莉：《关于社会主义价值认识的历史溯源与现实思考》，《当代世界与社会主义》2008 年第 6 期，第 48 页。

者，拉法格认为无产阶级与资产阶级绝不可能搞阶级合作，资产阶级也绝无真正实施有利于无产阶级社会改良的可能，唯有通过革命来对所有的传统制度和观念进行彻底的变革，才有可能实现无产阶级和全人类的解放。在上述认识的基础上，尽管拉法格注意到了社会主义与资本主义的内在联系，并注重从现实社会中去探寻实现社会主义的主客观条件，但他必然会更多地关注社会主义与资本主义的对立面，并由此来阐发自己关于社会主义的认识。

在认识社会主义的基本思路上，拉法格既有对马克思思想的继承，也在一定程度上存在着对马克思思想的误读。不同于前人对理想社会的展望，马克思社会主义观的科学性就在于，社会主义不再是某些天才人物的偶然发现，而被看作社会生产力和社会矛盾发展的必然结果；而且，毋庸置疑，社会主义或共产主义的确是马克思在批判地分析资本主义生产方式及社会制度的基础上对人类社会未来发展所作出的一种理想设计。这种理想设计应该是重视实践的马克思的必然选择。因为，科学社会主义理论创立的目的是为了给工人运动实践提供理论指导，而为了推动无产阶级革命运动的发展进程，首先需要确立一个现实的目标，以便从理想、信念的高度来导引、凝聚人心。对于生活在社会主义运动如火如荼时代的拉法格而言，这一点也同样适用，因此，对马克思社会主义观中上述侧面的忠实继承和强调成为他认识社会主义的一大特色。问题在于，对马克思来说，社会主义绝不仅仅是一种社会状态或制度目标，它更是一种人的本质在其中得以全面发展和不断实现的过程；社会主义存在的根本价值就在于为逐步推动人的全面而自由的发展目标的实现创造条件。实际上，价值目标在马克思关于社会主义的认识中才是被置于首位的要素，至于社会主义的具体制度特征，则并非马克思论述的重点。正如恩格斯所强调的那样，马克思的研究“提供的不是现成的教条，而是进一步研究的出发点和供这种研究使用的方法”①；这就为后人依据实践的发展和社会主义价值

① 《马克思恩格斯文集》第10卷，人民出版社2009年版，第691页。

目标的逐步展现，来对关于社会主义的制度设计作出相应修正留出了足够的空间。

可以说，对于马克思社会主义观的这一侧面，拉法格以及与其同时代的许多社会主义革命家都有所忽略，这不能不说是科学社会主义思想传播过程中的一大缺憾。这种忽视社会主义价值目标的缺憾直接影响到了20世纪以来的社会主义建设实践。在科学社会主义由理论转化为社会制度实践之后，人们在很长时期内只是简单地把马克思提供的出发点当成终极真理以及现实应与之适应的理想，将关注的焦点集中于公有制、计划管理等社会主义的制度特征上，似乎社会主义基本制度的确立本身就意味着其价值的全部实现，甚至在生产力的发展目的、发展方式的选择以及体制构建等诸多方面彻底偏离社会主义的价值目标，由此导致了实践中社会主义的曲折演进历程。这些关于"什么是社会主义"的片面认识所导致的社会主义建设的历史经验教训值得我们不断反思和总结。在当代中国特色社会主义的发展进程中，只有完整地把握科学社会主义的基本原则并努力为其实现创造条件，既在实践中将社会主义的价值追求确立为中国特色社会主义发展的应有目标和基本原则，又立足于中国实际和当今时代的特点来合理地、创造性地进行制度设计，才有可能有效彰显社会主义的价值，使中国特色社会主义建设取得更大的成就①。新时代的中国共产党坚持以人民为中心的价值取向，把不断满足人民日益增长的美好生活需要作为奋斗目标；坚持富强、民主、文明、和谐，自由、公正等社会主义价值理念，并围绕这些价值原则来改革和完善支撑中国特色社会主义制度体系和国家治理体系；坚持人的发展与社会发展相互作用、相互推动，根据人的自由全面发展的根本要求和我国实际情况来推进中国特色社会主义经济、政治、文化、社会以及生态建设，这些均体现出党在对社会主义的认识上做到了制度建设目标和价值实现目标的辩证统一。

---

① 以上关于社会主义价值的论述具体参见周莉莉：《关于社会主义价值认识的历史溯源与现实思考》，《当代世界与社会主义》2008年第6期，第48页。

另外，值得关注的还有拉法格侧重于从社会主义与资本主义的对立面出发来认识社会主义的特点。这一特点其实并不是拉法格独有的风格，而是在几乎所有第二国际时期左翼社会主义革命家那里均得以了体现。事实上，即便是从科学社会主义创始人马克思恩格斯关于资本主义的辩证批判和社会主义基本特征的论述来看，他们对资本主义的批评力度仍然要远超过对资本主义文明成果的肯定程度；同样，他们对社会主义同资本主义的对立面的考察也要明显地多于对两者之间联系的关注。应当承认，这是当时作为一种社会新思潮的科学社会主义批判旧世界的时势所需；然而，国际共产主义运动的历史表明，正是因为在特定时势之下人们对社会主义与资本主义的对立面强调过多，以拉法格为代表的第一代马克思主义者未免对资本主义的生命力严重估计不足，相反对社会主义革命的胜利却存在期望过高的倾向。可以说，正是由于对于资产阶级改良一味简单地加以排斥和批判，以及没有针对资本主义的自我调节及时提出应对之策，主张革命的左翼才会于第一次世界大战结束后在欧洲资本主义国家中逐渐走向了衰落。

当代世界的发展表明，通过不间断地进行既有制度框架内的自我调整和改良，资本主义并没有立即走向腐朽、垂死挣扎的最后阶段；相反，它生机不减，继续发展的势头还很足。而与此同时，让马克思主义的创立者和早期传播者没有预料到的是，社会主义制度不是先出现在欧美国家，而是首先在经济文化相对比较落后的东方国家得以建立，从而形成了“不够格”的社会主义与发达的资本主义两类社会形态长期并存的格局。在两种社会制度的和平共处、协作、竞争和斗争同步进行、互相作用日渐成为时代主流的背景下，我们对社会主义的认识也必须相应作出适时调整。一方面，应当看到，由于现实社会主义无一例外产生于经济文化相对落后的国家，它们在生产力发展方面赶上发达资本主义国家，以及改革和完善自身体制，仍需要一个渐进的、艰辛的探索过程。世界的和平发展构成了这一探索过程的外部环境，而资本主义内部爆发暴力革命的可能性则进一步降低。与此相适应，我们的认识视野应当由作为革命运动的社会主义，调整到作为制度或建设的社会主义方面来，更多地关注社会主义发展道路或建设路径的选择，并用开放的心态对待其他社会发展道路或社会制度有可能提供的借鉴。另一方面，尽管国际共产主义运动在苏东剧变后步入低潮，面临着诸多难题和严峻考验，但仍然应当看到社会主义的光明前景，始终坚定对社会主义的信心。为此，我们不仅应始终坚持辩证唯物主义和历史唯物主义的科学方法，将社会主义观置于科学的方法论基石之上，从历史发展的客观规律去把握社会主义的发展前景；而且应将认识社会主义的焦点由过去对公有制、按劳分配等区别于资本主义的一般制度特征的强调，转到对社会主义区别于其他社会形态的根本价值目标的强调，以及对践行社会主义价值理想的方法和途径的探索上，以便社会主义通过不断发展完善来更好地体现出自身的优越性。

总之，科学地认识社会主义，必须承认社会主义本身就是一个动态发展过程的事实。只有立足时代的变化和实践的发展变化不断更新关于社会主义的认识，同时以理论创新来带动实践创新和制度创新，才能不断增强社会主义制度的吸引力，开创中国特色社会主义和世界社会主义事业的新局面。

三、辩证把握社会主义与资本主义的关系

无论是结合理论思潮的演进还是结合社会主义实践的发展来考察，都不难发现，社会主义与资本主义存在着相伴相生、此消彼长的内在密切联系。因此，在探索与认识社会主义的本质及发展规律的过程中，必须正确认识资本主义的发展趋势和命运，准确把握不同时代不同发展阶段资本主义的新变化新特征，不断加深对资本主义变化趋势的理解。也正是在此基础上，习近平强调："世界格局正处在加快演变的历史进程之中，产生了大量深刻复杂的现实问题，提出了大量亟待回答的理论课题。这就需要我们加强对当代资本主义的研究，分析把握其出现的各种变化及其本质，深化对资本主义和国际政治经

济关系深刻复杂变化的规律性认识。”①

通过前面的分析我们可以发现，拉法格关于社会主义基本特征与实现规律的认知正是以对资本主义内在矛盾的批判式解析以及对社会主义与资本主义内在联系的深入考察为基础的。这一分析思路同样体现出了拉法格对马克思的继承。在当代许多国外学者眼里，马克思实际上是研究资本主义的学者，资本主义——而并非社会主义或共产主义——才是马克思一生所重点关注的主题。当然，与马克思一样，拉法格关注资本主义，绝不是想为资本主义唱赞歌，也不是为了寻找医治资本主义痼疾的“药方”，而是希望通过“分析和批判现存的社会制度”来为“创造未来”准备条件。为此，他一方面展开了对资本主义社会的全面批判，通过对资本主义生产方式以及上层建筑的深入剖析来揭露其内在矛盾及实质，进而说明社会主义代替资本主义的客观必然性。在此过程中，他并没有对资本主义的新发展和新特点视而不见，只是去简单地照搬马克思、恩格斯的经典论断，而是敏锐地关注到资本集中和托拉斯的发展所导致的资本主义的全新变化，运用事实去说明这些变化将进一步激化资本主义所固有的矛盾，为经济危机和社会主义革命的爆发准备更充分的条件。另一方面，拉法格也详细考察了资本主义的发展为社会主义的产生创造的条件。批判旧世界是为了发现新世界；在一定意义上，资本主义是社会主义的“母体”，没有资本主义，就没有社会主义。正如一位美国学者所指出的那样：“去研究资本主义，同时就是去研究实际的共产主义。与唯心主义和空想家的虚无主义途径相反，理解共产主义的唯一科学道路，就是辩证的理解资本主义，把它理解成一个在其‘母体’中孕育着共产主义的发展过程。”②在拉法格的许多文章中，都对资本主义的发展为实现社会主义所准备的经济前提、社会力量和精神条件进行了分析和阐释；这就在承认社会主义与资本主义根本区别

① 《习近平谈治国理政》第二卷，外文出版社 2017 年版，第 66—67 页。

② 参见[美]詹姆斯·劳洛：《马克思主义哲学和共产主义》。转引自欧阳康主编：《当代英美哲学地图》，人民出版社 2005 年版，第 644 页。

的同时,又对两者之间的内在联系进行了说明,从而实现了理想社会与现实社会的内在沟通,为社会主义构筑起了坚实的现实基础。

总的看来,在如何看待资本主义这一问题上,拉法格充分继承了唯物主义辩证法的发展观,即从社会主义与资本主义的相互联系、相互制约以及资本主义的发展变化中去考察资本主义,既承认资本主义作为新的历史发展阶段所体现出的巨大历史进步,从资本主义内部去探寻社会主义的踪迹;又揭露资本主义自身难以克服的矛盾,对资本主义制度的非正义性进行否定和批判,并明确把超越资本主义当作社会主义者的奋斗目标,这一思路无疑为我们把握对待资本主义的科学态度和方法树立了典范。值得特别加以强调的是,拉法格时刻关注着时代的新变化和新特征,注重从时代的发展变化中去厘清资本主义的内在矛盾和历史趋势,这种认识资本主义的方法体现出了一个马克思主义者的应有态度,十分值得我们学习和借鉴。实际上,马克思主义本身即为适应时代的需要而产生,它存在的全部意义和价值就在于着力解决时代提出的重大问题;而科学社会主义的理论与实践"只有引领时代才能走向世界",为此,马克思主义政党必须"要立足时代特点,推进马克思主义时代化,更好运用马克思主义观察时代、解读时代、引领时代,真正搞懂面临的时代课题,深刻把握世界历史的脉络和走向"①。同样地,在认识和看待资本主义方面,马克思主义政党也只有始终使自己走在时代的前列,时刻关注新的时代背景下资本主义的新变化,并由此相应调整社会主义运动的策略,才有可能开创出科学社会主义理论与实践的新局面。

20世纪以来,十月社会主义革命的胜利标志着拉法格等马克思主义者的革命理想在一定程度上得以实现,科学社会主义理论开始真正成为社会制度的伟大实践。但是,这并非意味着资本主义从此就会逐步销声匿迹;相反,在马克思主义为其敲响警钟后,资本主义迫于内在压力在生产关系等方面所进

① 《习近平谈治国理政》第二卷,外文出版社2017年版,第66页。

行的主动调整与变革为其迎来了进一步发展的生机。时至今日,社会主义与资本主义两种社会形态的长期并行发展已经成为了人们能处之泰然的历史常态。在此背景下,如何正确地看待资本主义依然是社会主义发展过程中不能不面对的重要问题,而拉法格对资本主义的态度及其分析思路或许可以为我们带来些许启示。

从历史和现实来看,在这一问题的认识上,比较常见的错误态度主要有两种。一种是只关注社会主义与资本主义的对立面,认为社会主义是对资本主义的彻底的、全面的否定和批判,因此在理论上主要固守对"两个必然"等经典论断的字面理解,片面地认为资本主义已经完全腐朽,将资本主义批评得一无是处,而忽视了马克思主义创始人在强调"两个必然"的同时,还曾谆谆告诫全世界的无产者:"无论哪一个社会形态,在它所能容纳的全部生产力发挥出来以前,是决不会灭亡的;而新的更高的生产关系,在它的物质存在条件在旧社会的胎胞里成熟以前,是决不会出现的。"①另一种观点注意到了资本主义的发展及其与社会主义的内在联系,但却加以片面夸大,认为经过改良的当代资本主义可以靠自身的力量逐步解决内在的矛盾,它已经自然而然地走向了"社会主义"。这种在一些当代学者中比较流行的观点其实并不新鲜,早在第二国际时期即已现出端倪。例如,德国著名哲学家马克斯·舍勒在发表于1914年的《资本主义的未来》一书中,就认为资本主义可以和平地"过渡"到社会主义。他写道:"眼光只需要稍微敏锐一点,便可看到:我们已经满帆地驶进了社会主义体制国家的最初阶段;我们不得不在通往目标的道路上继续前行。"②更有甚者,有些人甚至以资本主义的新变化去否定马克思主义基本原理的正确性,乃至于对整个马克思主义学说都产生了怀疑。应当说,上述两种观点都是片面的和不科学的。

① 《马克思恩格斯文集》第2卷,人民出版社2009年版,第592页。

② [德]马克斯·舍勒:《资本主义的未来》,罗悌伦等译,生活.读书.新知三联书店1997年版,第64—65页。

辩证地、发展地看待资本主义，要求我们既要敢于从当代资本主义的新变化中去继续探寻资本主义与社会主义的内在联系，又要看到两者的本质区别，承认当代资本主义的本质特征并未改变，其矛盾和危机不可能在资本主义制度的框架内得以根本解决的事实。一方面，只有在资本主义与社会主义的内在“关联”中，才有可能真正准确理解和把握资本主义与社会主义的不同命运；为此，同拉法格一样，我们目前也必须密切关注当代资本主义的新变化，以及分析这些变化有可能对社会主义带来的影响。在新的科技革命和全球化浪潮的推动下，20 世纪资本主义的确出现了许多新动向和新发展，主要包括：资本主义的社会生产力达到了新的更高的水平；资本主义国家的知识产业经济正逐渐取代传统工业经济而成为主导经济；股份制和合作制经济内容和形式的不断丰富使得资本主义生产关系发生了明显变化；社会阶级结构日益多元化，上层建筑也不断完善和强化；经济全球化的加速发展促使资本主义国家的国际调解和国际协调能力加强，国际垄断资本主义开始出现；等等①。21 世纪的世界正面临百年未有之大变局，当代资本主义也相应出现了更多的新变化。其中最显著的变化是，以人工智能、数字信息、量子技术、生物遗传为代表的新科技革命，使资本主义生产方式、交往形式和生活状态出现了新的转向；物联网、3D 打印、云计算、芯片等新兴技术培育了以“数字信息+传统行业”为标识的新经济和新产业，形成了“数字劳工”“移动就业”“共享员工”的新劳动样态，不仅升级了资本主义产业经营方式，并成为当代资本主义继续保持经济增长的重要驱动力量②。这些变化充分说明，当代资本主义的自我调节机制和扩张能力尚未衰竭，它仍具有容纳和推进现代生产力的能力，以及继续存在和进一步发展的生命力；社会主义代替资本主义的历史进程，肯定比马克思、恩

---

①　具体分析参见高放等主编:《科学社会主义的理论与实践》,中国人民大学出版社 2005 年版;赵明义等著:《理论与实际结合:马克思主义·科学社会主义当代化与本国化研究》,山东人民出版社 2009 年版。

②　参见徐伟轩等:《恩格斯晚年对资本主义变化的认识及其时代意义》,《马克思主义研究》2020 年第 4 期,第 84 页。

格斯以及拉法格过去预想的要复杂得多、曲折得多,社会主义与资本主义在和平共处中的斗争和较量,在全世界范围内仍将是一个长期的复杂的过程。在此过程中,社会主义必须改变传统的绝对斗争意识,力争在斗争、合作和竞争中把握好与资本主义的对立统一关系。正如邓小平同志在1992年南方谈话中指出的那样:“社会主义要赢得与资本主义相比较的优势,就必须大胆吸收和借鉴人类社会创造的一切文明成果,吸收和借鉴当今世界各国包括资本主义发达国家的一切反映现代社会化生产规律的先进经营方式、管理方法。”① 习近平也强调必须“正确认识资本主义的发展趋势和命运,准确把握当代资本主义新变化新特征,加深对当代资本主义变化趋势的理解”②;呼吁“要尊重世界文明多样性,以文明交流超越文明隔阂,文明互鉴超越文明冲突,文明共存超越文明优越”③。总之,只有积极学习和主动借鉴资本主义国家的一切反映现代社会化生产规律的物质文明、政治文明和精神文明成果,取长补短,通过自身不断的改革开放和艰苦努力,来赢得与资本主义相比较的优势,社会主义才能最终立于不败之地。

另一方面,当代资本主义的新变化与新发展,并不表明资本主义是一种永恒的社会制度,同时它也不可能改变资本主义必然为社会主义所代替的根本趋势和历史命运。如前所述,尽管与马克思所处的时代相比,当前的时代发生了巨大而深刻的变化,但从世界社会主义理论与实践几百年发展的大视野来看,我们依然处于马克思主义所指明的历史时代。事实上,在当代资本主义不断发展变化的同时,其本质特征及内部矛盾相较于马克思时代或拉法格时代并无多大改观。首先,尽管所有制结构趋于多元化,但当代资本主义制度的经济基础仍然是私有制经济。与此相适应,资本主义社会的统治阶级依然是资本家阶级,资本剥削、贫富不均以及两极分化的现象依然十分严重。经济合作

---

① 《邓小平文选》第三卷,人民出版社1993年版,第373页。

② 《习近平谈治国理政》第二卷,外文出版社2017年版,第67页。

③ 《习近平谈治国理政》第三卷,外文出版社2020年版,第46页。

与发展组织(Organization for Economic Co-operation and Development)①2015年发布的报告显示,目前经合组织成员国收入分配不公程度已达近几十年来之最。在经合组织地区,最富有的10%人群收入已是最贫困的10%人群收入的9.6倍,而2000年这一比例是9.1倍,20世纪80年代则为7.1倍,资本主义国家的贫富差距正在不断拉大。其中,作为全球第一大经济体的美国,收入分配不公平的问题较为突出,贫富差距高于世界平均水平,贫困人口的可支配收入低于其他发达国家,其贫富差距不断扩大的趋势自20世纪80年代开始便没有停止过②。其次,资本主义基本矛盾规律依然发生作用,经济危机仍频繁爆发,由此所引发的各种社会矛盾远比以前任何时期更复杂、更隐蔽,也更难治理。以2008年爆发的金融危机为例,这场危机始于资本主义世界中心美国所爆发的次贷风波,然后迅速蔓延至整个西方资本主义国家,最后发展成为世界性的经济危机。从形式上看,这场危机只是一场金融危机,因为它发端于金融体系,而金融体系关系着市场运转所需的货币供应,危机导致国际银行体系波动,进而引发国际股市崩盘,经济大衰退。然而从深层次观察,这场危机给西方资本主义带来了许多前所未有的变化,也动摇了全球对资本主义体系的信心。在政治和文化层面上,资本主义引以为傲的程式化、制度化民主已彻底沦落为"少数人的特权"、"资本的狂欢"以及"金融寡头的工具",而社交媒体时代的虚拟化、加速化、去中心化则进一步加剧了西方价值观的认同挑战。可以说,资本主义的内在矛盾和危机不仅没有消失,相反已经使全球资本主义从制度到社会、再到价值层面都面临着严峻的挑战。最后,随着全球化的加快发展,资本主义的基本矛盾逐渐向全球扩展,并进而外化为经济关系上的资本主义国家及跨国公司内部的严密组织和科学管理与全球经济无政府状态的矛

① 注:经济发展与合作组织简称经合组织(OECD)。它成立于1961年,是由包括美国、日本和多数欧元区国家在内的36个市场经济国家组成的政府间国际经济组织,旨在共同应对全球化带来的经济、社会和政府治理等方面的挑战,并把握全球化带来的机遇。

② 参见《西方国家贫富差距进一步拉大》,《人民日报》2015年5月26日。

盾、资本生产无限扩大与有限的世界市场之间的矛盾以及资本无限追逐利润与人类可持续发展之间的矛盾。随着这些矛盾的逐步深化，以及世界无产阶级力量的逐渐联合，社会主义代替资本主义的历史趋势必将得以进一步显现，我们完全可以在准确把握人类社会演变规律的基础上坚定走社会主义道路的信心。当然，如前所述，资本主义绝不会自行过渡到社会主义，它所具有的自我调节和自我修复能力决定了在相当长的时间内它仍有较大的生存和发展空间，对此我们必须做好充分的心理准备。

总之，对于资本主义，我们既要牢记马克思主义经典作家已经作出的辩证、批判性分析的相关科学结论，又要像拉法格那样不断关注其新变化和新特征，对其进一步作出科学地分析和认识；与此同时，"既不能丧失对当今资本主义趋势的根本把握，否则就会迷失方向，像杨花柳絮一样随风飘摇不知所终，又不可全盘否定当今的资本主义，否则就会脱离实际，像揠苗助长一样招致实践上的失败"；只有这样，才有可能将马克思主义推向新阶段，真正成为一个"坚定的社会主义者"和"务实的社会主义者"①。

① 陈学明：《如何看待当代资本主义——西方左翼思想家给予我们的启示》，复旦大学当代国外马克思主义研究中心编：《国外马克思主义研究论丛》（第一辑），人民出版社 2009 年版。

结　　语

本书选择了从历时性发展的视角对马克思主义进行研究,以便实现对于马克思主义基本原理的整体性把握。因为,无论从横向上还是从纵向上说,马克思主义都是一个发展着的整体;它并不仅仅是马克思、恩格斯的思想体系,同时也应包括其后不同历史条件下、不同国度的理论家和政治家对马克思恩格斯思想所作的补充或发展。因而,如果我们能够通过对马、恩之后的马克思主义理论家思想的系统整理和挖掘,揭示出这些马克思主义理论家的思想与马克思恩格斯思想体系之间的内在理论关联,那么同样可以形成对马克思主义理论的整体性的理解,即对作为发展的整体的马克思主义理论的认识。事实证明,马克思主义创始人的思想在其发展进程中存在着多种可能性,而对作为马、恩之后第一代马克思主义者的保尔·拉法格及其思想进行具体研究,将有助于我们从其中的一种可能性出发,在马克思主义发展的历史进程中去实现对马克思主义的整体把握①。需要进一步说明的是,本书没有研究拉法格全部思想的内容,而是选择了以其社会主义思想为切入点来把握其思想与马克思恩格斯思想之间的内在逻辑联系。这一方面是由于拉法格的思想涉及面

① 注:这一关于马克思主义理论整体性研究视角的认识受到了黑龙江大学隽鸿飞教授观点的启发。参见隽鸿飞:《马克思主义理论整体性研究及其问题》,王秀阁等主编:《马克思主义理论学科前沿问题研究》,人民出版社 2010 年版,第 14—20 页。

较宽,一本论著不足以全面呈现;另一方面也与对马克思主义整体性的具体理解有关。在作为“整体”的马克思主义的内部,哲学、政治经济学、科学社会主义等不同的理论层次是客观存在的,但不可否认的是,这些内容彼此之间并非截然分开,而是始终密切地联系在一起;因此,无论对其中的哪个层次进行关注,都必然会揭示出这一层次与其他理论层次之间的内在逻辑联系,从而实现对马克思主义理论体系的完整把握。

基于上述认识,本书对拉法格的社会主义思想和实践活动进行了研究和剖析,并在此基础上得出了以下几大方面的认识。

第一,拉法格具有较完整的社会主义思想体系,其思想是对马克思主义理论的创造性继承和发展。概括起来,拉法格社会主义思想的主要内容如图1所示。由图1不难看出,拉法格并非只是就社会主义问题得出了一些个别的、零散的见解,而是以唯物史观和社会主义运动实践为基础,围绕“什么是社会主义,怎样实现社会主义”这一基本的理论问题,形成了逻辑层次清晰、较为系统全面的认识。在这些认识中,既包含着对马克思主义基本原理的大众化阐释和本土化运用,也有在新的时代背景下对马克思主义作出的创造性发展,可谓实现了继承与发展的辩证统一。同时,尽管本书在考察拉法格思想时选择了社会主义的关注视角,但我们不难发现马克思主义哲学、政治经济学和科学社会主义三者的内在逻辑联系在拉法格社会主义思想框架中的具体体现,从而使我们从一个侧面领略到了马克思主义理论的整体性。

第二,作为马克思主义第一代传播者和第二国际时期主流理论家的典型代表,拉法格及其社会主义思想在马克思主义发展史和国际共运史上具有独特的、不可忽视的历史地位。对于应如何看待以拉法格为代表的第二国际时期左翼理论家在马克思主义发展史上的地位问题,长期以来存在着两种较为典型的认识倾向:一种是认为在马克思恩格斯两人和列宁之间隔着一个第二国际机会主义独占统治的时代,并由此不加区分地将拉法格等第二国际时期领导人全部划归机会主义者的阵营;另一种则认为拉法格等人仅仅只是在解

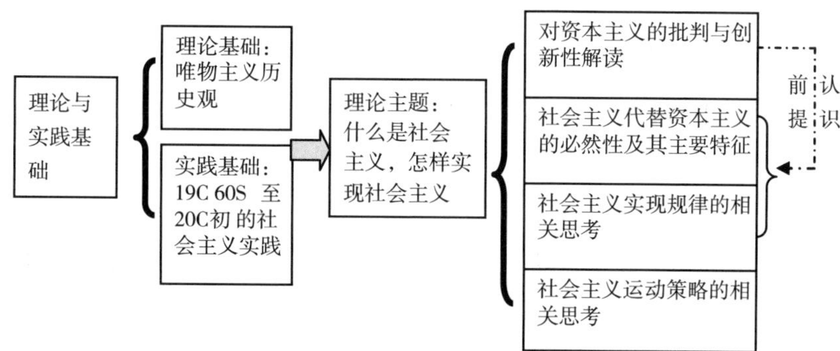

图 1　拉法格社会主义思想的主要内容

释和宣传马克思主义方面做了一些有益的工作，而在发展马克思主义、创新马克思主义方面则无所作为。也许正是因为受到这两种看法的影响，学术界长期以来在马克思主义理论研究中既有对马克思恩格斯思想的关注，也有对列宁主义思想的关注，但在以拉法格等人思想为代表的中间环节的研究上却较欠缺，这不能不说是一种遗憾。通过研究拉法格的社会主义思想，本书认为上述认识是不够客观的。因为不论就哪一方面来说，拉法格都称得上是他所处时代马克思主义运动的十分重要的理论家；他的思想不仅应在马克思主义思想发展史上占有一定的位置，而且在法国和国际社会主义运动史上的历史价值也不容忽视。尽管在拉法格的思想中，对马克思主义基本原理的继承与诠释性色彩明显地盖过了其独创性光芒，但这一方面是由马克思主义创立初期以及世纪之交马克思主义面临严峻挑战时的特定历史任务所决定的，另一方面则是因为其思想中创造性的一面往往未能引起人们的重视。就此意义上讲，对拉法格以及与其同时代的马克思主义理论家们的思想进行重新考证、解读和诠释，是相当有必要的。

第三，拉法格关于社会主义问题的理论探索不仅在其所处的时代具有合理性，而且也可为当前的马克思主义理论研究和中国特色社会主义建设实践带来一些启发。首先，拉法格将对社会主义的认识建立在剖析和批判现实资本主义基础之上;他立足于社会主义与资本主义的辩证关系以及现实社会的发展变化来考察资本主义,既承认资本主义所体现出的巨大历史进步,注重从资本主义内部去挖掘社会主义产生的条件;又在揭露资本主义自身难以克服矛盾的基础上对其非正义性进行了否定和批判,由此明确把超越资本主义当作社会主义者的奋斗目标——这一分析思路可以为当前思考“如何对待资本主义”带来启示。其次,在“什么是社会主义”问题的认识上,拉法格一方面比较关注社会主义作为人类社会历史发展进程的逻辑结果,以及作为必然取代资本主义的新型社会制度的一面,另一方面则将“社会主义”当作以推翻罪恶的资本统治为目标的革命运动的代名词,因此其认识总体上偏重于静态描述,重在强调社会主义异于资本主义的制度特征以及两者的对立面。应当承认,这种认识是当时的时势所需。而今天在两种社会制度的和平共处与斗争同步进行的背景下,我们不仅应继续坚持从历史发展的客观规律去把握社会主义的发展前景,而且应适时调整关于社会主义的认识。最后,拉法格对待马克思主义的科学态度也值得我们学习和借鉴。在分析社会主义问题的过程中,他不仅将马克思主义当作一种科学的方法论,重视对马克思主义基本原理的传承,而并非简单强调马、恩得出的个别结论;而且清楚地意识到马克思主义的实践性特点,并将其内化为自己的思想特色,通过及时捕捉时代与实践的发展变化来推动理论探究和创新,从而使自己真正站在了时代的前列。

囿于研究能力及学识,本书对拉法格社会主义思想的研究仍有待进一步加深和拓展。然而,即便是社会主义思想也仅仅只是拉法格思想的一部分,在其所涉及的包括哲学、经济学、科学社会主义、民族学、宗教学以及文学批评等在内的极为宽泛的研究领域中,均留下了不少经典篇章,这些都是值得进一步深入挖掘的宝贵思想资源。作为法国和国际工人运动的卓越活动家,杰出的马克思主义理论家和宣传家,保尔·拉法格离开我们已有一百多年了。这位从 19 世纪 60 年代中期即已转向马克思主义立场的“马克思主义思想的最有天才、最渊博的传播者”(列宁语),将自己的大半生奉献给了无产阶级解放事业,至死仍充满着共产主义必胜的坚定信念。他的精神将永远激励着世界各国的马克思主义者和劳动群众,而对其思想遗产的解读和探究不啻为对这位坚定不移的马克思主义者的最好的纪念。我愿在未来的实践中,以此作为自己不懈努力的方向。

附录　拉法格生平大事年表[①]

时　间	重要事件及活动	重要著作
1842 年 1 月 15 日	出生于古巴圣地亚哥城	
1851—1861 年	随父母回法国，定居于波尔多；进入巴黎大学医学院学习	
1862 年 2 月	首次会见马克思	
1866—1868 年	到伦敦继续学医，在马克思介绍下认识恩格斯；同马克思次女劳拉结婚，并于当年 10 月回到法国巴黎	
1869—1870	参与创建第一国际巴黎联合会；重建第一国际波尔多支部；迁居波尔多	同劳拉一起将《共产党宣言》译成法文（1869）
1871—1872 年	声援巴黎公社的斗争；革命失败后因遭政府通缉而流亡西班牙；积极参加反对巴枯宁派的斗争；迁居伦敦	《巴黎公社印象记》（1871）、《致〈汝拉联合会简报〉编辑公民们》（1872）
1873—1881 年	对实证主义、蒲鲁东主义进行批判；与盖得建立联系，并在马、恩指导下同盖得一起起草法国工人党纲领	《进化—革命》（1880）、《蒲鲁东主义已经过时》（1880）、《懒惰权》（1880）

① 注：拉法格生平大事年表根据《拉法格传》整理。参见李兴耕：《拉法格传》，人民出版社 1985 年版。

续表

时　间	重要事件及活动	重要著作
1882 年	回到法国;同可能派的分裂活动进行坚决斗争	《可能主义》、《工人党的目的》
1884 年	在法国工人中宣传和普及马克思主义基本原理;驳斥资产阶级学者对马克思主义经济学说的无理攻击	《卡尔·马克思的经济唯物主义》、《卡尔·马克思的剩余价值理论和保·勒卢阿-博利约的批评》、《卡尔·马克思的〈资本论〉和布洛克先生对它的批评》
1886—1887 年	抨击资本主义制度;探讨无产阶级取得政权后的任务和措施	《资本的宗教》(1886)、《革命的次日》(1887)
1888—1889 年	筹备巴黎国际工人代表大会(第二国际成立大会),粉碎可能派篡夺国际工人运动领导权的阴谋;关注布朗热运动	《议会制和布朗热主义》(1888)
1891 年	因"富米尔事件"入狱;在狱中当选为众议员	《五一节和法国社会主义运动的状况》
1892 年	同德莫连论战;参与制定法国工人党土地纲领	《赞成共产主义和反对共产主义》
1894 年	在法国工人党第十二次全国代表大会上做题为《农民所有制和经济发展》的报告	《法国工人党土地纲领》、《法国的阶级斗争》
1895 年	在巴黎集体主义学生小组举行的集会上就唯物史观和唯心史观问题同饶勒斯展开辩论	《唯物史观与唯心史观》、《财产的起源和进化》
1897 年	对马克思关于平均利润率的理论进行详细阐述	《交易所的经济职能》
1899 年	谴责米勒兰的背叛行为,分析米勒兰入阁带来的危害	《在法国各社会主义组织巴黎代表大会上的发言》
1900 年	批判伯恩斯坦主义;就知识分子问题发表见解	《马克思的唯物主义和康德的唯心主义》、《社会主义和知识分子》
1903 年	对资本主义垄断阶段进行了富有成果的研究	《美国托拉斯及其经济、社会和政治意义》

续表

时　间	重要事件及活动	重要著作
1908 年	出席法国社会党图卢兹代表大会,就革命和改良问题发言,既反对改良主义,也反对无政府主义	《在法国社会党图卢兹代表大会上的发言》
1909 年	主要哲学著作出版,宣传辩证唯物主义的反映论,批判唯心主义先验论和形而上学	《卡尔·马克思的经济决定论》
1910 年	批判不可知论	《认识问题》
1911 年 11 月 25 日	拉法格夫妇在寓所自杀身亡	
1911 年 12 月 3 日	巴黎 2 万名工人在拉雪兹公墓为拉法格夫妇举行隆重葬礼;列宁在葬礼上发表演说,赞扬拉法格是“马克思主义思想的最有天才、最渊博的传播者之一”	

参 考 文 献

一、中文文献

（一）著作类

《马克思恩格斯文集》，人民出版社 2009 年版。

《马克思恩格斯全集》，人民出版社 2016 年版。

《恩格斯与保尔·拉法格、劳拉·拉法格通信集》（第一卷），北京第二外国语学院法语专业 73 级师生合译，人民出版社 1979 年版。

《恩格斯与保尔·拉法格、劳拉·拉法格通信集》（第二卷），广州外语学院法语教研究室译，人民出版社 1981 年版。

《恩格斯与保尔·拉法格、劳拉·拉法格通信集》（第三卷），冯汉津等译，人民出版社 1981 年版。

《列宁全集》，人民出版社 2017 年版（中文第二版增订版）。

《斯大林全集》，人民出版社 1956 年版。

《毛泽东文集》，人民出版社 1999 年版。

《毛泽东选集》，人民出版社 1991 年版。

《毛泽东外交文选》，中央文献出版社 1994 年版。

《建国以来毛泽东文稿》，中央文献出版社 1994 年版。

《邓小平文选》第二卷，人民出版社 1994 年版。

《邓小平文选》第三卷，人民出版社 1993 年版。

《陈云文选》第三卷，人民出版社 1995 年版。

《江泽民论有中国特色社会主义(专题摘编)》,中央文献出版社 2002 年版。

《江泽民文选》第二、三卷,人民出版社 2006 年版。

《胡锦涛文选》第二卷,人民出版社 2016 年版。

《习近平谈治国理政》第一卷,外文出版社 2018 年版。

《习近平谈治国理政》第二卷,外文出版社 2017 年版。

《习近平谈治国理政》第三卷,外文出版社 2020 年版。

《十一届三中全会以来重要文献选读》(上),人民出版社 1987 年版。

《关于建国以来党的若干历史问题的决议》,人民出版社 2009 年版。

《十六大以来重要文献选编》(下),中央文献出版社 2011 年版。

《党的十九大报告学习辅导百问》,党建读物出版社 2017 年版。

《〈中共中央关于坚持和完善中国特色社会主义制度、推进国家治理体系和治理能力现代化若干重大问题的决定〉辅导读本》,人民出版社 2019 年版。

白刚:《瓦解资本的逻辑:马克思辩证法的批判本质》,中国社会科学出版社 2009 年版。

边士江主编:《历史唯物主义发展史》,山西人民出版社 1988 年版。

陈文海:《法国史》,人民出版社 2004 年版。

陈先达:《陈先达文集》(第 1 卷),中国人民大学出版社 2006 年版。

陈刚:《马克思主义理论的当代意义》,光明日报出版社 2008 年版。

杜康传等主编:《国际共产主义运动概论》,中国人民大学出版社 2002 年版。

段方乐:《总体性的终结:从卢卡奇到阿多诺》,中国社会科学出版社 2009 年版。

戴隆斌:《斯大林传》,人民日报出版社 2009 年版。

方章东:《第二国际理论家马克思主义观研究》,安徽大学出版社 2007 年版。

高放等主编:《国际共产主义运动史文献史料选编》第 3 卷,中国人民大学出版社 1985 年版。

高放等主编:《社会主义思想史》(上册),中国人民大学出版社 1987 年版。

高放:《高放文集(2):社会主义在世界和中国》,云南人民出版社 1998 年版。

高放主编:《科学社会主义的理论与实践》,中国人民大学出版社 2005 年版。

高放:《马克思主义与社会主义新论》,黑龙江人民出版社 2007 年版。

高毅:《法兰西风格:大革命的政治文化》,浙江人民出版社 1991 年版。

顾海良等:《20 世纪国外马克思主义经济思想史》,经济科学出版社 2006 年版。

顾海良主编:《马克思主义发展史》,中国人民大学出版社 2009 年版。

[苏]哈·尼·莫姆江:《拉法格与马克思主义哲学》,张大翔等译,国际文化出版

公司 1987 年版。

黄楠森等主编:《马克思主义哲学史(第 3 卷):马克思主义哲学在巴黎公社后的传播和发展》,北京出版社 1991 年版。

[法]克洛德·维拉尔:《法国社会主义简史》,曹松豪译,中共中央党校出版社 1992 年版。

[法]克洛德·维拉尔:《盖得派》,沈炼之译,杭州大学出版社 1992 年版。

康文龙:《马克思现代性政治批判及其当代价值》,光明日报出版社 2008 年版。

刘佩弦等主编:《第二国际若干人物的思想研究》,中国人民大学出版社 1994 年版。

[法]路易·阿尔都塞:《保卫马克思》,顾良译,商务印书馆 1984 年版。

李兴耕:《拉法格传》,人民出版社 1985 年版。

楼均信主编:《法兰西第一至第五共和国论文集》,东方出版社 1994 年版。

楼均信主编:《法兰西第三共和国兴衰史》,人民出版社 1996 年版。

[澳]罗斯·特里尔:《毛泽东传》,中国人民大学出版社 2010 年版。

[法]P.拉法格:《摩尔和将军:回忆马克思恩格斯》,中共中央马克思恩格斯列宁斯大林著作编译局编译,人民出版社 1982 年版。

《米勒兰事件》,中央编译局国际共运史研究室编译,生活·读书·新知三联书店 1980 年版。

[德]马克斯·舍勒:《资本主义的未来》,罗悌伦等译,生活.读书.新知三联书店 1997 年版。

马健行:《帝国主义理论形成史》,中国社会科学出版社 2003 年版。

马健行编著:《二十世纪社会主义经济思想史》,中共中央党校出版社 2003 年版。

[英]莫里斯·布洛克:《马克思主义与人类学》,冯利等译,华夏出版社 1988 年版。

《金隆德文集》,当代中国出版社 1995 年版。

[美]梅·所罗门:《马克思主义与艺术》,杜章智等译,文化艺术出版社 1989 年版。

欧阳康主编:《当代英美哲学地图》,人民出版社 2005 年版。

《拉法格文选》(上、下),中央编译局国际共运史研究室编译,人民出版社 1985 年版。

[法]拉法格:《财产及其起源》,王子野译,生活·读书·新知三联书店 1962 年版。

[法]拉法格:《宗教和资本》,王子野译,生活·读书·新知三联书店 1963 年版。

[法]拉法格:《思想起源论》,王子野译,生活·读书·新知三联书店 1963 年版。

[法]拉法格:《唯心史观和唯物史观》,王子野译,生活·读书·新知三联书店

1965 版。

[南]普·弗兰尼茨基:《马克思主义史》(上),徐致敬等译,生活·读书·新知三联书店 1963 年版。

[法]皮埃尔·米盖尔:《法国史》,蔡鸿滨等译,商务印书馆 1985 年版。

[苏]恰根·σ·A.:《马克思列宁主义反对哲学中修正主义的斗争》,李元明译,生活·读书·新知三联书店 1963 年版。

[法]让·饶勒斯:《饶勒斯文选》,李兴耕译,人民出版社 2009 年版。

沈炼之主编:《法国通史简编》,人民出版社 1990 年版。

王进国主编:《国际共运人物研究》,河南大学出版社 1989 年版。

吴冷西:《忆毛主席》,新华出版社 1995 年版。

王秀阁等主编:《马克思主义理论学科前沿问题研究》,人民出版社 2010 年版。

徐崇温:《民主社会主义评析》,重庆出版社 1995 年版。

徐海波等:《马克思主义价值的当代诠释》,人民出版社 2007 年版。

徐觉哉:《社会主义流派史》,上海人民出版社 2007 年版。

徐琳等主编:《马克思主义哲学史》第 3 卷,北京出版社 2005 年版。

许俊达等主编:《科学社会主义理论与实践新编》,安徽大学出版社 2007 年版。

许征帆等:《马克思主义学说史》第 3 卷,吉林人民出版社 1987 年版。

[法]亚历山大·泽瓦埃斯:《一八七一年后的法国社会主义》,中央编译局国际共运史研究室译,生活·读书·新知三联书店 1983 年版。

[美]约瑟夫·熊彼特:《资本主义、社会主义和民主主义》,吴良健译,商务印书馆 1999 年版。

殷叙彝等:《第二国际研究》,中央编译出版社 1998 年版。

张一兵主编:《资本主义理解史(第 2 卷):第二国际时期资本主义批判理论的演变》,江苏人民出版社 2009 年版。

张一兵主编:《资本主义理解史(第 3 卷):苏俄马克思主义的资本主义观》,江苏人民出版社 2009 年版。

赵明义:《理论与实际结合:马克思主义·科学社会主义当代化与本国化研究》,山东人民出版社 2009 年版。

中国人民大学国际政治系编:《马克思恩格斯列宁斯大林论社会主义思想史》,中国人民大学出版社 1988 年版。

中央编译局国际共运史研究室编:《国际共运史研究资料》(1—18 辑),人民出版社 1986 年版。

周海乐:《第二国际史》,上海社会科学院出版社 1989 年版。

周仲秋:《马克思的社会主义观》,湖南师范大学出版社 2002 年版。

周作瀚:《恩格斯的社会主义观》,湖南师范大学出版社 2002 年版。

周新城:《民主社会主义思潮评析》,社会科学文献出版社 2008 年版。

朱光等编著:《科学社会主义思想史》,黑龙江教育出版社 1987 年版。

钟金洪主编:《马克思主义社会学思想》,中国审计出版社 2001 年版。

(二)论文类

《保尔·拉法格的十八封信》(五),方光明译,《教学与研究》1985 年第 5 期。

《保·拉法格致奥·布朗基(1866 年 4 月 22 日)》,毓才译,《当代世界与社会主义》1984 年第 2 期。

本刊记者:《应该重视和加强对第二国际的研究——姚顺良教授访谈》,《国外理论动态》2008 年第 6 期。

陈其泰:《恩格斯晚年对唯物史观理论的重大贡献》,《陕西师范大学学报》2009 年第 1 期。

陈学明:《如何看待当代资本主义——西方左翼思想家给予我们的启示》,复旦大学当代国外马克思主义研究中心编:《国外马克思主义研究论丛(第一辑)》,人民出版社 2009 年版。

陈学明:《评第二国际让·饶勒斯对马克思主义的修正》,《上海财经大学学报》2008 年第 3 期。

陈锡喜:《"在批判旧世界中发现新世界"——论科学社会主义的一项基本原则》,《毛泽东邓小平理论研究》2008 年第 8 期。

"法兰西第三共和国史研究"课题组:《论拉法格对马克思主义的新贡献》,《浙江社会科学》1993 年第 1 期。

方章东:《忠诚与背弃:第二国际马克思主义的遗产》,《江淮论坛》2009 年第 1 期。

高放:《也谈马克思主义经典著作中未来社会名称的历史演变》,《理论视野》1999 年第 6 期。

郭艳君:《论拉法格对唯物史观的理解及局限》,《学习与探索》2006 年第 5 期。

郭仕庆:《恩格斯与第二国际》,《当代世界社会主义问题》2001 年第 2 期。

禚明亮:《国外学者论马克思主义的当代价值》,上海党史与党建 2012 年第 1 期。

韩英:《国际工人运动的著名活动家拉法格》,《赤峰教育学院学报》2000 年第 10 期。

胡锦涛:《努力建设持久和平、共同繁荣的和谐世界——在联合国成立 60 周年首脑会议上的讲话》,2005 年 9 月 15 日,见 https://www.fmprc.gov.cn/123/wjb/zzjg/gjs/xwlb/t212365.htm。

胡锦涛:《高举中国特色社会主义伟大旗帜　为夺取全面建设小康社会新胜利而奋斗》,《人民日报》2007 年 10 月 16 日。

胡锦涛:《在纪念十一届三中全会 30 周年大会上的讲话》,《人民日报》2008 年 12 月 19 日。

何海根等:《21 世纪科学社会主义的新发展——论习近平的科学社会主义观》,《当代世界与社会主义》2019 年第 6 期。

隽鸿飞:《马克思主义理论整体性研究及其问题》,王秀阁等主编:《马克思主义理论学科前沿问题研究》,人民出版社 2010 年版。

金隆德:《拉法格对历史唯物主义的贡献》,《安徽教育学院学报》1988 年第 4 期。

[法]克洛德·维拉尔:《保尔·拉法格和他对资产阶级社会的批判》,公直译,《国际共运史研究资料》1982 年第 2 期。

楼均信:《拉法格的无神论思想浅论》,《天津社会科学》1983 年第 3 期。

楼均信:《拉法格对帝国主义本质的精辟论述》,《法国研究》1984 年第 4 期。

刘思仓:《马克思去世后,恩格斯对社会主义的再认识》,《前沿》2002 年第 9 期。

李益荪:《拉法格批评思想新论》,《社会科学研究》1998 年第 6 期。

李兴耕:《保尔·拉法格在巴黎公社时期的活动》,《国际共运史研究资料》1981 年第 3 期。

马驰:《论拉法格的文艺思想》,《广西师范学院学报》1999 年第 4 期。

马建行:《拉法格对帝国主义理论的贡献》,《中国人民大学学报》1988 年第 1 期。

马润青:《拉法格对阐发和传播历史唯物主义的贡献》,《河北学刊》1986 年第 5 期。

[德]梅林:《保尔·拉法格的〈卡尔·马克思的经济决定论〉》,《保卫马克思主义》,吉洪译,人民出版社 1982 年版。

彭启福:《马克思主义"三化"中的诠释学问题》,《马克思主义与现实》2010 年第 6 期。

瞿秋白:《拉法格和他的文艺批评》,见《瞿秋白文集》第 4 卷,人民文学出版社 1953 年版。

邱耕田等:《从实践观看马克思主义"三化"》,《学习时报》2011 年 3 月 14 日。

沈炼之等:《杰出的革命实践家和马克思主义传播者保尔·拉法格》,《国际共运史研究资料》1982年第4期。

施荫昌:《第一国际海牙代表大会反对巴枯宁分裂主义者的斗争》,《河北师院学报》1984年第1期。

沈传宝:《二十世纪七十年代初陈云对资本主义的研究及认识》,《中共党史研究》2005年第6期。

师迪:《第二国际的建立及其历史地位》,《历史教学》1997年第3期。

宋海琼:《改革开放以来党在社会主义与资本主义关系上的理论创新》,《新视野》2014年第1期。

施芝鸿:《新实践:"十四个坚持"基本方略的六大鲜明特点》,《瞭望》,2018年第9期。

王安林:《拉法格的宗教观》,《宗教学研究》1992年第2期。

温士兴:《论保尔·拉法格对马克思主义的贡献》,《前沿》2008年第11期。

吴苑华:《"经典社会主义"在当代的发展:困境与出路》,《理论探讨》2008年第1期。

辛庚:《可能派和马克思恩格斯对它的批判》,《国际共运史研究资料》1983年第3期。

习近平:《在纪念毛泽东同志诞辰120周年座谈会上的讲话》,《人民日报》2013年12月26日。

习近平:《在纪念马克思诞辰200周年大会上的讲话》,《人民日报》2018年5月5日。

习近平:《关于坚持和发展中国特色社会主义的几个问题》,《求是》2019年第7期。

习近平:《在第七十五届联合国大会一般性辩论上的讲话》,《人民日报》2020年9月23日。

肖贵清:《毛泽东对社会主义建设道路的艰辛探索及历史地位》,《求索》2019年第5期。

杨堃:《论拉法格对民族学和经济民族学的贡献》,《科学社会主义》1985年第3期。

宛小平:《道德批判与重构是贯串于马克思主义理论体系的一条红线》,《安徽大学学报》1997年第5期。

易小明:《中国特色社会主义的特殊与一般本质规定》,《求索》2017年第8期。

严书瀚:《科学社会主义中国化的重大成果:习近平的科学社会主义观》,《当代世界与社会主义》2018年第5期。

张汉清:《马克思在第一国际中的地位和作用》,《北京大学学报》1983年第1期。

朱旭红:《第二国际修正主义的历史后果》,《马克思主义研究》2006 年第 2 期。

张镭:《论拉法格的财产权理论》,《贵州社会科学》2006 年第 6 期。

庄绪策等:《不容遗忘的马克思主义理论家——理论界关于拉法格思想研究综述》,《当代世界与社会主义》2008 年第 2 期。

周宏:《第二国际时期马克思主义的境遇》,《河南大学学报》2003 年第 2 期。

周宏:《试论拉法格的意识形态理论》,《南京社会科学》2006 年第 4 期。

周莉莉:《关于社会主义价值认识的历史溯源与现实思考》,《当代世界与社会主义》2008 年第 6 期。

周莉莉:《保尔·拉法格对历史唯物主义的阐释与运用》,《科学社会主义》2010 年第 3 期。

周莉莉:《保尔·拉法格关于政党建设的探索及其现实意义》,《社会主义研究》2011 年第 4 期。

周莉莉:《保尔·拉法格的社会主义思想及其当代价值》,《社会主义研究》2013 年第 4 期。

钟君:《从中西方疫情防控看中国制度优势》,《环球视野》2020 年 5 月 6 日,见 http://www.globalview.cn/html/global/info_38065.html。

二、外文文献

Leslie Derfler, *Paul Lafargue and the Founding of French Marxism*, 1842–1882, Cambridge: Harvard University, 1991.

Leslie Derfler, *Paul Lafargue and the Flowering of French Socialism*, 1882–1911, Cambridge: Harvard University, 1998.

Paul Lafargue, "Bourgeois Sentimentalism" (1881), in *Marxists' Internet Archive: Paul Lafargue Internet Archive*, http://www.marxists.org/archive/lafargue/index.htm.

Paul Lafargue, "Socialism and Nationalization" (1882), in *Marxists' Internet Archive: Paul Lafargue Internet Archive*, http://www.marxists.org/archive/lafargue/index.htm.

Paul Lafargue, "Peasant Proprietary in France" (1884), in *Marxists' Internet Archive: Paul Lafargue Internet Archive*, http://www.marxists.org/archive/lafargue/index.htm.

Paul Lafargue, "The Decazeville Strike" (1886), in *Marxists' Internet Archive: Paul Lafargue Internet Archive*, http://www.marxists.org/archive/lafargue/index.htm.

Paul Lafargue, "The Boulanger Question" (1887), in *Marxists' Internet Archive: Paul Lafargue Internet Archive*, http://www.marxists.org/archive/lafargue/index.htm.

Paul Lafargue, "Darwinism on the French Stage" (1890), in *Marxists' Internet Archive: Paul Lafargue Internet Archive*, http://www.marxists.org/archive/lafargue/index.htm.

Paul Lafargue, "The Myth of Athena" (1890), in *Marxists' Internet Archive: Paul Lafargue Internet Archive*, http://www.marxists.org/archive/lafargue/index.htm.

Paul Lafargue, "Socialism in France 1874–1896" (1897), in *Marxists' Internet Archive: Paul Lafargue Internet Archive*, http://www.marxists.org/archive/lafargue/index.htm.

Paul Lafargue, "Our Goal" (1899), in *Marxists' Internet Archive: Paul Lafargue Internet Archive*, http://www.marxists.org/archive/lafargue/index.htm.

Paul Lafargue, "The Bankruptcy of Capitalism" (1900), in *Marxists' Internet Archive: Paul Lafargue Internet Archive*, http://www.marxists.org/archive/lafargue/index.htm.

Paul Lafargue, "The Socialist Ideal" (1900), in *Marxists' Internet Archive: Paul Lafargue Internet Archive*, http://www.marxists.org/archive/lafargue/index.htm.

Paul Lafargue, "Socialism and the Intellectuals" (1900), in *Marxists' Internet Archive: Paul Lafargue Internet Archive*, http://www.marxists.org/archive/lafargue/index.htm.

Paul Lafargue, "The Rights of the Horse and the Rights of Man" (1900), in*Marxists' Internet Archive: Paul Lafargue Internet Archive*, http://www.marxists.org/archive/lafargue/index.htm.

Paul Lafargue, "The Boycott" (1901), in *Marxists' Internet Archive: Paul Lafargue Internet Archive*, http://www.marxists.org/archive/lafargue/index.htm.

Paul Lafargue, "Clericalism and Socialism" (1902), in *Marxists' Internet Archive: Paul Lafargue Internet Archive*, http://www.marxists.org/archive/lafargue/index.htm.

Paul Lafargue, "Capitalist Property" (1903), in *Marxists' Internet Archive: Paul Lafargue Internet Archive*, http://www.marxists.org/archive/lafargue/index.htm.

Paul Lafargue, "Simple Socialist Truths" (1903), in *Marxists' Internet Archive: Paul Lafargue Internet Archive*, http://www.marxists.org/archive/lafargue/index.htm.

Paul Lafargue, "A Forecast of the Coming Revolution" (1904), in *Marxists' Internet Archive: Paul Lafargue Internet Archive*, http://www.marxists.org/archive/lafargue/index.htm.

Paul Lafargue, "Woman Question" (1904), in *Marxists' Internet Archive: Paul Lafargue Internet Archive*, http://www.marxists.org/archive/lafargue/index.htm.

Paul Lafargue, "Socialism and Internationalism" (1905), in *Marxists' Internet Archive: Paul Lafargue Internet Archive*, http://www.marxists.org/archive/lafargue/index.htm.

Paul Lafargue, "Economic Determinism and the Natural and Mathematical Sciences"

(1906), in *Marxists' Internet Archive: Paul Lafargue Internet Archive*, http://www.marxists.org/archive/lafargue/index.htm.

Paul Lafargue, "Economic Determinism and the Natural and Mathematical Sciences" (1906), in *Marxists' Internet Archive: Paul Lafargue Internet Archive*, http://www.marxists.org/archive/lafargue/index.htm.

Paul Lafargue, "The Law of Value and the Dearness of Commodities" (1908), in *Marxists' Internet Archive: Paul Lafargue Internet Archive*, http://www.marxists.org/archive/lafargue/index.htm.

责任编辑：马长虹
封面设计：徐　晖

图书在版编目（CIP）数据

保尔·拉法格的社会主义思想及其当代价值/周莉莉 著．—北京：人民出版社，2021.9
ISBN 978－7－01－022719－1

Ⅰ．①保…　Ⅱ．①周…　Ⅲ．①拉法格（Lafargue，Paul 1842－1911）－政治思想－思想评论　Ⅳ．①D14

中国版本图书馆 CIP 数据核字（2020）第 241512 号

保尔·拉法格的社会主义思想及其当代价值
BAOER LAFAGE DE SHEHUIZHUYI SIXIANG JIQI DANGDAI JIAZHI

周莉莉　著

人民出版社 出版发行
（100706　北京市东城区隆福寺街 99 号）

中煤（北京）印务有限公司印刷　新华书店经销

2021 年 9 月第 1 版　2021 年 9 月北京第 1 次印刷
开本：710 毫米×1000 毫米 1/16　印张：19.75
字数：290 千字　印数：0,001－3,000 册

ISBN 978－7－01－022719－1　定价：58.00 元

邮购地址 100706　北京市东城区隆福寺街 99 号
人民东方图书销售中心　电话（010）65250042　65289539

版权所有·侵权必究
凡购买本社图书，如有印制质量问题，我社负责调换。
服务电话：（010）65250042